中小企業と人材

―人材育成に期待される中小企業の役割―

〔日本中小企業学会論集38〕

同 友 館

は し が き
―日本中小企業学会論集第38号の刊行にあたって―

　日本中小企業学会第38回全国大会は，2018年9月8日・9日の2日間にわたって武蔵大学（東京都練馬区）で開催された。本書には同大会での報告に基づく論文を11本（統一論題報告3本，うち査読受理1本，自由論題報告8本）と報告要旨12本（査読希望なし4本，途中辞退2本，不採択6本）を収める。査読受理は，統一論題報告と自由論題報告を合わせて9本である。掲載論文は前号より大幅に減ったが，若手会員による論文の投稿と掲載が増えたことは喜ばしい。

　第38回大会の統一論題は「中小企業と人材：人材育成に期待される中小企業の役割」であった。中小企業の雇用や労働，人材育成と人材活用は，特に近年の少子高齢化と慢性的な人手不足の下で重要な問題となっているが，本学会の全国大会の統一論題でこの問題を正面から取り上げるのは初めてであり，大きな意義が認められる。また，信金中央金庫地域・中小企業研究所（松崎英一所長）の協賛による国際交流セッションでは，統一論題と関連する共通演題「中小企業の人材育成とHumane Entrepreneurship」を掲げて韓国カトリック大学のKi-Chan Kim教授と豪州ニューイングランド大学のBernice Kotey准教授を招聘し，「人道的企業家」像と中小企業の人材育成についてご報告・ご議論いただいた。松崎英一所長には，協賛に厚くお礼申し上げる。

　第38回全国大会ではプログラム委員長の堀潔先生（桜美林大学），大会準備委員長の高橋徳行先生（武蔵大学），本部事務局の皆さんに大変お世話になった。また，多くの会員に，座長・討論者等，また査読者としてご協力いただいた。編集作業においては，編集委員各位，特に編集委員長の髙橋美樹先生（慶應義塾大学）と編集担当理事の長山宗広先生（駒澤大学）にご尽力いただいた。これらの皆さんに，心からお礼申し上げたい。

　日本中小企業学会論集は，第37号から冊子体だけでなくオンライン・ジャーナルとしても刊行され，掲載論文のウェブ検索と無料ダウンロードが可能である。それに併せて英文要旨も掲載され，海外からの検索と引用が期待される。今後も引き続き，オンライン・ジャーナル化を推進していきたい。

2019年4月

　　　　　　　　　　　　　　　　　　　　　　日本中小企業学会会長　岡室博之
　　　　　　　　　　　　　　　　　　　　　　　　　　　　　　　　　　（一橋大学）

目　次

はしがき　　　　　　　　　　　　　日本中小企業学会会長（一橋大学）　岡室博之・ iii

【統一論題：中小企業と人材―人材育成に期待される中小企業の役割―】

中堅・中小ものづくり企業におけるジェンダー・ダイバシティ・マネジメント
　　―規模により変わる女性活躍の姿と課題―……………日本女子大学　額田春華・ 3
事業承継に際しての社内人材のマネジメント
　　―島根県における親族外承継・M&A・事業再生のケーススタディ―
　　………………………………………………………島根県立大学　久保田典男・ 17
外国人材の活用と中小企業の成長………………日本政策金融公庫　竹内英二・ 31

【自由論題】

自動車産業における下請問題についての考察
　　―Eメッキ倒産に関する裁判から見る1970～80年代の下請関係・下請問題―
　　………………………………………………………慶應義塾大学　植田浩史・ 47
東アジアでの新事業展開の可能性
　　―進出中小企業の成長戦略の一つとして―……………松本大学　兼村智也・ 61

鎌倉地域における起業家輩出のメカニズム…………駒澤大学（院）　五十川龍・ 75
中小企業ネットワーク組織のマネジメントと地域産業システム
　　―京都試作ネットと京都試作加工機能集積地域の産業システム―
　　………………………………………………………………京都大学　上野敏寛・ 89
中小企業の成長とゆらぎ
　　―ある和裁企業のケースから―………………………広島修道大学　木村　弘・ 103
開業促進政策と開業障壁
　　―ドイツ手工業秩序法の大改正に関する実証分析―………東洋大学（院）　水村陽一・ 117

中小の製品メーカーにおける優位性
　―外注取引関係にない注文生産をしている企業に対する資源の依存性―
　.. 山形県立米沢女子短期大学　松下幸生・130
都市型中小企業研究の現代的意義
　―東京都墨田区を中心とした印刷業の事例から― .... 機械振興協会　中島章子・144

【報告要旨】

中小企業の適応プロセスにみる両毛地域の産業集積の変化
　.. 岐阜大学　宇山　翠・159
日本の独立型自動車2次下請企業への発注取引関係にある企業と、独立型自動車
2次下請企業との、部品の設計開発作業の役割分担に関する実証研究
　.. 愛知大学　佐藤政行・162
中小農業機械メーカとのBOPビジネスアクション・リサーチ
　―ビジネス実現に必要な組織能力に関する考察― .... 筑波大学（院）　大橋勇一・166
日本企業の中国進出：地域別の投資動向と企業集積
　.. 横浜市立大学　山藤竜太郎・170
両利き経営を実践するマネジャーの特性
　―農業経営法人における実証分析― .... 同志社大学　塩谷　剛・174
中小企業における経営者の健康リスクについて .... 信金中央金庫　品田雄志・176
フリーランスの働き方と満足度 .... 日本政策金融公庫　藤井辰紀・180
中小企業支援における高度な支援とは？
　―補助金採択者インタビューによる考察を踏まえて― .... 嘉悦大学（院）　新井稲二・184

中小製造業における新たな情報技術を活用したサービス化の効果と課題
　.. 日本政策金融公庫　足立裕介・188
少品種大量生産型製材業の存立維持戦略としての産業集積
　.. 林野庁　嶋瀬拓也・192
経営統合後の未上場企業の雇用成長と買い手企業のコーポレートガバナンス
　―日本企業間の買収に関する実証分析―
　.. 文京学院大学（共栄大学）　平田博紀・195

経営改善を進める小規模事業者に対する金融支援のあり方
....中小企業診断士　村山賢誌・199

【国際学会報告助成による国際学会報告要旨】

Brighten the Corners: Quantitative Analysis of Science-Technology-Design Linkage in Product Innovation ....パリ社会科学高等研究院　原　泰史・205

Sustainable fashion and entrepreneurship in natural craft dyeing
....徳山大学　大田康博・207

編集後記 ....論集編集委員長（慶應義塾大学）　髙橋美樹・212

Japan Academy of Small Business Studies: 2018 Conference Proceedings

CONTENTS

Preface: OKAMURO, Hiroyuki iii

Keynote Session of the 38th JASBS Annual Conference
Small and Medium-sized Enterprises and Human Resources: The Role of SMEs for Human Resource Development

Gender Diversity Management in Small and Medium-sized Manufacturing Firms: How the Challenges and Successes of Women Employees Vary According to Firm Size .... NUKADA, Haruka 3

Employee Management for Business Succession: A Case Study of Unrelated Successors, M&As, and Business Revitalization in Shimane Prefecture
.... KUBOTA, Norio 17

Impact of Foreign Workers on SME Performance in Japan
.... TAKEUCHI, Eiji 31

Articles

Suppliers in the Japanese Auto Industry and their Litigation in the 1980s
.... UEDA, Hirofumi 47

Overseas Growth Strategies for SMEs: A Feasibility Study on Developing New Businesses in East Asia .... KANEMURA, Tomoya 61

Mechanism to Produce Entrepreneurs in Kamakura
.... ISOGAWA, Ryu 75

Management of the Kyoto Shisaku Net and Industrial System in the Kyoto Prototype Cluster ·· UENO, Toshihiro 89

Growth and Changes in SMEs: Case Study of a Japanese Dressmaking Firm
··· KIMURA, Hiroshi 103

Policy Promotion and Barriers to Entry in the German Craft Trades: An Empirical Study on the 2004 Law Revisions ······· MIZUMURA, Yoichi 117

Superiority of Medium and Small Product Makers: A Resource Dependence against Companies Making Custom Production
··· MATSUSHITA, Yukio 130

Contemporary Significance of SME Studies for Urban Areas: A Case Study of Printing Firms in East Tokyo ······················ NAKAJIMA, Akiko 144

【Summary of Presentations】

Transformation of Industrial Agglomeration in Ryomo through the Adaptive Processes of SMEs ··· UYAMA, Midori 159

Japanese Independent Tier-2 Auto Suppliers and their Clients: An Empirical Study of their Roles in Design and Development ····· SATO, Masayuki 162

Essential Organizational Capabilities for Realizing Business Potential: Action Research with Japanese Farm Machinery Manufacturers
··· OHASHI, Yuichi 166

Japanese Companies Operating in China: Regional Trends and Enterprise Agglomeration ··································· YAMAFUJI, Ryutaro 170

Factors Driving Managers' Ambidexterity: An Empirical Analysis of Japanese Farm Organizations ································ SHIONOYA, Go 174

Managers' Health Problems as a Business Risk of SMEs
··· SHINADA, Yushi 176

Work Styles and Satisfaction of Freelance Workers ······· FUJII, Tatsunori 180

What is an advanced support scheme among SME support policies? An evaluation attempt based on interviews with subsidized entrepreneurs
.... ARAI, ineji 184

Effectiveness and Challenges of Servitization Using New Information Technology in the SME Manufacturing Industry .... ADACHI, Yusuke 188

Industrial Agglomeration as a Survival Strategy for Specialized Mass-produced Sawmills in Japan .... SHIMASE, Takuya 192

Effect of Corporate Governance by Listed Acquirers on the Post-Acquisition Job Creation of Non-Listed Targets in Japan .... HIRATA, Hiroki 195

Providing Financial Support to SMEs to Promote Business Improvement
.... MURAYAMA, Kenji 199

【Report on the International Conference】

Brighten the Corners: Quantitative Analysis of Science-Technology-Design Linkage in Product Innovation .... HARA, Yasushi 205

Sustainable fashion and entrepreneurship in natural craft dyeing
.... OTA, Yasuhiro 207

Editor's Note: TAKAHASHI, Miki 212

統 一 論 題

中堅・中小ものづくり企業における
ジェンダー・ダイバシティ・マネジメント
―規模により変わる女性活躍の姿と課題―

日本女子大学　額田春華

1．はじめに

　本論文のメイン・クエスチョンは，ジェンダーに関わらず多様な立場の人々が活躍できる組織として成果をあげていくために，中堅・中小ものづくり企業が直面している課題は何かである。中小企業は，大企業よりも就業者全体に占める女性比率が高いだけでなく，正社員に占める女性比率も高く（中小企業庁，2006, pp238-239），ダイバシティを生かした社会の実現のために，重要なポジションにある存在である。規範的に検討されることが多かったジェンダー・ダイバシティの課題について，富山県の事例の深い観察により，経営の実行可能性や成果の面にも配慮しながら検討していきたい。

　研究の方法としては，筆者による富山県における半構造的インタビュー調査結果の深堀り，統計データによる他地域の女性労働の状況の中での富山県の位置づけの確認，及び関連する文献の整理である。

　論文の構成は，まず第2節で関連する文献を整理し，本論文の分析の視点を示す。第3節では，国内他地域と比較して富山県の女性労働の特徴を位置づける。第4節では，インタビュー調査の結果を規模別に再整理し，メイン・メッセージとしての仮説を提示し，最終節にて本研究の含意と今後の課題を示す。

2．関連する文献の整理と本論文の分析の視点

　ここでは，テーマに関係する文献を5つの観点から整理する。

① 中小企業におけるジェンダー・ダイバシティ推進

　中小企業庁（2006, pp.221-226）や中小企業庁（2007, pp.17-23）は，WLB（ワーク・ライフ・バランス）支援について，①従業員規模が大きいほど制度の整備により対応し，規模が小さいほど制度は設けずに個別事例に柔軟に対応する傾向があること，そして②大企業と小企業の間に挟まれた中企業における従業員満足が低下するU字型の傾向が観察されることを指摘している。①については，規模の比較的小さな企業では，WLB支援に関する制度の充実は重要ではないと単純に理解すべきでないことが，労働研究政策機構（2012）や脇坂（2017）によって指摘されている[注1]。一方で，②のような事象がなぜ起きるのかについては，松井（2013）が中企業と小企業を比較する調査に基づき，女性活躍推進のための主な阻害要因の内容は共通しているが，重要さの順番が違うことを明らかにした。しかし，なぜ，より経営資源の制約の大きい小企業よりも，中企業の従業員満足が低下しやすいのかについては，依然ブラックボックスのまま残されてきた。

　その問いについて，富山県ものづくり企業を事例に検討したのが額田（2017-b; 2018, chap.5）である。額田は23社における74人の女性社員に対する半構造的インタビュー調査結果を，「21〜50人」「51〜100人」「101〜300人」「301〜999人」の規模層に分け分析をおこなった。そこで提示された仮説は，WLB支援の成果の指標の一つと考えられる「柔軟な働き方」についての従業員満足の面だけでなく，男女均等の推進の程度を示す「女性の職域拡大」「女性の役職登用」の面でも，「101〜300人規模」の達成度合いが，それより小さい規模よりも，また大きい規模よりも低くなるというものであった。大企業と小企業の間に挟まれた中程度の規模では，従業員満足度が低下するU字型の傾向があることが指摘されてきたが，中堅・中規模の中をさらに細かく分けたときのその中ほどの位置にある「101〜300人規模」において，WLB支援と男女均等推進の両面で，成果が底になることが示された。

② ジェンダー・ダイバシティ推進と企業業績の関係

　ジェンダー・ダイバシティの推進のためには，WLB支援と男女均等推進を両輪として進めていく必要がある（e.g. 佐藤・武石, 2011; 脇坂, 2006）。規範的に論じられてきたこのテーマを経営効率への影響も踏まえてとらえようと，近年，実証研究が多数おこなわれ，WLB支援の充実と高い企業業績の間に正の相関があることが示されている（e.g. 坂爪, 2002）。その因果の順番については，さらにパ

ネル・データを活用した実証研究もおこなわれており，一般的には＜WLB支援の充実→高い企業業績＞の因果は支持されず，＜高い企業業績→WLB支援の充実＞によって相関関係がもたらされていることが示唆されている（山本・松浦, 2011; 山本, 2014）。本研究との関わりでは，従業者規模300人未満の中小企業等で，＜WLB支援の充実→高い企業業績＞の因果が支持されにくかったことが特に注目される。

また阿部正浩と黒澤昌子の共同研究では，WLBに配慮した制度を導入すると短期的には企業業績が減少する方向に働くが，長期的には業績が伸びることが示されている（阿部, 2014）。WLB施策導入が短期的にはむしろマイナスの効果を与えることがあるというのは，経営資源の制約の大きい中小企業にとっては特に重要な問題となると考えられる。

以上ここまで述べてきた既存研究は，中長期的には働く女性にとってだけでなく企業にとってもメリットがあるので，WLB支援も男女均等推進もできる限り積極的に充実させていくことがよいことだという共通の意識・無意識の視点の上にあると考えられる。これに対して，WLB推進と男女均等推進の間には，女性活躍推進に関する微妙な矛盾関係があるとするユニークな視点に立って見解を述べているのが，岩田・菅原（2015）である。従来の視点では，女性活躍実現のためにはWLB支援策が法定よりもより手厚いほどよい，またその利用実績が高い方がよいととらえられがちであったが，この新しい視点のもとでは，従業員個々人の状況に応じて，不足でもなく手厚すぎでもなく「ジャスト・フィットのWLB支援」をきちんと受けられるということが重要である。配慮すべき内容は個々人によって違うし，また同じ人でも去年と今では異なる配慮が求められたりするので，管理職が従業員とコミュニケーションを日頃からよく取り，状況をしっかり把握し，個別の事情を反映したWLB支援であることが大事である。

③　製造業におけるジェンダー・ダイバシティ推進

製造業における女性技能者の活用を分析した研究として，米島（2013）及び，労働政策研究・研修機構（2014）がある。米島らは　帝国データバンクの企業データベースから業種・規模別に層化無作為抽出された，従業者数30人以上規模の10,000社に対して郵送によるアンケート調査（有効回答率21.8％）を実施し，規模間比較の分析をおこなっている。そこで指摘されているのは，ジェンダー・ダイバシティ推進に関するさまざまな項目において一貫して，規模が小さくなるほ

ど推進状況のレベルが低いことである[注2]。但し，注意すべきはこのアンケート調査からは30人未満規模の企業層が抜けており，先の中小企業庁（2006, pp.221-226）や中小企業庁（2007, pp.17-23）の指摘と矛盾する分析結果でないと考えられる。

④ ジェンダー・ダイバシティに関する組織変革

経営組織論における組織変革の理論としては，例えば，加護野忠男らによるパラダイム転換のマネジメントの理論（e.g. 加護野，1988, 1993; 伊丹・加護野，2003）やナドラー＆タッシュマンモデル（Nadler&Tushuman, 1992）がある。前者では，企業のメンバーが共通に持っている，企業それ自体，企業をとりまく環境，企業の中で働く人々についてのイメージとその中での共有された思考様式のことを，企業の「パラダイム」と呼び，組織変革の実現のためには人々の活動の根底で影響を与える「パラダイム」の変容が必要なこと，またトップダウンではパラダイムの転換はしばしばうまくいかず，「トップとミドルの交替での役回り」と「集中から分散へ」がキーワードとなるステップを踏んだ対応が求められることを指摘する。一方，後者のモデルでは，組織変革は「業務」「人」「公式組織」「非公式組織」の各要素間の不整合が，ステップを踏みながら新しい整合性へと組みかえられていくプロセスとしてとらえられている[注3]。

中小企業のジェンダー・ダイバシティに関する組織変革を扱ったものとしては，福田・髙橋・中村・東・中澤（2017）がある。そこでは組織変革プロセスについて，トップ・マネジメント（以下，トップと略）の強力なリーダーシップのもとで，5つのステップ[注4]が進められていくべきだと提言されているが，考察の事例が小企業に限られており，中規模企業の組織変革をとらえるためには限界のあるフレームワークとなっている。本稿では，トップだけでなく，加護野らの研究のようにミドルの役回りにも着目し，ジェンダー・ダイバシティ推進の組織変革について検討していきたい。

⑤ 分析の視点

以上の既存研究の整理を踏まえ，本論文では図1に示す分析の視点で考察を進めていく。WLB支援は，男女均等の促進と両輪で進められることにより，女性活躍を伴いながらの経営効率の向上や新しい価値の創造の道を切り開くことを可能にする。男女均等促進については，「女性の職域拡大」「リーダーへの登用」に加え，これらのベースになる「人材の育成・採用」についても触れたい。また，

WLB支援と男女均等促進の取組みの土台として，ジェンダー・ダイバシティに関する組織のパラダイムの変化にも着目する。図1のフレームワークは，基本的に規模に関わらず有効なフレームワークであるが，比較的小さい規模の事情を考慮して，男女均等推進に関係する3項目のうち，「リーダーへの登用」のボックスだけが一重のボックスになっている注5)。

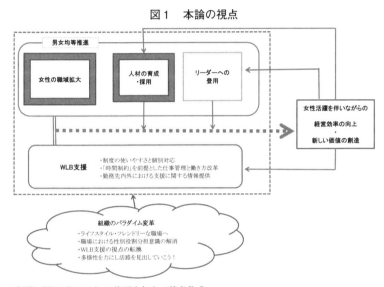

図1　本論の視点

出所）額田（2017-b）に修正を加えて筆者作成

　この図の重要な特徴の一つは，一番後ろのボックスから，「WLB支援」と，「人材の育成・採用」及び「リーダーへの登用」へのフィードバック・ループが書き込まれている点である。図の中央に破線の太線で左から右へ示した因果の流れの実現は，特に中小企業については実現がたやすくないことが実証研究によって示されている。しかし，もし推進の課題を克服し，新しい発想で価値を生み出す成功事例を組織の中で生みだすことができれば，そこで生まれる利益をベースとして，WLB支援に関わる制度を整え，長期的な発想で人材の研修をおこない，男女問わず若い人がこの会社で働いてみたいと思う環境整備に力を入れることができる。しかし，人材が育って，多様性を力にした新しい付加価値が実現されるま

でには時間が必要で，経営資源の制約が大きい中小企業にとって，その時間のギャップをいかに小さくしていくかが重要になると考えられる。だからこそ，ダイバシティ推進の成功のポイントだけでなく，そのプロセスで組織や従業員が直面する矛盾や課題を丁寧に分析することが求められる。

3. 国内他地域と比べた富山県女性労働の位置づけ

富山県は，化学工業だけでなく，非鉄金属，金属製品，プラスチック製品，生産用機械，輸送機械，電子部品などのものづくりが盛んな県であるが，事例を分析する前に，まずは本節で，富山県女性労働の特徴を，図2を見ながら国内他地域と比較し位置づけておこう[注6]。

図2 富山県の女性労働の特徴の国内他地域と比べた位置づけ

富山県	全国の中でのランキング	全国平均	ランキング1位の県	ランキング47位の県
年齢階層別女性労働力率のM字の窪みの深さ（2015年）[注①]				
3.8%	8位	8.7%	青森（3.0%）	神奈川（15.4%）
女性正社員比率（2012年）[注②]				
51.9%	1位	42.5%	富山	北海道（37.0%）
女性管理職比率（2015年）[注③]				
14.4%	41位	16.4%	徳島（20.1%）	長野（13.5%）

注① 総務省「国勢調査」（平成27年）のデータを用いて，年齢階層別女性労働力率のグラフを作成したときの，M字カーブの左のピークの値と底の値の差で計算している。ランキングは，小数第1位までの数値でつけている。窪みが浅いほど，女性が出産・育児など家庭責任が重くなる時期にも，仕事をやめていないことを示す。
注② 総務省「就業構造基本調査」（平成24年）を掲載した『女性労働の分析2016年』のp247の表の数値である。
注③「国勢調査」（平成27年）をもとに，15歳以上の女性就業者総数に占める，女性の管理的所企業従業者数の割合で示している。ここでの管理的職業従事者とは，管理的公務員，法人団体役員，その他の管理的職業従事者からなる。
出所：筆者作成

日本の女性労働の問題の1つとして，年齢階層別女性労働力率が，育児の負担の大きい時期に大きく下がり，その後回復するM字を描くことが指摘されている。このM字の左側の20代後半のピークの値と底の値の差を，都道府県別に比較すると，全国平均8.7%に比べて，富山県は3.8%，47都道府県の中でのランキングで8位と，大変浅くなっている。また，女性就業者に占める正社員比率については，全国平均42.5%に対し，富山県は51.9%，47都道府県ランキングで1位である。富山県は非常に女性の正社員比率も高い。

一方で，富山県の女性管理職比率は，全国平均16.4%を下回る14.4%，47都道府

県ランキング41位と大変低い。女性が育児負担の大きな時期にも働き続け，正社員比率の高い県では，女性管理職比率が高まるのではないかと期待されがちだが，むしろ女性管理職比率が低いというねじれ現象が起きている[注7]。富山県はWLBを支えるしくみについては先進的な県であるが，男女均等促進に課題があることが推察される。このような特徴を持つ富山県を事例に，本論は考察をおこなう。

4．規模別分析結果の再整理

額田（2017-b, 2018, chap.5）では，WLB支援と男女均等推進の両面で，中堅・中規模の中をさらに4つの規模層に分けたときのその中ほどの位置にある「101～300人規模」で成果が底になる傾向が観察されることが指摘されている。なお，以上の規模別分析の対象となった企業の属性の概要と女性の属性の概要については，表1-1と表1-2に示す通りである。本節では，以上のような結果が出た背景を調査の中で丁寧に聞き取りしているメリットを生かして，なぜそのような結果が観察されたのかについて深堀りしていきたい。

表1-1　インタビュー企業の概要

業種	化学2社，金属製品7社，非鉄金属1社，電子部品・デバイス・電子回路4社，プラスチック1社，生産用機械器具5社，はん用機械器具1社，繊維1社，食品1社
従業者規模	21～50人7社，51～100人7社，101～300人4社，301～1000人5社
地域	富山市12社，富山市以外の東部地域6社，西部地域5社

出所）筆者作成

表1-2　インタビューした女性人材の概要

業種	化学6名，金属製品25名，非鉄金属3名，電子部品・デバイス・電子回路14名，プラスチック2人，生産用機械器具14名，はん用機械器具3名，繊維3名，食品4名
従業員規模	21～50人18名，51～100人25名，101～300人14名，301～1000人17名
年代	20代9名，30代26名，40代18名，50代13名，60代4名，不明4名
子供の数	子供0人30名，1人13名，2人26名，3人4名，1人目を妊娠中1名
役職	管理職7名，非管理職正社員66名，パート1名
職場	研究開発型10名，ものづくりの現場型37名，事務的職場27名

出所）筆者作成

4.1.　3項目の規模間の共通点と相違点

表2は，【柔軟な働き方への満足度】，【女性の職域拡大】【女性のリーダーへの登用】の成果の3項目に違いが出た理由の規模間の共通点と相違点をまとめたものである。順に見ていこう。

①【柔軟な働き方への満足度】について

規模による偏りなく観察された共通点として，柔軟な働き方への満足度が下

がった理由は，第1に，長時間労働が常態化していること，第2に，人手不足であり，代替要員の確保も不十分な状況にあるというものであった。逆に満足度が大変高い理由としては，第1に，WLBに関係する制度が使いやすいこと，第2に，多能工化が進んでいること，第3に，勤務先内外のWLB支援に関する情報が，各従業員までよく届いていることであった。

次に規模による相違点の方を見てみよう。満足度が下がった理由として，個人プレー型の仕事が職場でおこなわれていて，仕事を休みにくい状況にあるという第1の理由と，推進に取り組み始めてからの歴史が浅く，社内に課題が噴出中であるという第2の理由は，「51～100人」「101～300人」「301～999人」の3つの規模で観察された[注8]。また，現場の要望の高い制度変更，例えば，時間単位の有給休暇制度の整備などが実現していないという第3の理由は，「101～300人」「301～999人」の規模で観察された。一方，制度がしっかり認知されず，個別対応も不十分という第4の理由は，「21～50人」「51～100人」の規模で観察された。

表2 【柔軟な働き方への満足度】【女性の職域拡大】【女性のリーダーへの登用】の成果に違いが出た理由の規模間の共通点と相違点

	規模に関係なく指摘された共通点	規模ごとに異なる相違点	21～50人	51～100人	101～300人	301～999人
【柔軟な働き方への満足度】						
満足度が下がった理由	①長時間労働が常態化	①個人プレー型の仕事が職場でおこなわれて，休みをとりにくい		○	○	○
	②人手不足。代替要員の確保も不十分。	②推進に取り組み始めてからの歴史が浅く，社内に課題が噴出		○	○	○
		③現場の要望の高い制度変更が実現していない			○	○
		④制度がしっかり認知されず，個別対応も不十分	○	○		
満足度が大変高い理由	①WLBに関係する制度が使いやすい	①現場の要望を反映した制度の充実				
	②勤務先内外の支援に関する情報が，各従業員までよく届いている。	②個人の特殊状況についての，柔軟な個別対応への感謝	○	○		
【女性の職域拡大】						
職域拡大が不十分な理由	①力仕事が必要になる職場だから					
	②男性優位の地域の伝統的価値観のもとでの社内の性別役割分業の意識に影響されて					
職域拡大がよく進んでいる理由	①器具や機材の導入等により，だれもが安全に働きやすい環境の整備	ミドルを巻き込んだ組織の新しい価値観の形成		○	○	
	②トップ・マネジメントの理解と舵とり					
	③未経験者もしっかり育てる人材教育					
【女性のリーダーへの登用】						
女性管理職比率が低い理由	①そもそも女性の職域拡大やチーム・リーダーへの登用がうまくいっていない	①推進の取組みの歴史が浅く，チーム・リーダーは育っているが，管理職がつのは近い将来			○	○
	②過去の女性リーダー登用の失敗から，登用方法が慎重になってきた					
	③女性のチーム・リーダーは育っているが，女性自身がさらに管理職にキャリアアップすることに尻込みする	②女性に限らず，一般従業員が管理職になる門が非常に狭い	○			
女性管理職比率が高い理由	トップ・マネジメントの理解と舵とり	①中長期的な視野のもとでの人材教育と人事異動				○
		②10年以上，長期，ステップを踏んで推進に取り組んできて，図1の好循環が生まれている				○
		③一般社員から管理職になる人はあるが，管理職の総数が少ないので，女性管理職数は1人，2人でも，女性管理職比率は高くなる		○		

注）相違点の欄に記載されている事項について記号は以下を意味している。○：その規模で該当事例あり
出所）フィールドノーツを整理して筆者作成

逆に満足度が大変高い理由としては，第1の現場の要望を反映した制度の充実については，「301～999人」規模のみで観察された。一方，個人の特殊状況についての，柔軟な個別対応に満足しているという第2の理由は，「21～50人」「51～100人」の規模で多数の女性社員から聞かれた。なお，「101～300人」規模は第1の理由と第2の理由の狭間で，両方に○がついていない結果となっている。

②【女性の職域拡大】について

まず，共通点について見てみよう。女性の職域拡大が不十分な理由については，第1の理由が，力仕事が必要になる職場だからというもので，第2の理由が，男性優位の地域の伝統的価値観のもとの社内の性別役割分業の意識に影響されてというものだった。一方，女性の職域拡大がよく進んでいる理由の共通点としては，第1に，器具や機材の導入等により，だれもが安全に働きやすい環境が整備されていること，第2に，トップが女性の職域を広げていくことにより理解があり，そのために必要な舵取りをしていること，第3に，未経験者も段階を踏んで主軸的業務の担い手へと育てていく人材教育が性別に関わらず充実していることが挙げられる。

一方，規模による相違点については，「21～50人規模」については，上述の第2についてトップが強力なリーダーシップを発揮することで十分であったのに対し，51人以上の3つの階層規模では，ミドルを巻き込んだ組織の新しい価値観の形成[注9]が，職域拡大が進むために必要になった[注10]。

③【女性のリーダーへの登用】について

女性のリーダーへの登用がどの程度進んでいるかの指標の一つとなる女性管理職比率について，まず，共通点について見てみる。女性管理職比率が低い理由は，第1に，そもそも女性の職域拡大やチーム・リーダへの登用がうまくいっていないから，第2に，過去の女性リーダー登用の失敗から，組織の中の女性の登用方法が長期間慎重になってきたから，そして第3に，女性のチーム・リーダーは育っているが，女性自身がさらなる管理職へのキャリア・アップを躊躇しているからというものであった。逆に女性管理職比率が高い事例の共通点は，トップが女性のリーダー登用について理解があり，そのために必要な舵取りを担っていることである。

次に，規模ごとの違いについて見てみよう。まず，女性管理職比率が低い理由については，推進の取組みの歴史が浅く，女性のチーム・リーダーは育っていて

も，女性管理職がさらに育つのはまだ先であるという第1の理由は，51人以上の3つの規模層において観察された。また，女性に限らず一般従業員が管理職になる門が非常に狭くて，親族以外の女性管理職が育ちにくいという第2の理由は，「21～50人」規模のみで観察された。一方，女性管理職比率が高い理由については，長期的な視野のもとでの人材教育と人事異動が，性別に関わらずおこなわれてきているという第1の理由と，10年以上，長期，ステップを踏んで推進に取り組んできて，図1の好循環が生まれているという第2の理由については，「301～999人規模」で観察された。一般社員からも管理職になる昇進ルートがあるが規模が大きくなく管理職の総数が少ないので，女性管理職の数は1人，2人とまだ大変少なくても，比率としては相対的に高い数字となっていたという第3の理由は「51～100人」規模のみで観察された。

4.2 以上を踏まえた考察

　以上を踏まえて本研究が提示する仮説は，規模によって，女性活躍のあり様も，ジェンダー・ダイバシティが成果を生むための課題の中身も異なる，というものである。その重要な線引きが，50人から100人くらいの規模のラインにある。

　50人またはそれよりももう少し多いくらいまでの規模であれば，「トップのリーダーシップ」のもとで，ＷＬＢ支援制度を補う「個別事例への柔軟な対応」，「多能工化の進展」，職域拡大を可能にする「器具や機材の導入」，「人材教育の充実」等を進め，女性たちが主軸的業務を担い生き生きと活躍する組織づくりが可能である。女性管理職比率の向上には必ずしもつながらない規模層であるが，さまざまな事情でいったんキャリアを中断した女性たちが，再就職によって企業の貴重な戦力として競争力向上に貢献し，仕事への高い充実感を感じている。この規模層で生じやすい課題は，トップの価値観に左右されること，個別対応の余地が大きいだけに社内のモラルやよき緊張感の維持が求められることなどが挙げられる。

　100人あたりを超える中規模・中堅規模になると明確に，女性活躍はトップのリーダーシップだけでは進まなくなる。この規模での女性活躍の組織の姿は，次のようなものである。若者・女性も「働きやすい・働いてみたい職場環境の整備」により人材の採用と定着を進め，「中長期的な視野のもとでの機会均等な人材教育・評価・人事異動」により個人の特性を生かした能力と経験を蓄積する機会を

提供する。そのような働く環境の中で,各個人はライフ・イベントの変化に応じた自分のなりたい姿とそのステップを描き,組織に働きかけつつ自分自身の変化に挑戦し,経営の効率化や新しい価値の創造に自分らしく貢献しているというものである[注11]。その実現のための課題としては,規模に関わらず共通して必要になるポイントを押さえながら,さらに,「ジャスト・フィットのＷＬＢ支援」を組織の中の公平感や納得性を損なわずにおこなえる制度設定と個別配慮の微妙なマネジメントができるミドルの育成,「ミドルを巻き込んだ組織の新しい価値観の形成」,「中長期的な視野のもとでの人材教育と人事異動」のしくみづくり,それらを組織の部分から全体へ波及させていく「ステップを踏んだ組織論的な対応」等が挙げられる。

5．研究のまとめ

以上を踏まえた本研究からの主たる含意は,次の2点である。第1は,規模によって,女性活躍のあり様も,ジェンダー・ダイバシティが成果を生むための課題の中身も異なるというものである。規模により活躍を進めるための条件や課題がどのように違うのかが,表2として整理された。第2の含意は,101～300人規模でジェンダー・ダイバシティ推進の課題が複雑になり,成果が出るのに苦労しやすい理由が,ジェンダーに関する直接の議論の範囲を超えて,実は企業成長のプロセスでこの規模が直面しがちな,より普遍的な広がりのある問題につながっていることが示唆された。企業の規模が拡大するにつれて,組織の特性とマネジメント特性が変化する（e.g. Penrose, 1959; Scot and Bruce, 1987）ことが影響していると考えられる。

本研究は富山県の事例に着目して考察を進めてきたが,今後,国内外の他地域との比較や,各規模の特徴を反映した事例のケース・ヒストリーの作成等にさらに取り組んでいきたい。

謝辞　本研究は,平成25～28年度科学研究費（基盤研究C:課題番号25380535）の助成を受けて実施された。ここに記して感謝申し上げる。

〈注〉
1　労働政策研究機構（2012）は，全国30～40歳の女性2,000人を層化2段抽出法で抽出したアンケート調査の集計結果を「100人以上（大企業も含む）」と「100人未満（小企業も含む）」の2つのカテゴリーに分け，集計結果を詳しく分析している。育児休業制度のある・なしと，第1子妊娠・出産期の就業継続の間の関係を見ると，「100人未満」規模層でも育児休業制度がない場合，退職率が60％以上に達しており，その割合が「100人以上」規模とほとんど差異がなかった。
2　「製造現場で女性技能者の活用を進めている企業の割合」「女性技能者がいる企業の割合」「女性技能者の新卒採用」「女性技能者の中途採用」「WLB支援策の充実」「男女均等施策の充実」のどの項目でも，3つの階層で規模が小さくなるほど悪い結果となっている。
3　後者の視点を使ってジェンダー・ダイバシティの課題を分析した安藤（2018）は，現在の取り組みが「公式組織」の従来のルールを堅持しながらの表層的な改善にとどまり，ケア責任を負いながらも自分のキャリア・アップをあきらめたくない矛盾に苦しむ女性の増大という「人」の変化が，組織システム全体の不整合を生みだしていることが，女性活躍が進まない根本原因となっていることを指摘している。
4　①経営理念の明確化，②経営戦略の中で組織イメージを具体化，③経営計画への落とし込みと従業員との共有，④経営者が率先して行動，⑤反省を踏まえて次へつなげるという5つのステップである。
5　50人に満たない比較的小さい規模では，女性に限らず一般従業員が管理職になる門が非常に狭く，親族以外の女性がリーダーとしての職位に従事する機会が限られる一方で，「柔軟な働き方」への満足度だけでなく，「仕事のやりがい」「能力の発揮」「技能の習得」でも満足度が非常に高く，もう少し大きな規模とは異なる性質の女性活躍の場を提供していることが観察される（額田，2018，chp.5）。この規模層では，女性がリーダーに登用されている程度ではなく，任されている仕事の質や人材育成のために彼女たちが享受できている機会の質で，男女均等推進の程度を測る必要がある。
6　製造業に限定しない，県経済全体をとらえた統計データを用いての比較であることに注意されたい。
7　富山県を含む北陸3県と，秋田県，山形県，新潟県，島根県で，このようなねじれのある現象が観察される。
8　50人くらいまでの規模では，トップ・マネジメントの理解と舵取りがしっかりおこなわれれば，日常的な業務パターンの新しいしくみづくりが伴わなくても，互いの働き方や困った状況が目に見えて，自然な助け合いや個別事情へのそのとき，そのときの対応によって問題解決しやすいことが影響していると考えられる。
9　ミドルを巻き込んだ新しい組織の価値観形成の好事例としては，例えば「301～999人規模」では銅合金やステンレス鋳物の部品製造のH社がある。H社は，女性は補佐的な職種の担い手という組織文化を持っていた企業であった。まず，分社において，分社の社長の理解により，抜群の高い能力を持っていた女性がチームリーダーに採用

され，男女均等の社内の雰囲気づくりの突破口を開いた。その後，人事教育の主幹である総務部が適正な人材配置を新たな視点から試み，その部門での成功を会社全体へ広げていった。
10 但し，「51～100人規模」については，トップのリーダーシップにより，ミドルを1人，2人は配置換えや降格することにより，女性の職域拡大はぐっと進んでおり，表2の該当欄は本当は△をつけるべきとも考えている。
11 この点については，例えば富山県「煌めく女性リーダー塾」のアクションラーニングコースでの成果発表会でのチームとりかわの発表資料（http://www.sunforte.or.jp/topics/svTopiDtl.aspx?servno=75）を参照されたい。

〈参考文献〉
1 阿部正浩（2014）「女性活用の効果」（経団連出版編『企業力を高める：女性の活躍推進と働き方改革』pp.13～23に所収）
2 安藤史江（2018）「ケア責任を負った女性の就業継続・育成のための組織変革マネジメント」『全国能率大会優秀論文発表論文集』69, pp.2-15
3 中小企業庁（2006, 2007-a, 2009）『中小企業白書』
4 中小企業庁（2007-b）『中小企業における次世代育成支援・両立支援の先進事例集』
5 深沼光・野中卓人（2012）「女性従業員による中小企業の評価」『日本政策金融公庫論集』第16号pp.1-19
6 福田尚好・高橋佐和子・中村佳織・東純子・中澤未生子（2018）『なぜあの会社の女性はイキイキ働いているのか』同友館
7 岩田喜美枝・菅原千枝（2015）『女性はもっと活躍できる！：女性活躍推進の課題とポイント』21世紀職業財団
8 経団連出版編（2014）『企業力を高める：女性の活躍推進と働き方改革』経団連出版
9 松井雄史（2013）「中企業が女性従業員の活用を推進するうえでの課題と克服策：小企業との比較を中心に」『日本の産業の再構築と中小企業（日本中小企業学会論集）』同友館pp.97-109
10 内閣府（2015）『男女共同参画白書』
11 Nadler, David A. & Tushman, Michael, L. (1992) "Designing organizations that have good fit." In D. A. Nadler, M. C. Gerstein, R. B. Shaw, & Associates, *Organizational Architecture: Designs for Changing Organizations*, 39-56, San Francisco, Jossey-Bass.
12 日本政策金融公庫総合研究所編（2012）『中小企業の女性雇用に関する実態調査：女性活躍のための取り組み』日本公庫総研レポートNo.2012-1
13 額田春華（2017-a）「中堅・中小ものづくり企業におけるジェンダー・ダイバシティ推進のマネジメント：富山県での挑戦から何を学べるのか」商工総合研究所『商工金融』2017年5月号, pp.22-39

14 額田春華（2017-b）「中堅・中規模ものづくり企業におけるジェンダー・ダイバシティ推進の課題：富山県を事例として」日本中小企業学会『日本中小企業学会論集』36号，pp.122-134
15 額田春華（2018）「中堅・中小ものづくり企業におけるジェンダー・ダイバシティ・マネジメント：富山が直面した課題とは？」科学研究費助成事業（基盤研究C：課題番号25380535）研究調査報告書（改訂版）
16 大沢真知子（2015）『女性はなぜ活躍できないのか』東洋経済新報社
17 Penrose, E.T.（1959）*The Theory of the Growth of the Firm*, Basil Blackwell, London.
18 労働政策研究・研修機構（2012）『出産・育児と就業継続：労働力の流動化と夜型社会への対応を』労働政策研究報告書150号
19 労働政策研究・研修機構（2014）『「全員参加型社会」の実現に向けた技能者の確保と育児に関する調査研究』労働政策研究報告書120号
20 坂爪洋美（2002）「ファミリー・フレンドリー施策と組織のパフォーマンス」『日本労働研究雑誌』503号, 労働政策研究・研修機構, pp.29-42
21 佐藤博樹編・武石恵美子編（2011）『ワーク・ライフ・バランスと働き方改革』勁草書房
22 Scott, M., Bruce, R.（1987）"Five Stages of Growth in Small Business", Long Range Planning, Vol.20, No.3, pp.45-52.
23 総務省統計局（2010）『国勢調査』調査の結果
24 総務省統計局（2012）『就業構造基本調査』調査の結果
25 富山県民共生センターサンフォルテ「煌めく女性リーダー塾第5期生アクションラーニングコースの発表内容について」, http://www.sunforte.or.jp/topics/svTopiDtl.aspx?servno=75（2018年6月1日参照）
26 脇坂明（2006）「ファミリー・フレンドリーな企業・職場とは：均等や企業業績との関係」『李刊家計経済研究』71号, pp.17-28
27 脇坂明（2017）「中小企業では女性活躍は難しいか？」商工総合研究所『商工金融』2017年5月号, pp.5-21
28 山本勲・松浦寿幸（2011）「ワーク・ライフ・バランス施策は企業の生産性を高めるか：企業パネルデータを用いたWLB施策とTFPの検証」, RIETI Discussion Paper Series, 11-J-032
29 山本勲（2014）「人事・経営戦略としてのワークライフバランス」（経団連出版, 2014, pp.35-45に所収）
30 米島康雄「ものづくり企業における女性技能者の活躍状況」『Business Labor Trend』（2013年11月号）, pp.22-27 https://www.jil.go.jp/kokunai/blt/backnumber/2013/11/022-027.pdf（2016年12月1日閲覧）

（査読受理）

事業承継に際しての社内人材のマネジメント
―島根県における親族外承継・M&A・事業再生のケーススタディ―

島根県立大学　久保田典男

1．はじめに（問題意識）

　企業数の減少は地方圏においてより深刻なものとなっている。企業数減少の主な要因として，後継者不在を理由に廃業せざるをえない企業や，業績不振により事業承継が思うように進まない企業の存在があげられる。中小企業の事業承継に関する研究においては，これまで親族内の後継者候補への事業承継に主眼が置かれていた。しかし中小企業庁が2016年12月に策定した「事業承継ガイドライン」では，事業承継の類型として親族内承継だけでなく，従業員承継や社外への引継ぎ（M&A等）が取り上げられている。また同ガイドラインでは創業，事業再生，事業承継の各ステージは互いに密接に連関しており，創業や事業再生と連携した事業承継支援の必要性が指摘されている。

　こうした中，地方圏では後継者難の問題がより深刻となっている。帝国データバンク（2017）によると，後継者不在率は全国平均66.5％に対し，島根県では72.4％（全国7位）と高い。また，社長の年齢が60歳以上の企業の後継者不在率も全国平均48.7％に対し島根県では56.3％（全国5位）と高くなっている。

　また，地方圏では後継者難による廃業の問題も深刻となっている。村上（2017）は，日本政策金融公庫総合研究所が2015年9月に実施した「中小企業の事業承継に関するインターネット調査」の分析結果に基づき類型化を行った。そのうち「廃業予定企業」（自分の代で事業をやめるつもりの企業）の割合は50.0％と全体の半数にのぼっている。さらに廃業予定企業の廃業理由のうち，後継者難による廃業の割合は廃業予定企業全体の28.5％を占めている。このことから後継者難によって廃業を余儀なくされている企業が一定割合存在することが示されている。

　上記の日本公庫総合研究所が実施したアンケートを参考にして，島根県浜田市

が市内に主たる事業所を有する中小企業に対し，2017年2月に実施したアンケート調査[注1]によると，廃業予定企業の割合は42.2％となっており，日本公庫総合研究所のアンケート結果と同様に高い割合を占めている。一方で廃業予定企業の廃業理由について聞いたところ，「適当な後継者がいないため」と回答した割合が44.7％と廃業予定企業全体の約半分を占めている。このことから地方圏においてはとくに後継者難による廃業の問題が深刻となっていることが推察される。

このように後継者難による廃業が深刻な問題となる中，とくに地方圏においては親族内承継以外の選択肢として，従業員等による親族外承継，M&Aや事業再生による経営者交代を伴う事業引継ぎへのニーズが高まっている。しかしながら後継者が事業を承継することの正統性[注2]を獲得しやすい親族内承継[注3]の場合と比較して，親族外承継やM&A・事業再生による事業引継ぎの局面では，既存役員・従業員の支持や信頼の獲得がより困難となるため，社内人材のマネジメント[注4]に工夫が求められることが推測される。

そこで本稿では，親族外承継，M&A・事業再生による事業引継ぎよって交代した後継者による既存役員・従業員などといった社内人材のマネジメントにどのような特徴がみられるのかについて，地方圏特有の事業承継の制約にも留意しつつ島根県内の中小企業の事例から考察する。

2．既存研究

（1）中小企業の事業承継に関する研究

三井（2002）は，中小企業の世代交代を「第二創業」ととらえ，後継者の能力形成と発揮の関係の中で考察を行った。そして後継者が，外部の学習・能力育成機会と情報の機会を積極的に活用している点を指摘している。髙橋（2002）は，事業承継をイノベーションの機会ととらえた場合，その推進の条件は後継者自身及び企業組織内の経営資源活用能力の向上にある点を指摘している。

久保田章（2005）は，後継者が社長になる前の「入社して役員まで」「役員在任中」の段階で経営革新を遂行していることを指摘している。また久保田章（2010）は，「経営革新」を「事業戦略における経営革新」と「経営システムにおける経営革新」に区分している。

久保田典（2011a）は，後継者の社外経験や承継前の新たなプロジェクト遂行

の取組みが，後継者の経営革新[注5]遂行に必要な能力形成に有効であることを指摘している。また，久保田典 (2012) は，後継者の能力形成においては，後継者が役員・従業員に認めてもらうために実績を積ませる機会を提供するなど先代経営者の環境整備が重要である点を指摘している。

落合 (2016) は，ファミリービジネスの事業承継研究とファミリーアントレプレナーシップの研究整理を踏まえつつ，老舗企業の事例研究に基づき後継者の能動的行動に影響を与える事業承継プロセスを①生得的地位と獲得的地位とのギャップから生じる制約と自律のジレンマ，②現経営者の後見下の後継者の自律性，③後継者の正統性獲得によって高まる自律性と制約性の3点から整理している。

事業承継と地域性に関する既存研究についてみると，堀越 (2016) は，地域中小企業の後継者の課題を考察するうえで，学習と成長の機会の地域への限定性，組織内部の緊張感の欠如やものの見方の偏りといった地域性の重要性を指摘している。また久保田典 (2017) は地域金融機関における後継者育成塾の事例研究から，地方中小企業では後継者による特定メンバーとの交流の限定や，先代経営者の後継者に対する遠慮といった地方特有の制約が存在することを指摘している。

(2) 事業承継と社内人材の調整に関する研究

中小企業庁編 (2004) は，承継経営者が既にある企業体と自らの理念との折合いをつけるためには，承継後のしばらくの間，経営者と企業の「すり合わせ」のための調整期間が必要となる点を指摘している。

安田 (2005) は，事業承継において誕生した経営者がまず始めるのは既存の企業組織との新たな信頼関係の構築であり，承継直後では企業家と企業のスタッフの間では一定の調整が必要となるとしている。

久保田典 (2011b) は，承継者が遂行する組織改革の特徴を，①経営方針やビジョンの明確化，②綿密な社内外とのコミュニケーション，組織全体の情報共有，③意思決定や指揮命令系統の見直し，④従業員の育成，意識改革，⑤社内ルールの明確化に整理するとともに，上記の特徴が親族内・親族外承継を問わず共通してみられる背景には①開かれた経営，②自立型社員の育成・活用といった承継者特有のリーダーシップが存在することを指摘している。

（3）中小企業の親族外承継，M&A・事業再生による事業引継ぎに関する研究

中小企業の親族外承継に関する既存研究についてみると，久保田典（2010）は，親族外承継によって所有と経営が分離した状態で後継者が経営革新を遂行できる理由として，創業者一族との信頼関係と，承継に至るまでの十分な準備期間の確保を指摘している。津島（2016）は親族外承継を契機とした所有と支配の分離における経営者の最終決定権は経営者保証により確立されることを指摘している。

日本政策金融公庫総合研究所（2018）は，親族外承継を実施した中規模企業の事例研究から，先代社長が取り組むべきこととして後継者に幅広い業務を経験させ責任ある仕事を任せる，企業の将来性，承継後の組織体制まで考えるなどの項目をあげるとともに，後継者が取り組むべきこととして計画的に自身の右腕を育成し，創業家一族との関係を良好に保つなどといった点を指摘している。

中小企業のM&Aによる事業引継ぎに関する既存研究についてみると，古瀬（2011）は，中小企業のM&Aは市場取引の形をとりつつも売却企業側が従業員の将来を重視し，買収企業側との人格的関係の形成を期待する贈与と売買の混在する取引である点を指摘している。事業承継協議会（2006）は，M&Aには経営の一体性を保つのが困難というデメリットも存在する中，M&Aの実施後いかに経営統合を円滑に進めるかという「ポストM&A」が重要であるとしている。日本政策金融公庫総合研究所（2016）はM&Aを実施した中小企業の課題として「従業員の融和」「企業風土の統合」などが上位を占めていることを示している。

中小企業の事業再生による事業引継ぎに関する既存研究についてみると，深沼・井上（2007）は部門廃止や倒産事業の元従業員による創業（再生型創業）の特徴としてさまざまな関係者の協力を取り付けている点を指摘している。

（4）既存研究のまとめ

2（1）の中小企業の事業承継に関する既存研究では，老舗企業やファミリービジネスなどを対象とした親族内承継を前提とした後継者に関する研究が多い。事業承継を円滑に進めるうえでは正統性の獲得がカギとなるが，生得的地域を有する親族内承継の後継経営者（落合 2016）と異なり，親族外承継やM&A・事業再生による事業引継ぎを経た後継者は正統性の獲得が困難である可能性がある。また，地方の中小企業の事業承継においては地域性に伴う制約（堀越 2016，久保田典 2017）があることが予想されるが，既存研究における事業承継の地域性

に関する議論は親族内承継を含んで議論されており，親族外承継やM&A・事業再生による引継ぎなどに焦点を当てたものとはなっていない。

2（2）の事業承継と社内人材の調整に関する既存研究では，承継者と従業員との間に一定の調整が必要となることが指摘されている（中小企業庁編 2004，安田 2005）。また，承継者が遂行する組織改革の特徴が親族内・親族外承継を問わず共通してみられる背景に承継者特有のリーダーシップが存在することが指摘されている（久保田典 2011b）。しかし既存研究における事業承継と社内人材の調整に関する議論はM&A・事業再生による引継ぎを分析対象として含んでいない。

2（3）の中小企業の親族外承継，M&A・事業再生による事業引継ぎに関する既存研究では，親族外承継において先代経営者の事業承継に向けた配慮や，創業者一族との関係が重要であることを教えてくれている（久保田典 2010，日本政策金融公庫総合研究所 2018）。また中小企業のM&Aによる事業引継ぎに関する既存研究では，M&A実施後の経営統合や「ポストM&A」における社内人材のマネジメントが重要である（事業承継協議会 2006）ことを教えてくれる一方で，M&Aの取引そのものに焦点を当てた研究が多い。さらに事業再生と事業承継の連携に焦点を当てた研究は少ない。

以上を踏まえ本稿では，地方の中小企業においてとくにニーズが高まっている親族外承継やM&A・事業再生による事業引継ぎのケースに焦点を当て，後継者による役員・従業員などといった社内人材のマネジメントにはどのような特徴がみられるのかを考察する。

人口減少が著しく経営環境の厳しい地方圏においては，親族外承継，M&A・事業再生による引継ぎの局面においても地方圏特有の制約があることが予想されることから，事例研究の対象としては島根県内の中小企業による親族外承継，M&A・事業再生による事業引継ぎに伴う経営者交代の事例を取り上げる。

3．事例研究の方法

本稿では島根県内において，親族外承継，M&A・事業再生による事業引継ぎによって経営者が交代した中小企業の経営者に対し，事業承継の経緯や，既存役員・従業員などの社内人材のマネジメントの取組みなどを聴取したインタビュー

調査に基づく企業事例の考察を行う。内訳は従業員による親族外承継3社，M&Aによる事業引継ぎ3社，事業再生による事業引継ぎ2社の計8社となっている。

なお，事業再生の事例においては，後継者の選定プロセスや後継者の能力などに関する客観的な情報を得るために，地域金融機関，中小企業再生支援協議会，事業引継ぎ支援センターなどの支援機関にもインタビュー調査を実施した。

図表1　インタビュー企業の概要[注6] [注7]

企業名	事業内容	従業者数	創業年	本社所在地	タイプ
シマネ益田電子株式会社	半導体・集積回路部品製造	131人	1984年	島根県益田市	親族外承継（2代目）（従業員→役員）
日精販有限会社	測量機器等の販売レンタル	7人	1970年	島根県益田市	親族外承継（3代目）（従業員→役員）
株式会社コガワ計画	自動車教習所	130人	1963年	島根県益田市	親族外承継（3代目）（従業員→役員）
・買い手：株式会社キヌヤ[注6] ・売り手：株式会社一番街	スーパーマーケット	・708人（M&A前） ・120人（M&A前）	・1951年 ・1973年	・島根県益田市 ・島根県浜田市	M&A（吸収合併）
・買い手：有限会社福島造船鉄工所 ・売り手：有限会社三社技研工業	・船舶の建造，修理 ・工業用ゴム製品製造	・45人（M&A前） ・3人（M&A前）	・1868年 ・1979年	・島根県松江市 ・島根県江津市	M&A（新会社への事業譲渡）
・買い手：有限会社小川商店 ・売り手：X社	・ガソリンスタンド・燃料販売，運送業，雑貨店，飲食店他 ・ガソリンスタンド	・45人（M&A前） ・5人（M&A前）	・1688年頃 ・1990年	・島根県大田市 ・島根県大田市	M&A（事業譲渡）
株式会社浜田あけぼの水産[注7] ※株式会社室崎商店を事業再生	漁業	68人（事業再生前84人）	・1924年 ・2011年（再生後）	・島根県浜田市 ・島根県江津市	事業再生（第二会社方式）
株式会社ぬしや ※有限会社ぬしやをY社が事業再生	旅館業	7人（事業再生前3人）	・1780年頃 ・2015年（再生後）	島根県江津市	事業再生（新会社への事業譲渡）

（出所）インタビュー内容に基づき筆者作成

4　企業事例の考察

（1）従業員による親族外承継の事例の特徴

従業員による親族外承継の3社の事例では，社長就任前の役員就任時等の段階から後継者が社内人材のマネジメントに取り組んでいる点が共通している。また「家業」ではなく非親族の「企業」として社員のための経営を志向するという観点から社員の立場にたった人材マネジメントが行われている。その過程では，社員に対して開かれた経営を志向しつつ，人事評価・配置などの透明性を高める取組みがなされている。こうした社長就任前の段階から後継者が社内人材のマネジ

メントに取り組むことを通じて正統性の獲得がなされている。

図表2　従業員による親族外承継の事例の特徴

	入社時期	社長就任時期	社内人材のマネジメントの内容（社長就任前）	先代経営者との関係
シマネ益田電子㈱	1984年	2001年	・工場長就任（1987年）以降就業規則整備 ・専務就任（1995年）時に役員会開催を提案 　QCサークル活動を開始 　提案・考案制度の導入	・創業者からは1990年頃から全幅の信頼を得る
日精販㈲	1994年	2016年	・役員就任時（2004年）から採用業務を担当 ・人材確保に向け大学や高校の企業説明会，インターンシップの取組みを強化	・2004年の役員就任頃から承継の打診あり ・2010年に先代から社長就任の要請を受け，2014年には専務取締役に就任 ・2016年の社長就任後に先代はフェードアウト
㈱コガワ計画	1990年	2015年	・取締役本部長（最高執行責任者）就任（2007年）を経て2010年に若手とベテランの給与格差を少なくする給与改革を断行 ・2014年に結婚・出産に伴う祝い金（最大100万円）を提供する「幸せになろう制度」を導入	・2007年の取締役本部長就任時から創業者の想いの具現化に注力 　⇒創業者からの信頼を背景に 　　親族内のしがらみに囚われない経営を実施 ・毎日創業者と意見交換の時間を設ける

（出所）インタビュー内容に基づき筆者作成

　このように後継者が社長就任前から社内人材のマネジメントに取り組むことができる背景としては，先代経営者が後継者の能力を評価し，社長就任の数年前から本人に承継に向けた打診をするか，役員などの重要ポストに配置するなどして充分な準備期間を確保しつつ将来的な承継に向けた布石を打っていることがあげられる。後継者側も先代経営者の期待に応えるべく，先代経営者の考えを理解しようとする取組みがみられている。こうした先代経営者との信頼関係を背景に社長就任後も先代経営者または創業者一族との間に信頼関係を構築できている。

（2）M&Aによる事業引継ぎの事例の特徴

　M&Aによる事業引継ぎ3社の事例では「ポストM&A」での売り手企業側従業員の人材マネジメントが重要課題として認識されており，買い手企業側が売り手企業側従業員への人事面の配慮をすることで，M&Aに対する売り手企業側従業員の心理的抵抗に対処している点が共通している。

　事例企業の3社ともに売り手企業側の従業員の引継ぎを行っているが，その後の定着については，キヌヤと福島造船鉄工所では売り手企業側従業員の定着が図られているものの，小川商店では売り手側従業員の定着が図られなかったなどの違いがみられる。その背景にはキヌヤと一番街では同業者同士の交流を通じて，

福島造船鉄工所と三社技研工業との間では，長年の取引関係を通じて両者の経営者間に信頼関係があったことが背景にあると考えられる。その結果，一番街の前社長はキヌヤの取締役として入社し，三社技研工業の前社長も後継者難に伴う事業引継ぎの後も買い手企業側の要請に応じて適宜サポートを行っている。

図表3　M&Aよる事業引継ぎの事例の特徴

	社内人材のマネジメントの内容	買い手企業側の姿勢	経営者間の信頼関係
・買い手：㈱キヌヤ ・売り手：㈱一番街	・売り手企業側従業員の雇用継続 ・売り手企業側従業員の評価，配置の配慮	・買い手企業側が対等合併を強調，トップが襟を正す	・同業者同士の交流の中で信頼関係あり ・2012年の一番街社長交代を契機にM&Aが進展 ・M&Aを経て売り手側社長は取締役就任，後継者候補の一人に位置づけ
・買い手：㈲福島造船鉄工所 ・売り手：㈲三社技研工業	・グループ企業の人事・経理の一元管理 ・売り手側の仕事内容は極力変えない ・事前相談の徹底，役割分担の明確化	・売り手側従業員が幸せになることに注力 ・相手の大切にしていることを尊重，お互いに助け合う雰囲気づくり	・2000年以来の取引先でお互いを熟知 ・後継者難による取引先売り手企業側からの相談 ・リタイアした売り手側の前社長も買い手企業側の要請に応じ適宜サポート
・買い手：㈲小川商店 ・売り手：X社	・給与面や人材育成面の充実を推進 ・引継ぎ後の売上増に伴う繁忙化や買い手側従業員とのモチベーションの違いから離職を招いたものの，新規採用によって人材の若返りを推進するとともに休日を増やすことで人材定着に努める。	・現社長が引継ぎ事業に積極的に関与し，売り手企業側従業員と積極的にコミュニケーション	・組合経由で後継者難に伴う買取の相談，売り手企業は同業他社の子会社的位置づけ 売り手側役員は3人とも入社せず

(出所) インタビュー内容に基づき筆者作成

　一方，小川商店のケースでは，相談の経緯が組合経由の間接的なものであることに加え，売り手企業側X社は同業他社の子会社的位置づけの企業であり，3人の役員は全員入社しないなど，経営者間での信頼関係が希薄であったことが推測される。また，小川商店の営業力によってX社の事業は引継ぎ後売上増を実現したものの，それに伴う繁忙化や従業員のモチベーションの違いなども離職の要因となった。しかしその後小川商店では新規採用によって人材の若返りを推進するとともに休日を増やすことで人材の定着に努めている。

（3）事業再生による事業引継ぎの事例の特徴

　事業再生による事業引継ぎ2社の事例では，再生に向けた社内・社外のステークホルダーとの調整の中で社内人材のマネジメントを行いつつ正統性を獲得している点が共通している。
　浜田あけぼの水産のケースでは，現社長が再生のスキームの策定に関わり社内

外とのコミュニケーションをとる過程で，後継者としての信頼を獲得している。

ぬしやのケースでは，同社の社長を兼務する引継ぎ先のY社社長が，屋号・既存設備・雇用の維持を条件とした地域に根ざした再生を志向し，誠意をもって社内外の関係者と接することで信頼を獲得している。

図表4　事業再生による事業引継ぎの事例の特徴

	社内人材のマネジメントの内容	社内・社外からの支持の確保	経営者間の信頼関係
㈱浜田あけぼの水産 ※㈱室崎商店を事業再生	・漁労長とのコミュニケーションに注力 ・事務員の意識改革，権限委譲 ・船員の採用強化による若返りを推進	・関係機関と再生スキームの策定に関わりつつ，社内でのコミュニケーションも取る中で信頼を得る ・厚遇してくれた現社長父への恩返しもあり，漁労長も現社長に協力	・現社長は財務・管理などについて地方銀行出身の前社長から実務を通じ学ぶ ・前社長は相談役として現社長にアドバイス
㈱ぬしや ※㈲ぬしやを事業再生	・組織図を提示し役割分担を明確化 ・経理・人材育成の一元管理 ・地元から支配人，新規従業員を採用 ・連携先を活用した人材育成の推進	・地元に根ざした再生を志向 ⇒屋号，既存設備，雇用の維持を前提に引継ぎ ・地元の関係者には誠意を示して受け入れてもらう努力 ・現社長が前社長と新たに採用した支配人の間に積極的に入りコミュニケーション	・再生後，前社長（女将）は従業員として残り「おもてなしリーダー」として顧客の接客に注力

（出所）インタビュー内容に基づき筆者作成

　また事例企業の2社は，破産や特別清算の手続きを経て存続したにもかかわらず，創業者一族が従業員や後継者として引き続き会社の運営に関わっている。

　浜田あけぼの水産のケースでは，現社長の能力が社内外から評価されたことに加え，地元の基幹産業である漁業を存続するためには漁業権を地元に残すほうが得策であると関係者が判断したこと，事業成功のカギを握る漁労長が創業者一族を信頼して漁を行うなどといった業種の特性が背景にあると考えられる。

　ぬしやのケースでは，前社長の女将が夫である先代の急逝によって社長を務めていたという特殊な事情があることに加え，女将が地元とのつながりを有するとともに，接客面のリーダーとしての能力を現社長が評価しているなど両者の間に信頼関係があることが要因として考えられる。

　このように，地域社会等が創業者一族のこれまでの地域への貢献を評価するなど創業者一族のネームバリューが再生後の事業展開において必要な場合があり，その場合は創業者一族を社内に残すことによって社内人材のマネジメントが円滑に図られる可能性もある。

（4）事例企業全般の特徴

これまでみてきたように，親族外承継，M&A・事業再生による事業引継ぎのそれぞれのタイプ別に社内人材のマネジメントの取組みが後継者の正統性の獲得に寄与している可能性について考察してきたが，正統性の獲得は社内人材のマネジメントの取組みだけによってもたらされるのではなく，後継者による事業面の経営革新の遂行及びそれに伴う事業の発展といった業務を通じた「後継者の実績」も寄与していると考えられる。

　とくにM&A・事業再生による事業引継ぎのケースでは，後継者の選定や能力形成などの局面において外部支援機関の果たす役割が大きく，その中でも地域金融機関が積極的役割を果たすケースがみられる。

　事業再生では債権者の意向がカギを握ることから地域金融機関の果たす役割が大きいことは言うまでもないが，M&Aの事例においてもキヌヤと一番街のケースのように地域金融機関が仲介するなどの取組みがみられる。一方で，福島造船鉄工所や小川商店のケースでは，金融機関の仲介ではなく買い手企業との直接交渉によって引継ぎを行っており，相談から引継ぎに至る期間も3か月程度と短

図表5　事例企業における事業面の経営革新と地域金融機関の関わり

	後継者による事業面の経営革新の内容	地域金融機関等支援機関等との関わり
シマネ益田電子㈱	・EMS事業に参入し取引先拡大を推進 ・受託型から共同開発型ビジネスへの転換 ・タイでの海外生産開始 ・IOT事業への進出	・メイン銀行出身者を取締役に招へい
日精販(有)	・ICT部門の強化 ・太陽光発電の遠隔監視システム開発	・金融機関との良好な関係を重視
㈱コガワ計画	・外国人向け教習の強化 ・高齢者専用の教習カリキュラム構築	・創業者の株式移転などを相談
・買い手：㈱キヌヤ ・売り手：㈱一番街	【本体・引継ぎ事業】 ・仕入業務の効率化 ・ローカル・ブランドの強化	・メイン銀行がM&Aを仲介 ・税理士の助言によりM&Aに向けスピードアップ ・売り手企業側社長は信金の後継者育成塾塾
・買い手：(有)福島造船鉄工所 ・売り手：(有)三社技研工業	【本体】 ・駐車場事業への進出 ・新工場建設 ・アルミ船，電気推進船の製造開始 【引継ぎ事業】 ・本体の売上増に伴う発注量の増加	・本業の造船事業継続の観点からM&Aを判断 ・M&Aは取引先からの直接相談で，金融機関の仲介はない
・買い手：㈲小川商店 ・売り手：X社	【本体】 ・積極的な設備投資を推進し燃料配送業務の新規取引を拡大 【引継ぎ事業】 ・法人客の取込み強化による売上増	・M&Aは売り手と買い手の交渉で決まるため交渉時の金融機関の仲介は不要，財務面の相談の点で税理士との関係を重視 ・金融機関との関係は売り手企業の情報収集
㈱浜田あけぼの水産 ※㈱室崎商店を事業再生	・漁業部門を存続させ，冷凍倉庫部門を他社に譲渡する事業再生案の策定・交渉 ・国・県・市の支援活用による漁船設備の更新	・現社長は信金の後継者育成塾塾長 ・事業再生にあたり上記後継者育成塾の塾長である信金理事長のサポートを得る
㈱ぬしや ※(有)ぬしやを事業再生	・インターネットによる集客の強化等による売上増加，稼働率向上	・地方銀行OBの再生支援協議会のプロマネが銀行での人脈を活用してマッチング ・地元キーパーソンとのネットワーク構築に有効

(出所)　インタビュー内容に基づき筆者作成

い。このようにM＆Aのケースでは，仲介時に地域金融機関が果たす人材面も含めた売り手企業の精査や磨き上げなどといった役割が限定的なケースもある[注8]。

最後に事例企業の取組みから見えてくる地方圏特有の制約について若干の考察を加える。福島造船鉄工所による三社技研工業の引継ぎにあたっては，島根県江津市から福島造船鉄工所の工場近くの島根県松江市への工場の移転も検討したが，三社技研工業が地元食品製造業者等の江津市近隣の既存取引先にとってなくてはならない存在となっていることから工場の移転を行わず，引継ぎに伴って社長に就任した福島造船鉄工所の専務が江津市の工場に通うなどの配慮を行っている。また，支援機関へのインタビュー調査からは，地方の中小企業は地域経済を構成する重要な「機能」として存続が必要であるという認識がもたれており，支援機関の立場としては，中長期的な地域経済との融合の観点を重視してM＆Aや事業再生による引継ぎ先の選定を行う傾向にあることがわかった。

5　総括

最後に本稿の結びとして，これまでの企業事例の考察を踏まえ中小企業の親族外承継やM＆A・事業再生による事業引継ぎにおける含意を示す。

まず，従業員による親族外承継のケースでは，「家業」ではなく「企業」として社員のための経営を志向するという観点から，親族外の後継者が社長就任前の役員就任時等の段階から社内人材のマネジメントに取り組むこと，そのために先代経営者が充分な準備期間を与えつつ権限委譲を行い，後継者が社内人材のマネジメントに取り組むことのできる環境を整備することの重要性を指摘した点である。

次にM＆Aによる事業引継ぎのケースでは，買い手企業側が売り手企業側従業員への人事面の配慮をすること，その背景として売り手企業側と買い手企業側の経営者間の信頼関係の構築の重要性を指摘した点である。

事業再生による事業引継ぎのケースにおいては，再生に向けた社内・社外のステークホルダーとの調整の中で後継者が正統性を獲得する過程に，社内人材のマネジメントを位置づけることの重要性を指摘した点である。

一方で，本稿で取り上げた従業員による親族外承継の3事例では承継までの準備に10年前後の長い期間をかけている。またM＆Aによる事業引継ぎの事例でも売り手企業側と買い手企業側の経営者間で信頼関係を構築するには長い期間を必

要とする場合がある。中小企業庁「事業承継ガイドライン」では，事業承継に向けた5つのステップを①事業承継に向けた準備の必要性の認識，②経営状況・経営課題の把握（見える化），③事業承継に向けた経営改善（磨き上げ）を経て，④事業承継計画策定を経た⑤事業承継の実行または④マッチング実施を経た⑤M&Aの実行に整理しているが，従業員による親族外承継の形を取るにせよ，M&Aによる事業引継ぎの形を取るにせよ現経営者が事業承継に向けた準備の必要性をできるだけ早く認識し一歩前に踏み出すとともに，社内人材のマネジメントに配慮しつつ事業承継に取り組むことの重要性が再確認できたといえよう。

　また，M&A・事業再生による事業引継ぎのケースでは，地域金融機関が積極的役割を果たすケースがみられる。地方圏において中小企業は地域経済を構成する重要な「機能」として存続が必要であるという認識がもたれていることから，今後地域金融機関等の支援機関には事業承継に向けて一歩踏み出すことができるような経営者の意識改革に向けた取組みに加え，域内中小企業のニーズを集約しつつ，事業引継ぎ先とのマッチングや引継ぎ先の後継者の正統性確保に向けたサポートなど地域経済存続に向けたデザインを描く役割が求められよう。

　本稿の残された課題としては，本稿では親族外承継，M&A・事業再生による事業引継ぎの事例を広範に考察しているが，今後は対象とする事例を増やしつつ，それぞれのタイプ別の取組みの普遍化を行うとともに，島根県の事例の考察から見えてくる大都市圏と比較した地方圏における事業承継の特性の考察についても研究を深めていきたいと考えている。

〈注〉
1　同調査の有効回答数は969件，回数率は49.7％にのぼっており，島根県浜田市内の中小企業という限定されたサンプルではあるが，地方圏における事業承継の課題を考察するうえで参考になる点が多い。なお，同アンケート調査の企画・分析にあたっては筆者がアドバイスを行っている。
2　落合（2016）は，後継者の正統性獲得を「従業員をはじめ社内外の利害関係者から支持や信頼を獲得し，後継者の地位について受容され合意されている状態」と定義している。
3　事業承継協議会（2006）は，親族内承継のメリットとして「一般的に，他の方法と比べて，内外の関係者から心情的に受け入れられやすい」点をあげている。
4　髙橋（2006）は，人材マネジメントは企業ビジョンを実現するために存在するとし，人材マネジメントを①組織マネジメント，②人材フローマネジメント（採用，配置，

育成など），③報酬マネジメントの三つに区分している。また，慶應義塾大学ビジネス・スクール編（2004）は，人的資源マネジメントの主要機能を①人を導入し組織を構成していく機能（採用，配置と異動，退職・解雇など），②人を訓練し能力開発していく機能，③人が活動するよう動機づける機能（評価，報酬，昇進など），④人が安心して働けるようにする機能に整理している。以上を踏まえ本研究では，後継者による社内人材のマネジメントを「後継者が企業ビジョン実現のために事業承継前後に社内の役員・従業員に対して実施する組織の構成，能力開発，動機づけ，安心の確保などに関する取組み」と定義する。

5 久保田典（2011a）では，経営革新を「承継者が承継時に直面している経営課題などを克服するために実施した新たな取組み」と定義しており，本稿の定義も同様とする。

6 キヌヤは中小企業基本法における中小企業の規模を超えているが，本稿では中小企業規模である一番街の事業基盤の存続という観点から事例研究の対象として取り上げている。

7 浜田あけぼの水産の社長には当初，企業再生支援機構出身者の就任を経て地方銀行から派遣された人物が就いた。現社長は再生前の室崎商店の3代目社長の長男で室崎商店からの唯一の既存役員として設立時に同社の取締役に就任し，2014年に社長に就任した。

8 中小企業庁編（2018）によると，M＆Aの相手先を見つけたきっかけの中で，「相手先から直接売り込まれた」と「自社で相手先を見つけた」と回答した割合の合計は全体の57.7％と過半数を占めている。

9 本研究はJSPS科研費JP17K03941の助成を受けたものである。

〈参考文献〉
1 中小企業金融公庫総合研究所（2008）「事業承継を契機とした経営革新」中小公庫レポートNo.2008-1
2 中小企業庁（2016）「事業承継ガイドライン」
3 中小企業庁編（2004）『中小企業白書2004年版』ぎょうせい
4 中小企業庁編（2018）『中小企業白書2018年版』日経印刷
5 深沼光・井上孝二（2007）「再生型創業の実態―廃止部門・廃業企業の従業員による創業」『日本中小企業学会論集26』，pp.3-15
6 古瀬公博（2011）『贈与と売買の混在する交換―中小企業のM&Aにおける経営者の葛藤とその解消プロセス―』白桃書房
7 事業承継協議会（2006）「事業承継ガイドライン～中小企業の円滑な事業承継のための手引き～」
8 慶應義塾大学ビジネス・スクール編（2004）『人的資源マネジメント戦略』有斐閣
9 久保田典男（2010）「非親族承継における所有と経営の分離～中小企業の事業承継におけるケーススタディ～」『日本経営診断学会論集』9号，pp.145-151

10 久保田典男（2011a）「世代交代期の中小企業経営—次世代経営者の育成」『日本中小企業学会論集30』，pp.17-31
11 久保田典男（2011b）「事業承継に際しての組織改革—中企業の事業承継におけるケーススタディ—」『日本政策金融公庫論集』第11号，pp.47-64
12 久保田典男（2012）「中小企業の事業承継と後継者育成」三井逸友編『21世紀中小企業の発展過程－学習・連携・承継・革新』（第12章），pp.235-250
13 久保田典男（2017）「地方中小企業における後継経営者の能力形成—地域金融機関における後継者育成塾のケーススタディ」『日本中小企業学会論集36』，pp.57-69
14 久保田章市（2005）「中小企業の後継者育成についてのベストプラクティスの研究」『日本中小企業学会論集24』pp.160-175
15 久保田章市（2010）『百年企業，生き残るヒント』角川ＳＳコミュニケーションズ
16 浜田市（2017）「事業承継に関するアンケート調査」結果報告書
17 堀越昌和（2016）「地域中小企業の後継者人材マネジメントの現状と課題の解明に向けた予備的考察—熊本県の中小企業を対象とした探索研究—」『日本中小企業学会論集35』，pp.174-186
18 三井逸友（2002）「世代交代の過程と次世代経営者の能力形成・自立への道」中小企業研究センター編『中小企業の世代交代と次世代経営者の育成』調査研究報告No.109，pp.17-44
19 村上義昭（2017）「中小企業の事業承継の実態と課題」『日本政策金融公庫論集』第34号，pp.1-20
20 日本政策金融公庫総合研究所（2016a）「M&Aに取り組む中小企業の実態と課題」日本公庫総研レポートNo.2016-4
21 日本政策金融公庫総合研究所（2016b）「中小企業の事業承継に関するインターネット調査」の概要
22 日本政策金融公庫総合研究所（2018）「親族外承継に取り組む中小企業の現状と課題～中規模企業の事例から」日本公庫総研レポートNo.2018-2
23 落合康裕（2016）『事業承継のジレンマ—後継者の制約と自律のマネジメント』白桃書房
24 髙橋美樹（2002）「イノベーションと中小企業の事業承継」中小企業研究センター編『中小企業の世代交代と次世代経営者の育成』調査研究報告No.109，pp.45-64
25 高橋俊介（2006）『新版 人材マネジメント戦略』東洋経済新報社
26 帝国データバンク（2017）「2017年中国地方後継者問題に関する企業の実態調査」
27 津島晃一（2016）「中小企業における所有と支配の分離—経営者保証による最終決定権の確立」嘉悦大学大学院博士論文
28 安田武彦（2005）「中小企業の事業承継と承継後のパフォーマンスの決定要因—中小企業経営者は事業承継にあたり何に留意すべきか」『中小企業総合研究』創刊号pp.62-85

外国人材の活用と中小企業の成長

日本政策金融公庫総合研究所　竹内英二

1　問題意識

　日本は，1989年に入管法を改正し，外国人労働者の受け入れに舵を切った。その背景には，バブル経済下で製造業や建設業の現場を中心に深刻化した人手不足があった。しかし，バブルが崩壊し，労働力需給が緩和した後も，日本で就労する外国人は，ほぼ一貫して増加してきた。特に近年の増加は著しく，厚生労働省の「外国人雇用状況の届出状況まとめ」によれば，外国人労働者数は2012年の68.2万人から2017年の127.9万人へと，5年間で1.9倍に増加している。

　2017年の「外国人雇用状況の届出状況まとめ」により，外国人を雇用している事業所の業種をみると，単独では製造業が22.2％で最も多いが，建設業は8.6％にとどまり，情報通信業や卸売業・小売業，宿泊業・飲食サービス業など第3次産業が63.1％を占めている。同様に，外国人を雇用している事業所の従業者規模をみると，30人未満が57.5％，30～99人が18.6％を占めており，中小企業で外国人雇用が広がっていることがわかる。

　外国人を雇用する中小企業が増加している背景には，いうまでもなく人手不足がある。問題は人手不足になる理由である。もし，賃金など労働条件が劣るために人手不足になっている企業が，日本人よりも賃金の低い外国人を雇用しているというのであれば，外国人労働者の増加によって，生産性の低い中小企業が温存されていることになる。また，もし日本人にはない能力をもった人材として外国人を雇用しているのであれば，外国人労働者の増加は中小企業における資源の不足を補い，企業の成長に貢献しているはずである。

　本報告では，日本政策金融公庫総合研究所が2016年に融資先の中小企業を対象に実施した「外国人雇用に関するアンケート」の結果を用い，①どのような企業が外国人を雇用しているのか，②どのような外国人が働いているのかを確認した

うえで，③外国人雇用の増加によって，生産性の低い中小企業が温存されているのか，それとも中小企業の成長や発展に貢献しているのかを明らかにする。

2 先行研究

　日本では，技能実習生や高度人材の雇用管理に関する調査・研究はいくつかあるが，外国人雇用と企業の経営状況や生産性との関係を調べたものは少ない。古いものでは稲上ほか（1992）があるが，近年では橋本（2010）しか見当たらない。橋本（2010）は，ハローワークの求人情報をもとに，製造業の場合，技能実習生を雇用する企業が求人する際にオファーする賃金は，技能実習生を雇用していない企業のものよりも低く，生産性の低い企業が技能実習生を雇用する傾向があることを指摘している。ただし，技能実習生を活用することで効率的な社内分業を実現し，高い生産性をあげている企業も存在するとしている。
　また，中村ほか（2009）は，マクロデータをもとに，外国人労働者の受け入れによって産業構造の高度化が遅れている可能性があるが，企業によっては外国人労働者を受け入れていない企業よりも効率的な経営を行っている可能性もあることを指摘している。ただし，中村ほか（2009）が想定している外国人労働者は主に単純労働力であり，外国人労働者全般ではない。
　海外の先行研究については調べきれないが，多くはないようである。それでも，例えばIsmail（2015）は，マレーシアの企業279社のデータをもとに外国人労働者（主にインドネシア人）が労働生産性に及ぼす影響を調査し，高度人材は労働生産性に影響していないが，半熟練労働者や非熟練労働者は労働生産性に負の影響を及ぼすとしている。

3 外国人雇用の実態

（1）使用するデータについて

　本報告で使用するデータは，日本政策金融公庫総合研究所が2016年の8月から9月にかけて実施した「外国人材の活用に関するアンケート」の結果である。調査対象は，日本政策金融公庫の国民生活事業および中小企業事業の融資先のうち，製造業，卸売業，小売業，飲食店・宿泊業，情報通信業，サービス業を営む

法人企業である。また，調査対象の地域は，在留外国人（特別永住者を除く）が多い，北海道，茨城県，栃木県，群馬県，埼玉県，千葉県，東京都，神奈川県，静岡県，愛知県，岐阜県，京都府，大阪府，兵庫県，広島県，福岡県の16都道府県（在留外国人数の8割をカバー）である。

調査票（無記名）は1万5,970社に郵送し，3,924社から回答を得た。

（2）外国人雇用企業の割合

派遣社員や海外拠点の社員を含めて，外国人を雇用している企業の割合は13.3％である。業種別では，製造業と飲食店・宿泊業で多く，それぞれ24.3％，25.5％となっている。一方，小売業は6.6％，サービス業は7.1％と少ない。従業者規模別にみると，規模が大きいほど外国人を雇用する企業の割合も多く，「4人以下」の企業では2.1％であるのに対し，「50～99人」の企業では36.7％，「100人以上」の企業では51.1％となっている（図1）。

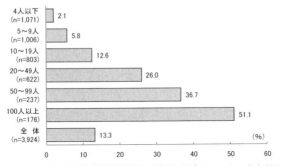

図1　外国人を雇用している企業の割合（従業者規模別）

資料：日本政策金融公庫総合研究所「外国人材の活用に関するアンケート」（2016年）

外国人を雇用しているかどうかと従業者規模との相関は強く，全体としては外国人を雇用する企業の割合が多い製造業であっても，従業者数「4人以下」の企業に限れば外国人雇用企業の割合は2.4％にすぎない。逆に，全体としては外国人を雇用する企業の割合が少ない小売業でも，従業数20人以上の企業に限れば24.5％の企業が外国人を雇用している。労働力需要の大きな企業ほど外国人を雇用する必要性も大きいといえよう。

（3）外国人の雇用形態

　外国人を雇用している企業について，外国人従業員の雇用形態別に雇用企業の割合をみると，正社員を雇用している企業が58.7％，非正社員（パート，アルバイト）を雇用している企業が39.0％，技能実習生を雇用している企業が21.0％，海外拠点の社員を雇用している企業が4.2％，派遣社員を雇用している企業が6.2％となっている。なお，海外拠点の社員と派遣社員は雇用している企業が少ないので，以下では触れないことにする。

　業種別に雇用形態をみると，外国人を正社員として雇用している企業の割合は卸売業が79.7％，情報通信業が78.6％と多く，小売業は34.9％，飲食店・宿泊業は38.3％と少ない。対照的に，外国人を非正社員として雇用している企業の割合は，小売業が65.1％，飲食店・宿泊業が78.7％と多く，情報通信業は17.9％，卸売業は27.8％と少ない。

　一方，技能実習生を雇用している企業の割合は，製造業で37.1％と多く，その他の業種では少ない。調査時点で技能実習生には1号と2号があった。1号に職種の制限はないが，1年しか就労できない。2号に移行すればさらに2年就労できるが，移行可能な職種のほとんどは製造業や建設業，農業，漁業である。そのため，製造業以外では技能実習生を雇用している企業が少ない。

　外国人の雇用形態を従業者規模別にみると，外国人を正社員として雇用している企業の割合は，規模との明確な関連がなく，従業者数「9人以下」の企業が72.8％，「10〜49人」の企業が51.7％，「50人以上」の企業が62.7％となっている。一方，非正社員として雇用している企業の割合は，従業者数「9人以下」の企業が28.4％，「10〜49人」の企業が40.9％，「50人以上」の企業が41.2％となっており，規模の大きな企業で多い。技能実習生を雇用している企業の割合も，従業者数「9人以下」の企業が7.4％，「10〜49人」の企業が21.6％，「50人以上」の企業が26.0％と，規模の大きな企業で多い。

（4）外国人従業員の属性

①　国籍，在留資格

　アンケートでは雇用している外国人の属性を質問している。ただし，外国人従業員が6人以上いる場合（外国人雇用企業の23.2％）は，雇用開始時期が早い順

に5人までを回答してもらった。回答があった外国人従業員の国籍をみると、中国が38.0％で最も多く、以下ベトナム（18.0％）、フィリピン（7.7％）、韓国（5.6％）、インドネシア（5.4％）、タイ（3.4％）とアジア諸国が続いている。

外国人従業員の在留資格をみると、単独では「技能実習」が31.1％で最も多く、主に大学卒以上のホワイトカラーを対象とする「技術・人文知識・国際業務」の15.5％、「永住者」の13.5％、「留学」の10.7％が続いている。なお、「永住者」に「永住者の配偶者等」「定住者」「日本人の配偶者等」を加えた「身分に基づく在留資格」が合計で32.8％を占めている。「身分に基づく在留資格」の保有者は、職種や労働時間に制限がなく、日本人と同じように就労できる。

業種別に外国人従業員の在留資格をみると、製造業では「技能実習」が46.8％を占めているのに対し、情報通信業では「技術・人文知識・国際業務」が39.1％を占めている。また、小売業と飲食店・宿泊業では「留学」が多く、それぞれ42.9％、34.0％となっている。「身分に基づく在留資格」が多いのはサービス業で、50.8％を占める。従業者規模別に外国人従業員の在留資格をみると、「技能実習」や「留学」は従業者数9人以下の企業では少ない（それぞれ9.5％、4.3％）のに対し、「技術・人文知識・国際業務」は同9人以下の企業に多い（30.2％）。

② 性別，年齢

外国人従業員の性別をみると、男性が56.4％、女性が43.6％となっている。雇用形態別にみると、正社員の61.1％、技能実習生の69.6％がそれぞれ男性であるのに対し、非正社員は女性が61.3％を占める。

外国人従業員の年齢をみると、「24歳以下」が19.7％、「25～34歳」が41.5％と若い世代が多く、外国人労働者の特徴といえる。特に技能実習生は「24歳以下」が39.9％、「25～34歳」が50.2％を占めており、技能実習制度が若年労働力を確保する手段となっていることがうかがえる。非正社員も「24歳以下」が24.2％と多いが、「45歳以上」も23.4％を占めており、留学生のアルバイトと、身分に基づく在留資格をもった主婦等によるパート労働者が多いことが推測できる。

③ 学　歴

外国人従業員の最終学歴（留学生は在学先）をみると、全体では「海外のその他の学校（大学・大学院以外）」が最も多い。雇用形態別にみると、正社員は「日

本の大学・大学院」が32.1％，「海外の大学・大学院」が36.5％と，大学・大学院卒が68.6％を占めている。非正社員も「日本の大学・大学院」が18.2％，「海外の大学・大学院」が21.9％を占める。対照的に，技能実習生は「海外のその他の学校」が80.9％を占めている。

(5) 仕事の難易度と賃金

① 仕事の難易度

外国人従業員に担当させている仕事の難易度をみると，全体では「難しくはないが，多少の訓練やなれが必要な仕事」が44.8％を占めている。ただし，仕事の難易度は雇用形態によって異なる。正社員は「ある程度の熟練が必要な仕事」が34.2％で最も多く，「高度な熟練や専門的な知識・技術が必要な仕事」も28.1％を占めている。非正社員は「難しくはないが，多少の訓練やなれが必要な仕事」が46.1％，「入社してすぐにできる簡単な仕事」が36.7％と，熟練の要らない仕事が82.8％を占めている。技能実習生は「入社してすぐにできる簡単な仕事」は10.5％と少ないものの，「難しくはないが，多少の訓練やなれが必要な仕事」が62.0％を占めており，やはり熟練の要らない仕事が72.5％を占めている。技能実習制度は，技術や技能，知識の移転を通じた途上国支援を目的としているが，熟練を必要としない簡単な仕事をさせている企業が多い現状で，その目的を達成できているのか疑問が残る。

② 賃　金

日本人でも賃金は雇用形態によって異なるので，外国人従業員の賃金についても雇用形態別にみていく。まず，外国人正社員の月給をみると，「25万円以上」が51.6％を占めており，平均値は27.6万円，中央値は25万円となっている。外国人正社員の月給を中小企業全体と比較すると，どの年齢階級でもほとんど差がない（図2）。国籍を限定して求人することは差別として法律で禁じられており，外国人正社員も，日本人と同じ労働市場を通じて採用することになる。つまり，外国人正社員の賃金は労働市場で決まるのであり，外国人だからといって低い賃金で雇用できるわけではない。

次に，非正社員の時給をみると，「900円以上」が61.9％を占めており，平均値

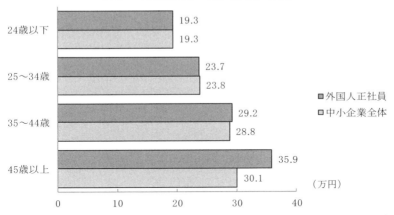

図2 年齢階級別にみた正社員の月給

（資料）外国人正社員については，図1に同じ。中小企業全体は厚生労働省「賃金構造基本統計調査」（2016年）
（注）外国人正社員は，アンケートで回答があった396人についての平均値である。また，中小企業全体は，民営事業所（産業計）のうち，企業規模10～99人のデータである。

は939円，中央値は910円となっている。㈱リクルートジョブズの「アルバイト・パート募集時平均時給調査（2016年9月度）」によると，非正社員募集時の時給は，北海道が852円，北関東が900円，首都圏が1,028円，東海が929円，関西が957円，九州が835円などとなっている。また，厚生労働省の「賃金構造基本統計調査」によれば，短時間労働者の時給は2016年の平均で1,075円である。単純な比較はできないが，外国人非正社員の賃金は，日本人と同等であるとはいえないかもしれない。ただし，調査時点の最低賃金は，最も高い東京都でも907円だったことや仕事の難易度を考慮すれば，外国人非正社員の賃金が特に低いということもない。外国人非正社員の在留資格をみると，「留学」が34.0％，「身分に基づく在留資格」が50.1％を占めている。「身分に基づく在留資格」はもちろん，「留学」も一部の風俗営業を除いて職場を自由に選ぶことができるから，外国人非正社員の賃金も正社員と同様に労働市場で決まる。非正社員についても，外国人というだけで安価に雇えるわけではない。

最後に技能実習生であるが，技能実習生の賃金は月給の場合と時給の場合とが同程度ある。まず，月給をみると「14万円以下」が51.4％を占めており，平均値

は14.7万円，中央値は14.0万円となっている。時給は，「900円未満」が80.6％を占めており，平均値は852円，中央値は851円となっている。正確にはわからないが，技能実習生の賃金は最低賃金であることも多いと思われる。もっとも，最低賃金で働いている日本人も少なくないので，技能実習生が格段に安価な労働力だというわけではない。

担当している仕事の難易度や学歴が異なるので，技能実習生の賃金が正社員よりも低いのは当然であるとしても，技能実習生より難易度の低い仕事を担当している者が多い非正社員に比べても賃金が低いのは不自然である。その理由は三つ考えられる。第1に，技能実習生を雇用するには，実習生の渡航費，住居費，研修費，組合費（監理団体を通して受け入れる場合），技能検定費，日本での生活支援など，賃金以外にも多くのコストがかかる。第2に，技能実習生は日本の賃金相場をよく知らない可能性がある。第3に，技能実習生には，来日後に職場を移動する自由がなく，相場より安価な賃金だと知られても転職される心配がないので，企業には高い賃金を払うインセンティブが乏しい。

（6）外国人の雇用理由

外国人を雇用するようになった理由をみると，外国人雇用企業全体では，「日本人だけでは人手が足りないから」が28.0％で最も多く，以下「外国人ならではの能力が必要だから」（23.3％），「能力・人物本位で採用したら外国人だっただけ」（18.2％），「日本人が採用できないから」（10.4％）と続いている。

「外国人ならではの能力が必要だから」を回答した企業について，それはどのような能力であるのかをみると，「仕事で必要な外国語を使える」ことが91.2％で最も多く，以下「外国に人脈・ネットワークがある」（28.3％），「外国の商習慣や取引慣行に詳しい」（23.9％）と続いている。事業の国際化に対応して外国人を雇用していることがうかがえる。

雇用形態別に外国人を雇用するようになった理由をみると，外国人を正社員としてのみ雇用している企業は「外国人ならではの能力が必要だから」が35.9％，「能力・人物本位で採用したら外国人だっただけ」が31.8％と，能力に着目した企業が67.7％を占めており，「日本人だけでは人手が足りないから」は12.1％，「日本人が採用できないから」は4.5％と，単純な人手不足を理由とする企業は少ない。一方，外国人を非正社員または技能実習生としてのみ雇用している企業では，

どちらも「日本人だけでは人手が足りないから」が最も多く，それぞれ44.2％，42.0％を占めている。「日本人が採用できないから」も，それぞれ15.0％，18.8％あり，人手不足が原因で外国人を雇用するようになった企業が多い。

外国人を正社員としてのみ雇用している企業では，外国人「が」よい，あるいはその人「が」よいという理由から雇用しているのに対し，外国人を非正社員または技能実習生としてのみ雇用している企業では，外国人「でも」よいからとにかく人手が欲しいという理由で雇用しているといえよう。

4　なぜ人手・人材不足になるのか

人手あるいは人材が不足する理由は，大きく二つ考えられる。一つは，事業の成長や展開に必要な従業員がいない，確保が追いつかないという場合であり，もう一つは賃金など労働条件が劣るために従業員を採用できない，採用しても定着しない場合である。4節ではこの2点を確認していく。

（1）経営状況

最近5年間の売上高の動向をみると，「増加傾向」とする企業の割合は，外国人を雇用している企業（以下，雇用企業）では49.1％を占めるのに対し，外国人を雇用していない企業（以下，非雇用企業）では27.1％と少ない。逆に，「減少傾向」とする企業の割合は，非雇用企業では39.1％を占めるが，雇用企業では26.7％にとどまる。同様に最近5年間の採算状況をみると，「改善傾向」とする企業の割合は，雇用企業では43.2％であるが，非雇用企業では29.2％にとどまる。逆に，「悪化傾向」とする企業の割合は，雇用企業では25.0％であるが，非雇用企業では32.7％と多い。このように雇用企業では事業が拡大傾向にある企業が多く，そのことが人手不足の要因になっている企業も多いと考えられる。

（2）国際化

第3節の（6）で示した通り，外国人を雇用するようになった主な理由の一つは，「外国人ならではの能力が必要だから」であり，その能力とは事業の国際化をうかがわせるものである。そこで，海外の企業や消費者と取引がある（輸出や直接投資など）企業の割合をみると，雇用企業では55.3％を占めるのに対し，非

雇用企業では24.1％にとどまっている。事業の拡大だけではなく，国際化も外国人雇用の主要な理由となっている。

なお，事業の国際化には，輸出の開始や生産拠点の海外移転など既存事業の国際化だけではなく，日本の経済・社会の国際化に対応した事業を展開する場合もある。後者の例としては，海外展開や訪日観光客の受け入れを支援するサービスや外国人専門の不動産仲介，外国人専門の人材紹介・派遣などがある。

（3）採用時のオファー賃金

労働条件はいくつもあるが，ここでは橋本（2010）にならって，従業員を採用するときのオファー賃金をみていく。ただし，ここでいうオファー賃金は実際の求人票に掲載されたものではなく，「いま募集するとしたら，求人広告に月給（時給）はいくらからと書きますか」という質問への回答である。

まず，正社員を募集する際のオファー賃金（月給）の平均値をみると，雇用企業は20.9万円，非雇用企業は20.1万円と雇用企業がやや高い。オファー賃金の分布をみても，雇用企業は非雇用企業よりも高い方に寄っている（図3）。

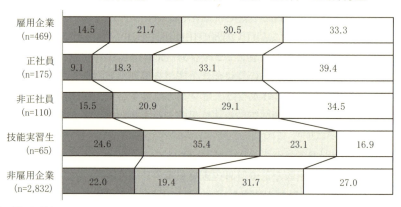

図3　正社員募集時のオファー賃金
－外国人雇用の有無別，外国人の雇用形態別－

資料：図1に同じ。
注：雇用形態別の集計は，それぞれ該当する外国人従業員だけがいる企業について集計したものである。

ただし，雇用している外国人の雇用形態別にオファー賃金の分布をみると，異なる様相がみえてくる。外国人を正社員としてのみ雇用している企業のオファー賃金は「22万円以上」が39.4％を占めるのに対し，「18万円未満」は9.1％と少ない。また，外国人を非正社員としてのみ雇用している企業も「22万円以上」が34.5％であるのに対し，「18万円未満」は15.5％と少ない。一方，外国人を技能実習生としてのみ雇用している企業では，「22万円以上」は16.9％と非雇用企業よりも少なく，逆に「18万円未満」は24.6％と非雇用企業よりも多い。

非正社員へのオファー賃金（時給）をみても同様であり，外国人を正社員としてのみ雇用している企業と非正社員としてのみ雇用している企業のオファー賃金は，非雇用企業よりも高い方に寄っているが，技能実習生としてのみ雇用している企業のオファー賃金は，非雇用企業よりも低い方に寄っている。外国人を技能実習生としてのみ雇用している企業には，労働市場において競争力が劣る企業が多いと考えられる。

5　どのような企業が外国人を雇用するのか

本節では，これまで述べてきたことを基に，ロジスティック回帰分析を用いて，どのような企業が外国人を雇用するのかを確認する。

被説明変数は，「①外国人従業員がいる」「②外国人正社員だけがいる」「③外国人非正社員だけがいる」「④技能実習生だけがいる」の四つで，いずれも該当する場合を1，該当しない場合を0とするダミー変数である。

説明変数は，次の五つである。
・業種ダミー（製造業が基準カテゴリ）
・従業者数（対数）
・売上高増加ダミー（最近5年間の売上高が増加傾向の場合1，それ以外は0）
・国際取引ダミー（海外の企業や消費者と取引がある場合1，ない場合は0）
・正社員オファー賃金（正社員募集時にオファーする月給，対数）

推計結果は表の通りである。第1に，従業者数が多いほど外国人を雇用する確率が高くなる。記述統計の結果とは違い，正社員として雇用する確率も，従業者数が多いほど高くなる。第2に，最近5年間の売上高が増加傾向にある企業は，

表 外国人従業員がいる確率の推計結果

	①外国人従業員		②外国人正社員		③外国人非正社員		④技能実習生	
	係　数	有意確率	係　数	有意確率	係　数	有意確率	係　数	有意確率
業種ダミー								
卸売業	−0.35	0.05	0.31	0.20	−0.43	0.37	−1.37	0.01
小売業	−0.46	0.03	−0.55	0.14	0.96	0.00	−1.62	0.01
飲食店・宿泊業	0.29	0.25	−0.16	0.74	1.38	0.00	−1.21	0.10
情報通信業	−0.33	0.20	0.70	0.02	−0.19	0.74	−2.01	0.05
サービス業	−0.91	0.00	−0.26	0.34	0.04	0.91	−3.44	0.00
その他の業種	−0.47	0.34	−0.12	0.87	0.38	0.63	−0.92	0.38
従業者数（対数）	**0.79**	**0.00**	**0.40**	**0.00**	**0.76**	**0.00**	**0.59**	**0.00**
売上高増加ダミー	**0.67**	**0.00**	**0.74**	**0.00**	0.27	0.25	**0.68**	**0.02**
国際取引ダミー	**0.93**	**0.00**	**1.48**	**0.00**	**−0.64**	**0.02**	−0.33	0.31
正社員オファー賃金（対数）	0.50	0.15	**1.43**	**0.00**	0.40	0.51	**2.22**	**0.01**

(注) 太字は有意確率が5％以下であるもの（業種ダミーは除く）。

外国人を雇用する確率が高い。ただし，正社員と技能実習生については有意であるが，非正社員については有意ではない。第3に，海外の企業や消費者と取引がある企業は，外国人を正社員として雇用する確率が高い。第4に，正社員を募集する際のオファー賃金が高いと外国人を正社員として雇用する確率が高くなるが，低いと技能実習生を雇用する確率が高くなる。

　つまり，外国人正社員を雇用している企業では，外国人を雇用することによって事業の拡大や国際化を実現している。また，これらの企業は中小企業のなかでも，比較的高い賃金を支払える企業であり，生産性が低いどころか，むしろ生産性の高い企業と考えられる。逆に，技能実習生を雇用する企業には，橋本（2010）が指摘したように，仕事はあって人手が必要ではあるが，競争力のある賃金は支払えないという企業が多く，技能実習制度は相対的に生産性が低い企業を温存している可能性がある。技能実習生を雇用している企業の大半は製造業なので，仕事は忙しいが，なかなか儲からないという，中小製造業が置かれている状況を反映しているのかもしれない。

6　外国人雇用の副次的効果

　最後に，アンケートでは質問していないが，外国人雇用の副次的効果について触れる。外国人従業員は，言語だけではなく，価値観や仕事に対する考え方，自己主張の強さなど，さまざまな点で日本人従業員とは異なることが多い。その結果，経営者の指示が外国人従業員に正しく伝わらなかったり，外国人従業員が孤立したりといったことが起こる。

　そこで，外国人正社員を雇用している企業ではさまざまな工夫をし，外国人が能力を発揮しやすい環境をつくりだしている。例えば，行政書士法人のＳ社は，外国人従業員が正確に理解できるように，難しい言葉を使わずに平易な日本語だけを使って指示したり，会議を開いたりするようにしている。また，製造業を営むＡ社では，言葉だけで指示するのではなく，必ず一度やってみせるようにしている。コミュニケーションの工夫だけではなく，両社とも採用時に職務内容を明確にしたり，評価基準をわかりやすくしたりしている。

　こうした外国人正社員に対する取り組みは，実は日本人従業員にとっても効果的であることが少なくない。例えば，Ｓ社では日本人従業員同士でも伝達のミスが少なくなったし，上司が工夫して指導するようになった。Ａ社では，若手従業員のスキルアップが速くなるとともに，仕事に対して意欲的になったという。外国人が能力を発揮できる職場は，日本人にとっても働きやすい職場であり，外国人雇用は働き方改革のきっかけになりえる。

7　むすび

　中小企業における外国人雇用には，補完（主に正社員）と代替（主に技能実習生）の二つの側面がある。前者の典型は，事業の国際化を進める場合である。日本人にはもつ人が少ないスキルやノウハウ，情報を保有する外国人を雇うことで，中小企業の事業展開はスムーズになる。国際化とは関係のない企業であっても，大学卒・大学院卒の採用が困難な中小企業の実態を考えれば，採用の範囲を外国人にまで広げることは，企業の成長に必要な中核人材を確保するために効果的である。しかも，外国人が能力を発揮しやすい環境をつくることは，日本人従業員にとっても好ましい。

一方，非正社員や技能実習生は，日本人が採用できないので仕方なく雇用している場合が多く，人手不足対策としては効果があっても，中小企業の質的な成長や変革を促す効果は乏しい。特に，技能実習制度は，労働力を1年ないし3年確保し，事業の継続を可能にするものの，労働条件を改善する意欲を奪う効果もあり，長期的には中小企業の経営基盤を弱めるおそれがある。技能実習制度は2017年に見直しがあり，3号を創設して就労期間を5年に延ばしたり，介護を技能実習制度の対象に加えたりと拡大傾向がうかがえるが，中小企業にとって真に望ましいものであるのか，慎重な検討が必要である。

〈参考文献〉
1　稲上毅・桑原靖夫・国民金融公庫総合研究所（1992）『外国人労働者を戦力化する中小企業』中小企業リサーチセンター
2　中村二郎・内藤久裕・神林龍・川口大司・町北朋洋（2009）『日本の外国人労働力』日本経済新聞社
3　橋本由紀（2010）「外国人研修生・技能実習生を活用する企業の生産性に関する検証」RIETI Discussion Paper Series No.10-J-018
4　Ismail,R（2015）"Impact of foreign workers on labour productivity: Analysis of firm level data" *International Journal of Productivity and Quality Management* 16 (1): 36,pp.36〜53

自 由 論 題

自動車産業における下請問題についての考察
―Eメッキ倒産に関する裁判から見る1970〜80年代の下請関係・下請問題―

慶應義塾大学　植田浩史

1　はじめに

　本稿は，自動車メーカーであるA自動車（以下A社）の1次下請であったEメッキ（以下E社）が1982年8月2日倒産したことに対して，83年9月にEメッキの管財人がA社に対して倒産の責任追及と損害賠償請求を求めた裁判（以下Eメッキ裁判）についての考察である。後述するようにEメッキ裁判では，管財人側の追及に対し，A社側は真っ向から否定し，両者は激しく対立した。ここでは，裁判で争点とされた問題の法的解釈ではなく，裁判での両者の主張，提出された資料などを利用して，裁判で争われた問題から70〜80年代の下請関係・下請問題を検討する。その際に，以下の点に留意する。
　第1に，裁判という特殊な場を対象としていることである。裁判で原告，被告双方が提出する裁判資料は，対立する両者の主張と事実の指摘が明確であり，調書は証人の証言を正確に再現しているという点で，下請関係についての分析にとって有効である。第2に，本稿では裁判で問題になった「下請取引」の終了という，安定的・拡大的な取引が一般とされるこの時期の自動車産業においては「異常」な現象を対象にする。「異常」な現象の分析は，「通常」な状態の特徴や問題を明らかにする上で重要な視点を提起する。
　以上の点に留意したうえで，本稿では次の3つを課題とする。
　第1に，「下請関係」についてのE社，A社の認識を明らかにする。この場合の「下請関係」とは安定的・拡大的取引関係，あるいは長期的取引関係を規範とした関係に近い状態を指す（植田，2004，第3章）。結論を先取りすると，原告，被告あるいはA社とE社双方が基本的に「下請関係」あるいは自動車メーカーと部品メーカーの安定的・拡大的取引関係の下では相互の活動を規制しあう規範が

存在しているという点への認識は共有していたことを示す。

第2に，裁判で争われたのは何かである。こちらも結論を先取りすれば，E社が「下請関係」から離脱した状態にあったのかどうかである。原告側は「下請関係」の持続を主張したのに対し，被告側は離脱していたので，取引停止は可能である，とした。

第3に，取り上げた事例の歴史的意義についてである。本稿では，高度成長期から安定成長期に形成された安定的・拡大的取引関係において技術・事業環境変化が発生した場合に（E社にとっては乗用車バンパーの樹脂化），両者の関係がどのように調整・処理されたのか，その一つの事例としてEメッキ裁判を位置づけている。

なお，Eメッキ裁判に提出された資料を用いてすでに植田（1987）（加筆修正したものとして植田（1998））があり，ここではE社とA社の取引関係の実情を示した。しかし，裁判での原告，被告の主張など裁判での議論についてはほとんど言及しておらず，本稿では，前稿で用いたデータも使いながら，前稿で触れなかった裁判での両者の主張に焦点を当てて論じる[注1]。

以下，最初にE社，A社の当時の状況，次にEメッキ裁判の経緯について紹介する。そのうえで，両者の主張について考察する。

2　E社とA社

（1）E社

E社は，1928年3月に東京市芝区（現在の東京都港区）で創業し，水道衛生器具のメッキ加工を行い，41年に資本金3万円で合資会社となった[注2]。戦後もメッキ加工を行い，50年に中小企業庁主催メッキ技術全国コンクールで中小企業庁長官賞，51年には東京都メッキ技術コンクールで都知事賞を受賞，64年，65年に中小企業合理化モデル工場に指定，など社外からメッキ技術を評価されていた。この間，65年に本社および本社工場を品川区北品川に移転し，半自動連続鍍金装置新設，77年に自動鍍金装置を導入するとともに，埼玉県に新たに組立用の工場を建設した。さらに，80年代初めに埼玉県の工場を主要取引先であるA社B製作所近郊に移転し，81年2月から生産を開始した。倒産直前には，本社工場でメッキ加工，その後新工場で組立加工し，B製作所に供給した。

E社は1958年5月にX自動車の大型車用バンパー，ラジエーターグリル等のメッキ加工を始めたころから自動車産業と関係を持ち始めた。67年9月にはA自動車B製作所と取引を開始し，S車360cc，1300ccのフロントバンパーのメッキ加工を行った。60年代半ばにはX自動車の協力会に，A社B製作所の協力会には発足時の68年から加入した。B製作所協力会では，E社は鈑金部品部会（75年からは第一部会）に属し，71年度，72年度，74年度に納入品質格付け優秀取引先，73年度に貢献度優秀取引先として表彰された（B製作所協力会，1978）。

　1968年以降のE社の業績は表1のとおりである。A社B製作所と取引が始まった68年に約2億円だった売上高は，その後A社への納入比率を上昇させながら増大し，81年には約19億円となった。但し，その間有償支給材比率も上昇し，逆に加工費比率は低下した。また，表では75年に営業損益，経常利益で赤字となった以外は，81年の倒産時まで黒字で推移していたが，この数字については，後述するようにE社元社長から実際とは異なり，赤字が続いていたという証言が裁判でおこなわれた。

表1　E社の経営指標推移

年	売上高（千円）	営業損益（千円）	経常利益（千円）	加工費比率（%）	有償支給材比率（%）	A社納入比率（%）	X社納入比率（%）	A社向けメッキ本数
1968	203,386	9,527	608	41.2%	33.0%	31.0%		
1969	263,483	9,362	437	44.2%	37.0%	49.0%		
1970	316,256	15,116	2,178	45.6%	31.1%	47.5%		
1971	290,683	9,899	2,020	48.6%	32.5%	47.4%		
1972	376,841	11,833	2,228	45.8%	39.5%	35.8%		
1973	574,981	14,281	2,582	40.8%	46.8%	35.3%		
1974	768,605	18,071	25,511	33.2%	56.2%	52.4%		
1975	698,001	−13,507	−3,552	34.4%	51.2%	36.4%		77,854
1976	920,012	21,034	4,080	36.7%	50.2%	48.0%		106,874
1977	1,146,552	28,540	6,202	34.6%	52.9%	47.5%		144,731
1978	1,226,890	32,848	6,541	37.1%	54.7%	52.5%	22.9%	146,184
1979	1,424,041	38,367	5,014	33.7%	56.8%	64.5%	18.8%	203,405
1980	1,899,003	51,148	9,160	30.9%	61.3%	68.9%	20.2%	253,740
1981	1,899,680	44,345	−13,968	28.3%	62.2%	66.0%	19.7%	141,987

出所）Eメッキ裁判資料より作成。

（2）A社

　後発自動車メーカーであるA社の本格的な乗用車生産は1958年のS車360ccタ

イプの生産販売からである。その後軽自動車の新型モデル車や軽四輪商用車を販売し，60年代から70年代にかけて主力商品となった。また，65年にS車1000ccタイプを発売，さらに新ブランドL車を71年に発売し，L車は70年代から80年代にかけてA社の看板商品となった。A社の自動車生産は表2のように60年代末に年産20万台を超えたが，71年，74年に落ち込んだ。しかし，その後はL車の生産増とアメリカなどへの輸出増によって，生産台数と売上額も右上がりで増加した。乗用車の輸出比率は70年代末から80年代前半には50％前後で推移し，特にL車の米国向け輸出比率は80年代には6割前後になっていた。A社は，自動車以外にも産業用機器などを生産していたが，自動車の売上比率は65年68.5％が80年79.4％，85年には85.0％まで上昇した。

表2　A社の乗用車生産台数の推移

年度	乗用車生産台数(A)	輸出台数(B)	S車1000cc/L車生産台数(C)	L車輸出台数(米国)(D)	自動車売上高(百万円)	輸出比率(B)/(A)	L車米国輸出比率(D)/(C)
1966	148,008	1,465	13,250		48,435	1.0%	
1967	182,571	2,397	36,840		58,622	1.3%	
1968	173,544	11,574	40,774		56,285	6.7%	
1969	203,727	16,891	55,101		73,851	8.3%	
1970	229,908	19,700	48,760		89,282	8.6%	
1971	164,430	28,667	69,757		81,399	17.4%	
1972	191,151	38,413	98,535		103,593	20.1%	
1973	207,006	47,483	104,479	37,793	111,874	22.9%	36.2%
1974	143,755	45,928	73,704	22,980	120,367	31.9%	31.2%
1975	186,919	57,977	117,481	41,587	150,487	31.0%	35.4%
1976	249,435	80,944	129,445	48,928	189,704	32.5%	37.8%
1977	289,233	129,084	185,187	79,473	234,490	44.6%	42.9%
1978	301,740	165,644	189,225	80,329	243,504	54.9%	42.5%
1979	355,115	197,676	243,193	104,430	317,337	55.7%	42.9%
1980	435,080	247,510	278,392	130,965	369,021	56.9%	47.0%
1981	489,747	240,468	279,667	146,509	437,206	49.1%	52.4%
1982	521,414	244,701	269,597	143,426	483,431	46.9%	53.2%
1983	538,910	243,020	252,375	150,943	510,671	45.1%	59.8%
1984	544,803	246,357	247,127	152,545	560,175	45.2%	61.7%
1985	609,228	300,840	285,391	159,636	653,477	49.4%	55.9%

出所）『A社50年史』より作成。

A社は，他の後発自動車メーカーと同様自社の系列部品メーカーは少なく，独立系部品メーカー，他社系列部品メーカー，中小部品メーカーなどから部品の調達を行っていた。A社は二つの製作所を持ち，それぞれに協力会があり，重複メンバーを除くと1972年時点で137社が協力会会員であった。協力会会員は，①日本自動車部品工業会会員は32社（21.4％），②A社協力会を含む平均協力会加盟数は1.7，③A社協力会のみの加盟は67.2％，など他の後発自動車メーカーと共通の特徴を持っていた（植田，2018）。

（3）E社の分業上の位置

前述したように，E社は1967年9月にA社B製作所と取引を開始し，乗用車向けのフロントバンパーのメッキを受注していた。E社はA社のもう一つの製作所協力会にも加盟していたが，70年代にはA社B製作所がメインの取引先となっていた。

1980年前後のE社の受注内容は，L車のフロントバンパーのメッキ加工及び組立であり，A社との関係では1次メーカーである（図1）。A社からはメッキ加工するバンパーの金属部分が有償支給されるとともに，組付用部品も有償支給された。有償支給される部品は，A社の他のサプライヤから供給されたものが多

図1　E社の分業の位置（1980年ころ）

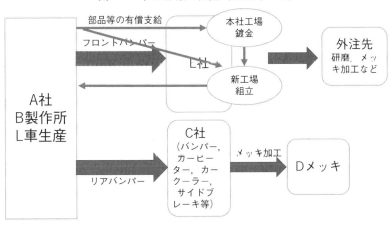

出所）筆者作成。

かったようである。E社の受注製品の「製品単価」は70年代を通して上昇し，有償支給分を除いた加工費も上昇していた(植田，1998)。これは，フロントバンパーが単純なものからデザイン，機能が複雑化し，さらに対米向け輸出増加による仕様の高度化などが影響している。価格の高い製品ほど工数が多い一方，有償支給材も多く，有償支給材比率も高かった。生産が急増するL車の顔の一部であるフロントバンパーのメッキ加工をE社は持続的かつ拡大的に一手に受けていたことから，A社による技術への評価は高く，容易に他社に切り替えられる存在ではなかったと考えられる。

なお，リアバンパーは，同じB協力会のメンバーであるC社が受注しており，すみわけされていた。C社は1947年板金工場としてスタートし，A社とは59年から乗用車用のドアやバンパーの取引を開始し，また61年には大手自動車部品メーカーと取引を開始しカークーラーやカーヒーター関係の電装品の仕事をしていた。70年10月には東京証券取引所第二部に上場し，B協力会でも設立時には社長が監査役，77年からは相談役を務めるなど，有力企業の一つだった。但し，C社にはメッキ設備がないので，メッキ加工はDメッキ（68年からB協力会会員）に外注していた。

3 E社倒産とEメッキ裁判

（1）E社の倒産

前掲表1で示したように，E社の売上は1960年代末から80年代初めまで伸びていた。この間，経常利益も一時期を除くと黒字だったことが示されているが，E社元社長は裁判で73年以降は実際には赤字が続いていた，としていた。正確な経営指標は裁判でも示されていないので不明だが，経営的には厳しかったようで，80年代初めに借入金が増加していた。そのため，E社のメインバンクである信用金庫の保証により，81年秋に金融機関数行からの短期長期の借入金を大手生命保険会社長期借入に一本化し，経営の再建を進めた[注3]。

E社が資金繰りに苦慮しているころ，乗用車バンパーは樹脂化という大きな変化に直面していた。バンパーは軽度の衝突からボディを守ることを目的としたものであり，もともと金属製で作られていたが，1970年代後半からボディと一体化したデザイン性の重視や軽量化のため，樹脂化が進んだ。樹脂化の時期は，自動

車メーカーによって異なり，市場（国内，海外）によっても一様ではないが80年代には避けがたい変化となった。樹脂化は，バンパーをメッキ加工する業者にとって仕事を失うことになるので，看過できない問題であった[注4]。

E社が最初にA社からバンパーの樹脂化について話を聞いたのは1981年9月であった。たまたま社長がB製作所を訪問していた際に，資材部の担当課長に呼ばれ，82年3月以降発注がゼロになることを伝えられたという。E社は，樹脂化の動向については認識していたので，危機感を強めたが，この頃L車の半数以上を占めていた北米向け車両のバンパー樹脂化は未定だったことから（結果的にはE社倒産後も北米向けバンパーのメッキ加工はしばらく続く），輸出用の仕事は続くと考えていた。その後も12月までは通常の受注が続いていたが，12月末にB製作所に呼ばれたE社幹部（社長と取締役）はバンパーの発注は82年7月で終了と伝えられた。後述するように，A社が伝えたのが国内と一般輸出（訪米向け以外）の樹脂化のみであり北米向け輸出分の発注可能性があったかどうか，E社側はA社の発注がなくなるという説明に納得していたのかどうか，については裁判で原告と被告の主張は対立していた。

1982年に入りA社からE社への発注は続いたが，6月にB製作所資材部長名で「取引終了にあたって」という文書が送られ，7月での量産メッキバンパーの発注打ち切りが通達された[注5]。E社は，直ちに「継続発注等依頼の件」を送り，何回かのやり取りがあったが，結局発注は7月で打ち切りとなり，8月の手形決済の資金繰りがつかず不渡事故を起こし，倒産に至った（自己破産申請）。

（2）Eメッキ裁判

倒産後選任された破産管財人（弁護士）は，1983年9月東京地方裁判所にA社を被告とする訴状を提出した[注6]。訴状では，被告に対し1億8,500万円の支払いを求め，その理由として，E社がA社への納入依存度を上げ「専属下請業者」に近い形で「社外工場化」していた，78年に改訂された取引基本契約はE社のような企業との緊密かつ長期継続的取引を前提とした契約であり，少なくとも契約が有効であると考えられる82年12月17日までは発注を継続すべきだった，製品単価における工数単価（分当たり単価）は1970年代初めから20円前後に据え置かれ値上げが認められない従属的地位にあった，7月に発注を打ち切りE社が倒産に至ったのはA社の責任であるというものである。

これに対し被告代理人は1983年10月答弁書を提出し，原告側の主張を全面的に否定した。答弁書では，E社は「下請」ではなく「部品メーカー」であり，「従属的関係」ではなく「対等な取引関係」である，取引基本契約の解約は1981年12月の時点で双方合意の上行われている，などが指摘された。被告代理人が83年12月に提出した準備書面では，A社はE社が他企業と取引することを規制していないし，取引先調査として財務内容などの情報提供は受けたがその正否は判断できずE社の経営状況悪化は81年10月まで知らなかった，A社への納入依存度上昇が必然的だと主張するのはE社社長の経営者としての戦略の低さを示す，新工場建設はE社の自己判断，発注を停止しなくとも81年10月時点ですでに経営破綻していた，などと主張した。さらに，82年2月に提出した第二準備書面では，78年取引基本契約書は，継続的供給契約としての内容を含まず，契約を解消しなくても発注数量を増減させたり発注しないことはある，E社への発注打切りは81年9月にすでに予告した，などの点を強調した。

　1984年3月の原告側準備書面では，E社はA社の量産体制に組み込まれ強い依存関係にあり，その証拠としてA社からのL車増産に伴う生産能力増強要請[注7]，時間納入マニュアルの徹底，品質管理部門からの問題指摘と新工場建設の関係などを示した[注8]。また，被告側の主張である81年10月の倒産危機説を批判し，81年12月末の発注打切りの話はA社からの要望であり，合意ではないと論じた。

　被告代理人は，1984年5月の第三準備書面において，A社からE社への生産ノルマ押し付けはない，新工場建設はE社の自己判断である，発注打切りが倒産の原因ではなくE社の経営には戦略的な誤りがあった，加工代金は不当に安いことはない，などを主張した。

　1984年6月の被告代理人の第四準備書面では，主張の内容がこれまでと変化した。ここでは，仮に被告に発注義務，原告に受注義務があるとしても，それは両者の相互の期待が法的に保護される程度の緊密な状態にあることに依拠しているのであって取引基本契約によるものではないこと，E社との関係は経営的に厳しい状態が突然に伝えられた81年10月，遅くてもバンパーの樹脂化について合意した12月末に両者の信頼関係は崩壊したので，発注義務の終了や取引基本契約の解除は可能である，としている。

　1985年にはE社の元社長を証人とする口頭弁論が2月，5月，7月，10月に開かれ，12月にB製作所の元資材部課長を証人とする口頭弁論が開かれた。E社元

社長の口頭弁論では，原告側と被告代理人側の双方から質問が行われ，被告代理人側からは81年10月から12月時点での経営再建の困難さ，81年12月時点で翌年7月で受注が完全にゼロになるということへの了解，有償支給材の比率が高い仕事がEメッキにとって不利だったのか，などについて質問が集中した。

このように裁判は原告，被告の主張がことごとく対立していた。しかし，裁判そのものは，最終的には和解で終わった。和解に至った理由や和解の条件は不明である[注9]。

4　裁判で示されたもの

（1）裁判での論点

本稿で重視する裁判での論点は次の3つである。

第1に，E社はA社の下請であったかという点である。原告側の主張は，下請だったであり，被告側は下請ではなかったと明言している。この場合の下請とは，下請法（下請代金支払遅延等防止法）の対象となる企業であると同時に，長期的継続的取引の対象となる関係を指しており，この点では原告も被告も共通の認識を持っている。前述した被告側の第四準備書面で論じられているような，双方に発注義務，受注義務があり，両者の相互の期待が法的に保護される程度の緊密な状態にあるような関係が下請関係であり，その場合にはしかるべき理由がない限り一方的に取引を停止することはできない，という点では両者の認識に大きな違いはないと思われる。その上で，被告側は，取引停止の予定を告げた時点ではE社はA社にとってすでにそうした関係にはなかった点を強調している。一方，原告は1982年12月という原告が考える取引基本契約上の期限までは契約が継続されており，A社には発注義務，少なくとも発注努力すべきだったと主張した[注10]。

第2に，A社の取引停止は認められるのかが問題になる。被告側は，経営状況悪化の情報は突然であり信頼関係は喪失した，バンパーの樹脂化は「やむを得ない事由」であり，取引停止の理由になりうると主張したのに対し，原告の主張はE社の経営状況が厳しいものの金融機関との関係は良好であったという情報は毎年の経営状況報告によってA社は持っており，突然の信頼関係喪失はないと主張した。また，米国向けバンパーの仕事は残っていた，という点で発注ゼロによる取引停止にはならなかったはずである，とした。

第3に，E社が新工場を建設したなど，物的・人的投資の意味についてである。この点については，投資がA社によって示唆されたものか，自主的なものかで両者は対立し，決定的な証拠もなく判断が困難な状態にあった。この問題については，両者の当時の取引関係が安定的・拡大的であり，E社の投資の判断は関係を維持発展させるうえで合理的であったと認められるかどうかが問われるべきだった。

(2) 考察

以上の点を踏まえ，Eメッキ裁判から示された，下請関係についての問題点を考察する。

第1に，下請関係あるいは部品メーカーとの取引関係は，安定的・拡大的取引関係の下での相互の活動を規定する規範の存在，関係を維持するための努力を双方が行う，という点での認識はある程度発注側，受注側に共有されていた。

第2に，こうした認識は高度成長期から安定成長期の現実の取引関係の中で形成されてきたものであった。それが，取引基本契約という形で体化されていたのが，この時期の状況であった[注11]。

第3に，しかし，現実の取引関係では，今回取り上げたバンパーの樹脂化のように，自動車をめぐる技術的（あるいは事業環境）変化の中で材料や部品の変化が生じることがあった。変化にともなって，両者の関係を調整・処理，場合によっては取引停止という「異常」事態が起こる可能性が存在していた。E社の事例は，発注側がこうした状況に対し，契約に書かれている契約の停止条項に当てはめた「取引基本契約の停止」，バンパーの樹脂化は「やむを得ない理由」であることを主張することによって，従来下請関係あるいは安定的・拡大的関係にあった取引先を安定的取引関係から排除することで，対応しようとした事例である。E社の事例では裁判となることで，こうした状況とその内容が表面化したが，表面化しなかったケースも多く存在すると考えられる。

第4に，下請関係あるいは安定的・拡大的関係にあった取引先の排除は，長期継続的取引を規範とする関係から見ると「異常」なことであり，E社のように裁判に至る可能性もあり，自動車メーカーとしてはできれば回避したいことであった。しかし，技術や事業環境変化から前述したように下請関係から排除の可能性は常にある。この問題への解として考えられるのが，変化に対応できる下請の利

用である。そのためには，下請が変化に対応できるだけの技術や仕事の幅を持つこと，それだけの規模にあることが必要になる。先発自動車メーカーの下請企業は高度成長期の成長で既にそうした領域に達していた企業が多かったと考えられるのに対し，後発メーカーA社の場合にはメッキ専業メーカーが1次層に存在していた。この違いがA社でEメッキ裁判の背景にあったと考えられる。

5　おわりに

　高度成長期から安定成長期にかけての自動車（乗用車）メーカーの生産拡大は，自動車メーカーと1次下請の間で安定的・拡大的関係を形成し，安定的・拡大的関係を期待する発注側，受注側の投資行動と発注・受注に関する相互の自立的規制的行動が規範化し，取引基本契約をベースとする関係が形成されてきた。しかし，現実には技術あるいは経営環境の変化による部品・材料の変化で，こうした関係が停止する可能性があった。E社の事例は，自動車メーカーA社が「やむを得ない事由」または取引関係の基礎になる信頼関係の崩壊という論理を用いて取引基本契約をベースとする取引関係からの一部「下請企業」の排除と捉えられる。但し，排除は安定的・拡大的関係の崩壊につながったわけではない。むしろ，E社のような変化対応が困難な企業を排除することで結果として規範としての安定的・拡大的関係の構造自体は維持されたと評価することができる。

　自動車メーカーが直接取引する1次メーカー層に，E社のように部品・材料の変化によって安定的・拡大的関係から排除する可能性を持つ取引先，具体的には部品・材料の変化に対応できる能力を持たない中小企業が含まれなければ，変化があっても規範としての安定的・拡大的関係が長期間持続することは可能である。先発メーカーの場合，高度成長期から安定成長期の下請企業の成長の中で部品・材料の変化に対応できる能力が形成されてきたのに対し，1次下請層に多くの中小企業を含む後発メーカーでは，E社のような企業の排除を含めた1次下請層（協力会）の再編という形で展開していった[注12]。1980年代以降注目された日本の自動車産業の下請システムの特徴の一つである，発注側と受注側の安定的・拡大的関係の長期化，という規範は，こうした展開によって可能となったと考えられる。

　最後に残された課題である。第1に，先発自動車メーカーでは材料・部品の変

化の下請の対応の仕組みが，下請の高度成長期から安定成長期にかけての成長過程で実現してきたのではないかと述べたが，この点についての実証を深めていくことである。

　第2に，自動車産業以外の業種における事例と自動車産業の事例の差異についてである。E社のような材料や部品の変化が見られたとはいえ，自動車産業（実際には乗用車産業）は右上がり成長の時期が長く，自動車という製品の生産では一貫していた（つまり他の製品に変わっていない），という点では特異な産業であり，「やむを得ない事由」は相対的には少ない産業であった。製品の変化や生産量の変動がもっと著しい他の産業において，「やむを得ない事由」はどのように調整されることになるのか，自動車産業とどのように異なるのか，についても検討が必要になる。

〈注〉
1　裁判で提出された証拠類に加え，原告（E社管財人）からの訴状（1983年9月），被告（A社）代理人からの答弁書（83年10月），準備書面（83年12月，84年2月），原告からの準備書面（84年3月），被告代理人からの準備書面（84年5月，84年6月），E社元社長の調書（85年2月，5月，7月，10月），A社元資材部第一課長調書（85年12月）を活用した。
2　E社の経歴は，同社「経歴書」による。なお，E社の創業者（倒産時には会長）は，1947年2月に設立した東京鍍金工業協同組合の発起人8人の1人であり，設立時には理事となっていた（東京都鍍金工業組合，1971，pp.164～165）。その後同氏は，同協同組合の専務理事を務め，都内の4組合合同後の東京都鍍金工業組合では相談役となっているなど，業界の中心的立場にあった。
3　E社からA社に提出した取引先調査表によると1978年12月末時点の長期借入金約2億円が81年12月末には約5億円だった。なお，E社は，資金繰りの関係でA社に対して81年10月分の支払手形を予定日より早めに発行してほしいと申し入れている。結果的には，A社の都合上早められなかったが，手形の支払保証書を作成し，E社はメインバンクの信用金庫からつなぎ融資を受けた。
4　全国鍍金工業組合連合会（1980）では，「…自動車メーカーのケースでは，バンパーの素材が昭和53年ころから最近まで目立って変化してきている。それは，スチール製バンパーからウレタン製バンパーへの材料転換である」とし，N社，T社ではメッキの利用が「生産台数の増加にもかかわらず減少を示している。」（19頁）と最近の変化を指摘している。また，同書に掲載されている「電気めっき業の活路をどう見出すか」というシンポジウムでは，本田技研のエンジニアが二輪車，四輪車でのメッキの利用の減少について語っている。

5　1982年に入り，通常の組付用に加え補用品の仕事も発注された。裁判で原告側はE社側の受注増加の要望によると主張し，一方被告側は補用品は発注停止に向けたカンフル的な仕事として発注した，とその位置づけで対立していた。
6　この裁判に対し，『実業界』1984年2月号が「企業倒産・その病理と教訓を探る㉔　Eメッキ」として取り上げ，「破産管財人が"親会社"に対し取引上の問題で訴えることは今までなかったケースといわれている。前代未聞の出来事といってよい。」としている（97頁）。なお，A社に対しては，E社労働組合（全国金属労働組合E社支部）も倒産の責任を問い，退職金分約1億円の支払いを求める訴状を1983年12月に東京地方裁判所に提出し，並行して裁判が進んだ
7　1977年5月にはB製作所資材部長名で「小型車（L車）の現有生産能力調査および生産能力増強のお願い」という文書が取引先に送られ，78年3月末日までL社生産を月産15,500台で計画しており，L車の現有生産能力を調査するので，回答してほしい，というものである。6月に月産計画を17,500台に引き上げて再び送られている。
8　1979年11月のA社への納入に際し11回，15点の不具合が発生したことに対し，12月にA社の品質管理部門がE社の埼玉県の工場への監査を実施した。そのとき，A社から25の問題点と改善事項を指摘され，Eメッキから「工程監査改善事項改善日程報告書」が提出された。指摘された問題点の最初に，支給部品が外に置かれているため雨がかかり，ほこりをかぶっているというもので，Eメッキ側は当初建屋の周りに外屋およびテントの倉庫を作るとしていた。しかし，敷地的に困難であったため，新工場への移転という結果になった。
9　和解は，原告側にとっては条件付きではあるものの主張が認められたことになる。しかし，被告側の主張からすると和解はありえなかったと考えられる。和解についてEメッキ裁判をルポした青木慧は「（B社）側は最高裁まで持ち込む『百年闘争』の姿勢を示しつづけていた。また，（E社）の場合は，（B社）からの資本参加や役員派遣もなく，取り引き関係が中心であり，この種の親会社の責任追及は解決もむずかしいとされてきた。／しかし，（B社）は，海外現地生産と協力会の再編成を同時進行させているいま，この裁判闘争からも『勉強』させてもらった結果，和解のテーブルについた。協力会の再編成の最中に（E社）のような闘争が起こり，社会的批判が起こることを恐れていた。そして，解決金も支払って，その非を事実上，認めることになった。」と記している（青木，1987，pp.167～168）。
10　取引基本契約の内容については植田（1987）（1998）参照。なお，1978年に改訂された契約書は，有効期間1年，但し期間満了の3カ月前までに両社から書面による契約終了の意思表示がないときは自動延長されるとなっていた。契約書にはB製作所所長とE社社長の署名があるが，日付は1978年12月18日であり，自動延長されたことがわかる。また，部品メーカー側に問題（営業停止，破産等明示されている）が発生したときは，B製作所に対して負担する一切の債務につき即時期限の利益を失い，B製作所は契約を解除できるとある。
11　本間（1994）では，自動車産業における現実の取引基本契約が，下請振興協会が作

成した標準契約書と比較すると「著しく親企業に有利で下請企業に不利な内容となっていることが明らか」としているが，そうした側面はあるものの，1980年代初めにおいては現実の取引関係の中で形成された取引関係の規範が体化されたものとして，発注側に対する一定の歯止め，つまり内容を無視することができないものとして存在していたことは否定できない，と思われる。
12　後発自動車メーカーでは1980年代に協力会の再編や協力会会員企業の入れ替えが進み，A社でも協力会再編によって約4割の会員の名前が消えている（植田, 1989）。

〈参考文献〉
1　青木慧（1987年）『ニッポン空洞化：背信の大企業』新日本出版社
2　植田浩史（1987年12月）「自動車産業における下請管理—A社の1970年代の品質・納入・価格管理を中心に」『商工金融』昭和62年度第9号, pp.3～23
3　植田浩史（1989年12月）「自動車産業の企業階層構造：自動車メーカーと1次部品メーカーの結合関係（1）」『季刊経済研究』第12巻第3号, pp.1～30
4　植田浩史（1998年）「1970年代のサプライヤーシステム」（藤本隆宏ほか編『リーディングズ サプライヤーシステム』有斐閣）
5　植田浩史（2004年）『現代日本の中小企業』岩波書店
6　植田浩史（2018年）「協力会によるサプライヤ組織化」『日本中小企業学会論集37』同友館, pp.194～207
7　全国鍍金工業組合連合会（1980年）『昭和54年度活路開拓調査指導事業報告書 電気めっき業の高付加価値化高技術化による分野の開拓』
8　東京都鍍金工業組合（1971年）『東京都鍍金工業組合八十年史』
9　本間重紀（1994年2月）「自動車・自動車部品工業における下請基本契約書の特徴：下請契約の実証的分析」『静岡大学法経研究』第42巻第2号, 1994年2月, pp.273～302
10　A社B製作所協力会（1977年）『拾年のあゆみ』
11　A社社史編纂委員会（2004年）『A社50年史』

（査読受理）

東アジアでの新事業展開の可能性
―進出中小企業の成長戦略の一つとして―

松本大学　兼村智也

1．はじめに

　機械工業に従事する中小企業にとって東アジア[注1]進出は現地市場の獲得だけではなく，国内事業にもプラスの効果をもたらすことが期待されている。そうしたなか筆者は日本から東アジアに「既に」進出する中小企業（以下，進出中小企業）のうち国内外とも業績を伸ばす企業を取り上げ，その共通特性を見出した（兼村，2017b）。すると，そうした企業は現地と国内で需要先が異なっていることが明らかになった。これらの企業は進出後，時間をかけながら進出先の「経営の自立化」を図った。その結果，日本本社のコア人材が国内事業に注力できるようになり，現地事業とは異なる付加価値の高い需要先を国内で見出した（兼村，2017c）。一方，この研究過程のなかで，国内の需要先は従来のままで，現地で新規需要先を開拓するケースも確認された。近年，東アジアでの競争環境も厳しくなり撤退する企業もみられるなか[注2]，こうした取り組みは注目できる動向といえよう。

　その新規需要先（新市場）の開拓は企業の事業展開の戦略（表1）のなかで②④⑤に該当するが，②新市場開拓戦略は後述するように東アジアが国内よりも有利な環境にある。この②が「既存製品・サービス」であるのに対し，④多角化戦略と⑤事業転換戦略は「新製品・サービス」による新規需要先の開拓であり，より困難を伴う。本論では，これらを新事業展開[注3]とするが，そもそも海外子会社が競争力をもつには本国本社の「優位性の保持」（Hymer,S., 1976, p.35）が必要である。この場合，国内では行われていない事業，すなわち本社に「優位性の保持」がないなか，なぜ東アジアで新事業展開が可能になるのかについて考察する。

表1　企業の事業展開の戦略について

戦略	説明
① 市場浸透戦略	既存市場で既存製品・サービスを展開する戦略
② 新市場開拓戦略	新市場で既存製品・サービスを展開する戦略
③ 新製品開発戦略	既存市場で新製品・サービスを展開する戦略
④ 多角化戦略	既存の事業を維持しつつ、新製品・サービスの展開で新市場を開拓する戦略
⑤ 事業転換戦略	既存の市場を縮小・廃止しつつ、新製品・サービスの展開で新市場を開拓する戦略

(注)　資料：Ansoff, I.（1957）．Strategies for Diversification, Harvard Business Review, Vol. 35 Issue 5, Sep-Oct 1957, pp. 113-124を基に中小企業庁作成。
(出所)　中小企業庁（2017年）『中小企業白書（2017年版）』p.343第2-3-1図を簡略化。

2．東アジアでの新事業展開が有利な条件・環境

　東アジアで新事業展開が可能になるのは日本にはない有利な条件・環境が現地にあり、それが国内で「新事業展開を行うに際した直面する課題」（以下、直面課題）[注4]を解決する役割を果たしていると考えられ、その点についてみる。

（1）確実な需要分野
　新事業展開といえば、新規需要の創造やイノベーションの重要性が指摘されるが、これらがなくても当該企業にとって「新市場で新製品・サービスの展開」であれば新事業展開となる。これは成熟した国内市場では困難だが、東アジアでは通用する可能性がある。なぜなら現地に需要がありながら、その担い手の不足による「未充足の需要分野」があるからである。現状、同分野は日本や先進国に依存しているが、ここでの事業化が考えられる。これは直面課題として最も指摘が多い「販売先の開拓・確保が困難」[注5]も解決し、進出中小企業にとってリスクの小さい新事業展開となる。この「未充足の需要」には二つの分野がある。一つはその担い手になる地場企業や進出中小企業が少ない国（以下、後発国）での「新産業分野」である。中小企業にとって最大の需要先は自動車一次部品メーカー（以下、Tier1）であるが、彼らは顧客である完成車メーカーの消費地生産に応えるために東アジアのほとんどの国に進出している。しかしTier2以下の中小企業の進出は国によって差がある（表2）。タイのように古くから自動車生産の歴史があり、まとまった生産台数（需要）がある国ではTier2以下も多いが（以下、先行国）、後発国は少ない。そのため後発国のTier1は現地生産に必要な部品・部材は日本や周辺の先行国から輸入してきた。ところが近年、ASEANでの域内分業

表2　国別・階層別にみる自動車・部品企業数

	日本	タイ	インドネシア	フィリピン
完成車メーカー数（社） （2016年生産台数・万台）	14 (969)	12 (194)	20 (118)	14 (12)
Tier1　〃	800	635	250	124
Tier2　〃	4000	1,700	550	132
Tier3　〃	20,000			

（出所）2016年生産台数はASEAN自動車連盟（AFF）調べ，日本・タイの企業数はFOURIN（2011年）『アジア自動車調査月報』第55号，インドネシアは同左（2012年）66号，フィリピンはAldaba,Rafaelia M.（2007）"Assessing the Competitiveness of the Philippine Auto Part Industry", DP 2007-14,PIDS. より作成。

体制の進展，中国からの生産シフトが進むなか，その拠点が輸出向けに転換されてきた。合わせて輸入に依存していた部品・部材もリーマンショック以降の現地調達が強化され（清，2017），その結果，この分野が新事業展開の対象になりうる。

　もう一つは「少量多品種，小回り，特殊，特化」（森岡功，2014，p.196）という特性をもつ分野で，これらを「高付加価値分野」としたい。これまで同分野にかかる部品・資材については日本からの輸入，それが困難な財・サービスについては日本に戻したり，日本からの技術者派遣で対応してきた。しかしリーマンショック以降，ここでもその移動にかかる時間やコスト削減のため，可能な限り現地での対応が求められている。特に，先行国では設備の更新や補修などの時期に差し掛かり，これまでなかった需要も表出している。同分野は少量生産が基本だが，進出数の多さから「範囲の経済」が効き，事業化できる環境も現地にある。

　以上にみるように，その発生国や経緯に違いはあるが「未充足の需要分野」として「新産業分野」「高付加価値分野」があり，従来事業の厳しさから新事業展開を図ろうとする進出中小企業にとって魅力的な分野となる。但し，これらが進出中小企業にとって「確実な需要分野」になるためには新規参入者を阻止する障壁が必要である。障壁の要因として「コスト優位性とサンクコストが重要」（小田切宏之，2000，p.160）との指摘がある。コスト優位性とは技術や製造ノウハウなど既に参入する企業がもつ優位性であり，サンクコストとは参入時に発生し，投資しても退出時にただちに回収できない費用を指す。ここでの新規参入者は地場企業，現地に進出していない日系など外資系企業（以下，未進出企業），現地にいる他の進出中小企業の三者がある。このうち未進出企業の現地進出，「新産業分野」への参入可能性については，他国で自動車分野に既に参入する未進出

企業であればコスト優位性をもつが,現地に進出していないためサンクコストが発生する。こうした企業が進出・参入するか否かについては,これだけでは判断できず別途検証が必要である。また地場企業はサンクコストはないが,非自動車分野から自動車分野（Tier1）への新規参入は困難と考える。なぜなら自動車分野では部品精度や形状はもとより営業から試作,受注までの長期間にわたる需要先からの指導や承認作業の繰り返し,この間の資金負担に耐えうる財務力,さらに量産後の安定供給での管理能力が求められるからである（兼村,2016）。

一方,「高付加価値分野」についても森岡（2014）の指摘する特性から地場企業では困難と考えられる。未進出企業についてもサンクコストの他,同分野を担う企業は規模が小さく,海外進出できるだけの資本力に乏しい。需要規模も小さく,変動性・断続性も伴う（結果,固定費の小さい小規模企業が多い）という「産業特性」をもつ。現地の進出中小企業は従来事業でこの変動性・断続性の緩和が可能になるが,これがない未進出企業は受注の安定が難しい。こうした「産業特性」により進出・参入が困難になれば,先行研究のコスト要因に加えて「産業特性」も障壁の新たな「要因」となって同分野が「確実な需要分野」になる。

（2）良好なビジネス環境

次に考えられるのが,東アジアにある「良好なビジネス環境」である。日本国内では「系列」や「しがらみ」によって事業活動が制約を受けるも現地ではそれがない。その結果,企業間の「敷居」が低くなり（中沢,2012）,国内では面識のない企業,面会すら困難な企業から受注する機会もうまれている。すなわち新市場開拓戦略（表1の②）を実行しやすい環境にある。前記の通り,ここでは「確実な需要分野」により販売先の問題は解決されるが[注6],注視したいのはこれを可能にする環境である。現地ではフォーマル,インフォーマルの現地駐在員間の人的ネットワークが形成されている。ここにはビジネス上の理由のみならず,ともに日本から異国に進出してきたという「同士」としての仲間・共同体意識があり,相互の活動を支援し合うコミュニティが出来ている。

これとよく似た環境にあるのが日本の地方で,自己完結的な生産・分配サイクルが残るため経営多角化の一環としてイノベーションを伴わない新事業展開がみられる（藤野,2016）。その際「地方経営者にとっては,多くの場合,地縁血縁で結ばれた他の地方経営者や地域での有力者が,多角化戦略を展開する際の良き

相談相手となるばかりでなく，事業展開をよりスムーズにするうえで実質的に援助してくれる相手にもなる」（村松司叙，1980，p.9）。地方にはこのような新事業展開のための支援インフラが存在している。それを支えるのが地縁血縁の関係であるが，この地縁を現地でのコミュニティ，そして血縁を日系として読みかえれば，地方と同様の支援インフラが現地に埋め込まれていることも考えられる。もし，そうであれば直面課題として販売先の問題に次いで多い経営資源（人材，技術・ノウハウ，資金）の問題[注7]の解決に貢献することも考えられる。

3．東アジアでの新事業展開の問題

以上みたように，国内での新事業展開の問題を解決する条件・環境が東アジアにあると考えられる。その一方，新たに発生する問題や国内以上に困難になる問題も考えられ，以下ではその点について整理したい。

（1）「未充足の需要分野」への「気づき」

最初にあるのが「未充足の需要分野」への「気づき」の問題である。中小企業の新事業展開では国内の場合，代表者（経営者）が新事業を発案するケースが多いが[注8]，東アジアでは代表者が現地に常駐していない場合が少なくない。しかも後段（2）でみるように自社の経営資源と関連の薄い「未充足な需要分野」に対し，誰が，どこで，どのようにして「気づき」を得るのかという問題である。

これは未進出企業の参入障壁とも係ってくる。なぜなら，この「気づき」が日本や第三国ではなく現地で得たものならば，そこにいない未進出企業はその機会さえ得られず，彼らにとって実質上の障壁の「要因」になるからである。さらに「気づき」は他の進出中小企業に対してもその「要因」となりうる。前記したように先行国では進出中小企業も多く，これらの企業は「未充足の需要分野」への参入機会を同等にもつ。「市場が小さくても，そこで高い市場シェアを誇る企業は，経験効果や知名度などに起因する先行者利益によって，高い利益性を実現できる場合が多い」（グロービス経営大学院，2010，p.126）との指摘を踏まえれば，高いシェアをとるためには他社よりも先行すること，すなわち一早く同分野に「気づく」ことが重要になり，それ自体が障壁の「要因」になりうるからである。

(2) 技術・ノウハウの調達

「確実な需要分野」によって販売先の問題は解決されるが，それによって新事業展開に必要な技術・ノウハウの問題が発生する。国内での新事業展開は自社資源の延長線上で行う中小企業が少なくなく，その場合の方が成果は大きい（中沢・酒井，1999）。しかし，ここで必要になるのは「確実な需要分野」によって決められる技術・ノウハウであって，特に進出中小企業は自社資源との関連が薄いことが大いに考えられる。その場合，外部からの調達が必要となるが，それが東アジアで可能なのか。2節（2）で記した人的ネットワークや支援インフラはその経営資源の獲得にどのように貢献するのか否かという問題である。

(3) 経営人材・資金の確保

技術・ノウハウの獲得に加え，新事業展開の推進のための経営人材と資金の問題もある。中小企業の新事業展開では前段（1）と同様に経営者の役割が大きい[注9]。新事業展開は，これまで手掛けない未体験の事業であり，資金調達や投資の実行などを含め迅速な意思決定が求められるためである。国内ですら，このような状況であることから東アジアとなれば，なお一層大きな問題となることが容易に想像できる。それには権限と責任をもつ経営人材が必要になるが，中小企業の場合，その適任者は自ずと経営者もしくは経営者が信頼を置く同族に限定される。2節（2）でみた地方での多角化に伴う新事業展開では同族経営が活かされ，経営者の子弟がこの任にあたる場合が少なくないが（村松，1980），東アジアでの新事業展開も同様のことがみられるのか，この点に注視する。

4．事例の選定・分析

(1) 事例選定

以上を踏まえ，本節では事例を通じて「未充足の需要分野」の存在と，それが参入障壁により現地の進出中小企業にとっての「確実な需要分野」となっていることを確認する。そのうえで3節でみた三つの問題がどのようにクリアされているか，その際，2節に示した有利な条件・環境がどのように貢献しているのか否かについて事例横断的に分析していく。

その分析対象として「高付加価値分野」ではタイで従来の自動車部品の機械加

工事業に加え、設備のオーバーホール（以下、OH）事業を始めるA社[注10]（国内従業員40名、資本金1千万円、年商5億円）をみる。前掲・表2にみるようにタイには自動車部品需要があり、そのためリーマンショックを契機に進出中小企業数が増加した。その結果、受注競争も激化し、次なる展開を模索する企業も少なくない（兼村、2017a）。そうしたなかA社は多角化戦略の一環としてOH事業への展開を図っており、その売上は全体の20％（2017年）に至っている。

「新産業分野」ではフィリピンで従来の農機具部品の成形事業に加え、自動車部品のダイカスト事業を始めたB社[注11]（国内従業員120名、資本金1億円、年商40億円）をみる。フィリピンの自動車生産台数はタイ・インドネシアと比べて小さく、部品企業の集積も少ないが（前掲・表2）、リーマンショック以降、特定部品の輸出向けの需要が拡大、その現調化も進んでいる。そうしたなかB社は自動車部品への事業転換を図り、Tier1の系列企業として、その売上は98％（2017年）に達する。

（2）事例分析
①「確実な需要分野」の検証

A社のタイ進出は2000年である。当初はアジア通貨危機の回復過程のなか、先行進出する需要先の要請もあり、他の中小企業との合弁で進出した。しかし各社が自社需要先の生産優先を主張するなど問題が表面化、合弁解消となり、翌年には独資で現地法人を設立する。A社の海外事業は国内同様、自動車部品の機械加工である。加えて日本から中古設備を輸入し、それを需要先である現地企業向けにカスタマイズして販売する商社ビジネスも展開したが、競合他社の台頭もあって2010年で終了している。一方、自動車部品事業は2011年に起きた大洪水により、大幅な受注量の減少を余儀なくされた。加えてリーマンショック後、新規の進出中小企業も増え、その結果、受注競争が激化した。A社の受注モデルは比較的生産台数の少ない商用車がメインだったが、自動車事業を維持・継続するのであれば生産規模拡大のための設備投資が不可避な状況に追い込まれた。それにはリスクが大きすぎると判断するなか、2013年、進出から10余年を経て自社設備にOHの時期が到来した。タイで専門業者を探したが見つからない。日本に戻す時間もなく、そのため自社対応せざるをえなくなるが、同様の設備をもつ日系企業が周辺に少なくないはずと本社社長が「気づき」、OH事業分野に乗り出す。

一方，B社のフィリピン進出は1998年である。B社は，もともと日系ダイカスト企業に農機具部品を生産委託していた。ところがアジア通貨危機の影響で委託先がフィリピンから撤退，そこで設備や技術スタッフなど残すことを条件にB社がこの委託先を買収した。その結果，B社の現地法人となるが当時はこの委託生産の他，日系電機メーカー向けにAV部品を手掛けていた。しかし2000年代に入ると，農機具部品は中国製に価格面で対抗できなくなり，AV部品は半導体メモリーに代替され需要すらなくなっていた。他分野では売上構成では数％程度のTier1からの車載用オーディオ部品が残っていたが，本社社長は同Tier1の将来性に「気づき」，そこに活路を見出す。その狙い通り，Tier1がフィリピンを輸出拠点として位置づけたことで生産を拡大，部品の現地調達も始まり，B社への需要が拡大した。

　以上にみるように，A社は現地で需要サイドの立場から，またB社は現地での取引から需要先の情報を得て本社社長が「気づき」を得ている。その場所は，いずれも現地であり，この点から「未充足の需要分野」への「気づき」を得るには現地でビジネスしていることがまず重要となる。

　次いで新規参入者についてみると，A社のOH事業は需要が継続的にあるものではなく，その規模も大きくない。したがって日本では固定費負担の小さい小規模企業が中心になる「産業特性」を持つ。加えて日本国内でも需要が堅調であることから，タイに進出するような企業はみられていない。地場企業についても，技術，製造ノウハウをもつ企業はいない。唯一，競合者として考えられるのがA社同様，現地にいる他の進出中小企業であり，この分野に数社参入している模様だが，先行参入者であるA社にとって大きな脅威にはなっていない。

　B社の自動車部品事業についても生産台数の少ないフィリピンには同分野の進出中小企業はほとんどなかった（前掲・表2）。需要先Tier1の現地調達推進により特定部品の需要が拡大しても，それは変わっていない。つまりコスト優位をもつ未進出企業でもフィリピン進出はみられない。理由としてサンクコストに加え，同分野で海外進出に積極的な企業は既に先行国に進出しており，近隣後発国・フィリピン進出は重複投資となるなど中小企業の「経営資源の限界性」がある。

　以上にみるように「未充足の需要分野」となる両分野への未進出企業の進出・参入に対し，サンクコストの他に「気づき」，そして「高付加価値分野」では「産業特性」，「新産業分野」では「経営資源の限界性」が障壁の新たな「要因」になっ

ていることが確認された。これにより，両分野は現地の進出中小企業にとって「確実な需要分野」となる。

②技術・ノウハウの調達

新事業展開に必要な，その技術・ノウハウについて前記したようにA社は中古設備の商社ビジネス，B社は日系ダイカスト企業の買収を通じて多少のものは持っていた。とはいえ，A社はOH，B社の場合は自動車部品という求められる技術や管理能力が従来と異なる分野への参入となるため，これに相応した技術・ノウハウの確保が必要となった。その方法としてA社では小規模企業が多い国内OH業界のなかでも大手にあたる業者に相談し，リタイヤした技術者の紹介・斡旋を受けた。現在，その技術者を中心にしてOH事業の展開を図っている。

B社に関して現在受注するエアバック部品は第一級の重要保安部品であり，Tier1そして完成車メーカーの厳しい監査があった[注12]。この点に関して，B社現地法人の社長自らが現地Tier1の協力会会長を務める，その期待値達成のためにQCD改善や研修会に積極的に参加し，指導を受けた。さらに10年にわたる試作・実施テスト期間をかけて近年，ようやく量産が始まった燃料噴射自動装置の基板部品では，需要先Tier1から直接OB人材の派遣を受けている。

以上にみるように，両社とも技術・ノウハウの調達において自社資源は使えず，外部（他社）資源の活用が大きい。その調達先は「良好なビジネス環境」を活かした現地での調達ではない。なぜなら現地には求める技術・ノウハウがないからで，だから両分野が「未充足の需要分野」となる。そのため人的ネットワークや支援インフラがあっても，そこに流通すべく経営資源がない。こうした資源があるのは日本（一部の日系需要先）であるため，そこからの調達にならざるを得ない。その際，「確実な需要分野」のため外部の支援者から積極的な協力も得られている。この背景には日本の支援者側にも協力インセンティブ，メリットがある。前記したようにOH事業分野での東アジア進出はないが，今後の国内市場の縮小，東アジア市場の拡大を念頭に入れた場合，支援者となった大手業者も東アジアとの関係構築の必要性を認識していた。そのため「足場」を東アジアに持ちたい，A社との関係を強化したいという狙いがあった。またB社の場合でもTier1の強い現地調達への意欲がある。ここで現地調達が可能になれば，グローバル供給基地としてのフィリピン拠点の役割が高まるからである。それがTier1にとってB社を指導・育成する大きな原動力になった。A・B社がこうした分野に経営資源

を投下するのも，また支援者側が強力にバックアップするのも背景に「確実な需要分野」があるためであり，これが経営資源の外部依存・調達につながり，東アジアでの新事業展開を可能にしている。

③経営人材・資金の確保

以上，技術・ノウハウについてみたが，経営人材についてはどうか。A社では新事業展開に取り組む前，国内従業員を責任者として現地に派遣していた。国内と同様の事業であれば国内でも現地の状況は掌握できた。しかし国内にない新事業展開となると難しくなり，また現地での迅速な意思決定も必要になる。加えてOH事業に必要な資金は日本本社からの借り入れによって賄われている。この点からも従業員に任せるわけにはいかず，A社では日本本社は常務である弟に任せ，社長自らが現地の新事業展開にあたっている。

一方，B社はその逆で，委託先を買収した時点から現地法人は本社社長の弟に任せている。その買収についても弟の入社を条件・前提に実施にしている。同族で対応しないと国内外の異なる事業を両立できないと考えたからである。必要な資金もA社同様，本社からの借り入れである。

以上にみるように，両社とも現地での新事業展開は本社社長もしくはその兄弟によって実施されている。これにより現地での経営のみならず日本本社からの資金調達も円滑になっている。ここから言えるのは現地での新事業展開は同族が経営にあたることが必要ということである。

5．結論・今後の課題等

（1）結論

以上にみるように，東アジアで新事業展開が可能になるのは，そこに「確実な需要分野」があることが大きい。その結果，販売先の問題が解決，リスクも低減される。また新事業では自社にない資源が必要になるが，この獲得についても「確実な需要分野」が外部調達を可能にしている。このように需要側・供給側が揃う東アジアでの新事業展開はリスクや困難を抱える日本に比べ有利な環境にあると言えよう。今後も「新産業分野」についてはTier2以下が不足する後発国がみられるし[注13]，先行国の「高付加価値分野」でも日本からの輸入が一定規模で続くなど[注14]，「未充足の需要分野」が残る。したがって，従来事業に行き詰まった進

出中小企業にとって，こうした分野で新たな成長戦略に取り組むことが可能になる。これは現地の進出中小企業のみに与えられるチャンスでもある。なぜなら現地にいないと「気づき」を得られないし，この「気づき」を含め，未進出企業の進出や同分野への参入にはその「産業特性」や「経営資源の限界性」といった障壁をつくる「要因」があるからである。

但し，進出中小企業が参入するのも一定の条件が必要である。一つは日本本社社長の現地市場への関心である。4節でもみたように「未充足の需要分野」への「気づき」は両分野とも現地での日本本社社長による。A社社長によれば「OH事業もタイにいて産まれたアイデア」という。これは社長自らが現地市場の動向にアンテナを張ること，新事業展開への意識が重要であることを示唆している。二つに，新事業展開を可能にする体制である。これには迅速な意思決定が重要になると同時に，本社からの資金支援が必要になる。この支援をスムーズに行うためには日本本社の社長，もしくは信頼のおける同族が経営にあたることが必要になる。もちろん日本本社には，この支援を行えるだけの財務力が求められる。

なお，もう一つ想定された「良好なビジネス環境」による経営資源の調達について，新市場開拓戦略でみられたような貢献はみられなかった。

(2) 副次的効果

「確実な需要分野」は進出中小企業に成長をもたらすだけではなく，副次的な効果も生む。これにより海外依存から現地調達への切り替えが可能になる需要先だけではなく，経営資源を供給する支援者に対してもこの機会を通じ，自社で進出しなくても東アジア（外需）との関係ができるからである。

支援者以外にも，その効果は広がっている。例えばA社では，東アジアに拠点を持たない業界トップの設備メーカーから指定外注先としての打診を受け，現地での同社製設備のOHを引き受けている。ここでも自社は進出しなくとも現地顧客へのアフターフォローが可能になり，A社にとっては販路の拡大にもつながっている。このような進出中小企業による新事業展開は需要先，支援者等にも経済的効果が波及しており，ここへの支援の政策的意義は大きい。きっかけとなるのは経営者の「気づき」で，これを誘発し，その重要性を認知するような進出中小企業の経営者向けのプロモーション活動，また需要先，進出中小企業，支援者の関係構築，ビジネスモデル考案に向けた支援など政策として考えられる。

(3) 本研究の貢献と今後の課題

本研究の学術的貢献であるが，海外進出の直接的メリットとして「入手可能となる経営資源の利用・蓄積と海外市場へのアクセス強化」（首藤聡一朗，2017, p.38）との指摘がある。本論での「気づき」は後者の「アクセス強化」に含まれるが，前者の「経営資源」について，これまで東アジアでは主に労働力を指していた（加藤，2011）。しかし本論でみたように，技術・ノウハウの入手も可能になっている。但し，それは現地のものではなく「確実な需要分野」が日本から呼び込んだものである。それも「優位性の保持」が指摘する本国本社からの移転ではなく他社からである。この「優位性の保持」は多国籍（大）企業を前提とした理論と想定されるが，東アジアへの進出が大企業から中小企業へと広がり，その時間も経過するなかで，こうした現象が従来の理論の枠内に収まらなくなっている。また新規参入者を阻む障壁の要因について先行研究ではコスト面が指摘されていたが，これは同一国内での場合であって海外市場への参入，それが中小企業の場合，「気づき」や「産業特性」「経営資源の限界性」も障壁の新たな「要因」になりうることも指摘したい。一方，実業界への貢献としては従来事業の維持・発展の問題に直面する進出中小企業に対して「未充足の需要分野」を見出すことが海外事業の成長につながることを提示したことである。

最後に今後の研究課題として，一つに，東アジアといってもここでの取り上げるのはASEANであり，中国でも同様なことがいえるのかどうかである。中国の場合，より厚みのある裾野産業や技術基盤をもち，さらに企業家精神も旺盛であることから，こうした新事業展開は中国企業の手によって担われる可能性がある。その場合，進出中小企業の成長戦略をどこに見出すのかという点である。二つに，東アジアでの新事業展開の影響が当該企業の国内事業にどのような影響を及ぼしているのか等について明らかにすることである。1節でも述べたが海外進出の重要な意義として国内事業への効果がある。この測定には一定の時間を要しようが，今後の推移を見守る必要がある。そして三つに，1節でみたように撤退する企業もみられるなかで，このような可能性のある新事業展開がなぜ選択されないのか，新事業展開に向かう企業との違いは何か，この点を検証することで新事業展開にあたって企業に求められる条件がより明確になる。

なお本研究は，科学研究費・基盤研究（C）（一般）「海外進出中小企業の「出口戦略」—海外での新事業展開の可能性—」（課題番号：18K01773）の助成を受

けていることを付記する。

〈注〉
1 「東アジア」とはASEAN＋3（日中韓）を指す。
2 帝国データバンク「第2回 タイ進出企業の実態調査」（2014/2/26）によれば，日系進出企業数は2011年から2014年の3年間で3,133社から3,924社へと増加したが，一方で554社が撤退・現況不明となっている。
3 新事業展開の定義は様々である。表1の出典元である『中小企業白書（2017年版）』では表1②〜⑤までを新事業展開と広く定義している。また『中小企業白書（2013年版）』では「既存事業とは異なる事業分野・業種への進出」（p.91）と狭く定義している。本研究では後者の立場をとり，表1の④⑤をもたらす事業としている。
4 中小企業庁（2013年）『中小企業白書（2013年版）』コラム2-2-7に掲載されるアンケート調査結果（複数回答）表題より，p.119。
5 注3のアンケート調査において40.3％と最も高い。
6 後述する事例企業A社では現地でOH事業のPR・認知を図るために展示会に出展し，キサゲ加工を実演するなど効果的なデモンストレーションを実施している。
7 注3のアンケート調査において人材確保（36.6％），知識・ノウハウ（34％），自己資金（20.2％）が指摘されている。
8 日本政策金融公庫総合研究所（2013年）「中小企業の新事業展開に関する調査」p.9。
9 中小企業庁（2013年）『中小企業白書（2013年版）』p.116。
10 2015年1月6日にA社国内本社，2017年8月31日にタイ法人でヒアリング調査実施。
11 2016年9月30日，2018年7月17日にB社国内本社，2017年3月29日にフィリピン法人でヒアリング調査実施。
12 自動車部品に厳しく求められるのは安全性の確保である。エアバック部品の場合，ダイカスト鋳造品内に発生する鬆（す）と呼ばれる気泡の発生が問題となる。A社では鋳造工程とトリミング工程で毎日1回，そしてショット数ごとに用意された規定に沿って金型メンテナンスを施し，その防止に努めている。
13 例えば，ベトナムの生産台数はフィリピンの2倍にあたる24万台だが，裾野産業が不足している。2018年2月，筆者が訪問した日系バネメーカーは弱電向けで進出したが，受注低迷により自動車向けに転換，現在売上の8割を占めている。
14 財務省「貿易統計」で日本からタイへの一般機械類（第16部第84類原子炉，ボイラー及び機械類並びにこれらの部分品）の輸出額をみるとリーマンショック（2008年）以降はほぼ横ばいである。またJETRO「アジア・オセアニア進出日系企業実態調査」（各年版）でタイ日系企業の原材料・部品の調達先をみるとリーマン以降も「日本から」が3割前後占めている。

〈参考文献〉
1　小田切宏之（2010年）『企業経済学』東洋経済新報社
2　加藤秀雄（2011年）『日本産業と中小企業—海外生産と国内生産の行方』新評論
3　兼村智也（2016年）「長野県南信地区にみる自動車産業への参入要因」清晌一郎編著『日本自動車産業グローバル化の新段階と自動車部品・関連中小企業』社会評論社pp.285～309
4　兼村智也（2017年a）「アジアにおける日系中小サプライヤー間の連携可能性」清晌一郎編著『日本自動車産業の海外生産・深層現調化とグローバル調達体制の変化』社会評論社pp.287～307
5　兼村智也（2017年b）「地域中小企業の海外事業が国内事業の拡大・縮小を決める決定要因」日本中小企業学会『日本中小企業学会論集36』同友館pp.83～95
6　兼村智也（2017年c）「「ポスト海外進出」にある中小企業の国内売上拡大・縮小を決めるメカニズム」日本政策金融公庫総合研究所『日本政策金融公庫論集』第37号pp.75～96
7　グロービス経営大学院（2010年）『［新版］グロービスMBAビジネスプラン』ダイヤモンド社
8　清水龍瑩（1984年）「中小企業の成長と多角化・事業転換戦略」慶應義塾大学商学部『三田商学研究』27巻4号pp.1～11
9　首藤聡一朗（2017年）「中小製造業企業の海外直接投資をめぐる論点の整理」日本経営実務研究学会『経営実務研究』第12号pp.35～52
10　清晌一郎（2017年）「海外現地生産における「深層現調化」の課題と巨大「日系系列」の形成」清晌一郎編著『日本自動車産業の海外生産・深層現調化とグローバル調達体制の変化』社会評論社pp.21～52
11　中沢孝夫（2012年）『グローバル化と中小企業』筑摩書房
12　中沢幸次・酒井里（1999年）「中小企業における新事業の創出と情報的資源の関連性—事業転換・多角化データを用いた分析を中心に—」東京都商工指導所『商工指導』No.465-1 pp.42～59
13　藤野英人（2016年）『ヤンキーの虎』東洋経済新報社
14　村松司叙（1980年）「わが国企業の経営多角化　中小企業を中心に」『日本経営診断学会年報』12巻pp.7～12
15　森岡功（2014年）「海外展開しない中小製造業に関する実証研究」日本中小企業学会『日本中小企業学会論集33』同友館pp.186～198
16　Hymer,S.（1976）"The international operations of national firms : a study direct foreign investment", Cambridge, Mass.:MIT Press.（スティーブン・ハイマー（1979年）宮崎義一（編訳）『多国籍企業論』岩波書店）pp.35～39

（査読受理）

鎌倉地域における起業家輩出のメカニズム

駒澤大学（院）　五十川　龍

1．問題意識

　日本の新規開業率は低水準で推移しており，長らく上昇に転じてはいない。中小企業庁（2017）によると，新規開業率（企業ベース）では1980年までは7％前後と比較的高かったが，88年をピークに下降しはじめて1990年代以降は3％～4％と低迷している。GEM調査においても，国別で比較すると日本のEEA（起業活動の水準）はOECD加盟国の中で低水準となっている[注1]。国は廃業率が開業率を上回りはじめた1990年代以降に創業支援策に力を入れるようになった。

　1999年には「中小企業基本法」が改正され，従来の中小企業近代化政策から創業促進・経営革新支援へと重点をシフトした。それでも，開業率は上昇に転じることがないまま，2013年に国はKPI（政策目標）として「アメリカ，イギリス並みの開業率10％台を目指す」ことを「日本再生戦略」で掲げた。

　2014年には「産業競争力強化法」が施行され，地域の創業を促進させるため，市区町村が民間の創業支援事業者（地域金融機関，NPO法人，商工会議所・商工会等）と連携した。ワンストップ相談窓口の設置，創業セミナーの開催，コワーキング事業等の創業支援を実施する「創業支援事業計画」について，国が認定することとした。

　2018年には，「改正産業競争力強化法」が施行された。これまでの創業支援策は金融支援を中心に「起業準備者」向けの施策が講じられてきた。しかし，起業を志す者自体が少なくなり創業支援策の効果が限定される恐れがあった。そこで，「創業支援事業」の概念を拡大させて新たに「創業支援等事業」と規定し，「起業無関心者」向けの創業普及啓発事業を行うこととした。また，現行の「創業支援事業計画」も新たに「創業支援等事業計画」として改定がされ，創業に関する普及啓発を行う事業として，これまでの政策に付随する形で「創業機運醸成事業」

として位置付けがされた。

　国が「創業機運醸成事業」として注目している事例は，創業者の講演等を実施する「起業家教育事業」，ビジネスプランコンテストやセミナーといった「創業無関心者イベント」，創業に興味を持ってもらう「創業スクール」等の教育的要素が強い事例であった。

　そこで筆者が注目した事例は，民間で独自に地域活動を後押ししているカマコンバレー[注2)]という場であった。カマコンバレーには活動を通して創業機運が醸成されていく仕組みが内在しており，筆者は実態を把握すべく定例会活動に参加した。カマコンバレーの定例会活動に筆者が参加をしたところ，起業無関心な者，起業に関心がある者，起業家の各層が集まっている実態が確認できた。

　また，起業に無関心な人と起業に関心がある人の双方が集い，ワンストップで創業機運が醸成され起業にまで至ることができる環境の整った場という側面も見られた。しかし，カマコンバレーはこれまで他の分野においても研究対象としてあまり注目がされて来なかったことと，起業家の創出が目的ではなく地域活動を主目的とする活動を行っていたこともあり，これまで起業家の輩出という視点での研究はされてこなかった。起業家の輩出という視点を見出せたことでこれまでの課題であったワンストップで創業機運を醸成して起業にまで至ることができる事例として事実発見の可能性が出てきた。また，カマコンバレーではそのような起業家を連続的に輩出しているといった実態も確認することができた。これらの問題意識をカマコンバレーの事例分析を通じて解明をしていく。

2．先行研究

　創業や企業活動に関する先行研究として，地域別の開業率に及ぼすプラス要因としてStorey（1994）では地域と開業率の関係についてまとめていて詳しい。岡室（2006）では日本国内を対象に地域別の開業率について市区町村レベルで同様の研究をしている。これらは定量的に明らかにした研究であり，本研究では上記の統計では賄いきれない部分を実証研究によって定性的に補完していく。

　次に，実証研究にあたって分析上の視点として起業と意思に関する研究について辿っていく。安田（2015）では，この調査結果を踏まえて異質や変化が差別に繋がり排除の対象になっている現状があり，こうした悪しき文化をなくす教育の

仕組みが重要であるとして,「非起業家への教育の強化」を唱えている。また,選択可能な起業家体験を広めるべく,「フリーランス科目」を導入して能動的に仕事を獲得していく「独立」を意識させる教育や機会が重要だと述べている。また,川名(2015)においても安田(2015)に言及しており,起業無関係層を少なくしていく努力が必要と同意している。そして,非起業家にも異質性を享受できるような教育や議論をしていくことについても重要視している。

　これまで,中小企業庁編(2014)においても起業無関心者と起業家の関係は取り沙汰されてきたが中小企業庁編(2017)では起業までに至るステージとして起業無関心者,起業希望者,起業準備者,起業家といった4つのステージでの分類がされている[注3]。本論文においても起業無関心者と起業家の関係を「①起業無関心者」,「②起業希望者」,「③起業準備者」,「④起業家」の4つの段階に分類し分析を試みる。①起業無関心者,②起業希望者については潜在的であり,行動に現れない部分である。その部分においては再定義をして区分を明確にしておく。そこで2010年のGEM調査における起業態度に係る質問の「過去2年以内に新たなビジネスを始めた人を個人的に知っている」を参考にして①起業無関心者の定義を「過去2年以内に起業家と個人的に交流がない者」とした。②起業希望者の定義は「過去2年以内に起業家と個人的な交流がある者」とした。

　本研究における研究課題としては特に,これまで起業家輩出という視点で実証研究がされていない①希望無関心者から②起業希望者の潜在的な部分である。再定義をした部分についてはヒアリング調査により実態を浮かび上らせることで分析を試みる。

3．研究方法

　柳沼他(2013)において鎌倉地域では小規模知識サービスを展開している企業が存在することが確認された。杉山・瀬田(2015)ではカマコンバレーの会員の連帯性について書かれており,会員の意識調査を行っていて潜在的な意識を反映している。しかし,これらの論文はFlorida(2002)が行った経済地理的な視点に基づいたものであって,本論文とはアプローチが異なっている。カマコンバレー形成に関わる部分についてまでは根拠となる事実として参考にしていく。

　2015年にカマコンバレーはNPO法人マチットを立ち上げ運営体制を移行した。

財務省関東財務局横浜財務事務所（2016）では，2015年に法人格化し組織的活動に移行する以前のカマコンバレーの仕組みについて詳しい。しかし，こちらも本論文とは違い組織論の視点で書かれている。本論文では，これらの先行研究や実態を踏まえて，起業家の人物に焦点をあて定性的な研究を試みる。鎌倉地域で起業家を持続的に輩出している実態を研究することは，地域における創業支援体制の拡充という意味において研究をする意義がある。そこで鎌倉地域で活動を展開しているカマコンバレーで起業家が輩出されるメカニズムとは何かという問いを設定し解明をしていく。

研究方法は，事例研究により鎌倉地域における起業活動の実態を把握する。そこで，①起業無関心者，②起業希望者，③起業準備者，④起業家の各層に分けて起業無関心者から起業家に至るまでのプロセスを追う形で実証研究を試みる。

事例の実態調査は，プレ調査を踏まえて起業家に対するヒアリング調査を実施した。カマコンバレー入会後に起業した人物を分析対象とした。

調査概要については，2016年8月25日と2016年9月29日にカマコンバレー定例会に参加した。2017年3月23と2017年8月22日〜25日の間にプレ調査を含めて12社のヒアリング調査を行った[注4]。また，発生したプロジェクトにも参加をして参与観察による調査も行っている。

このような研究方法を用いて「カマコンバレーで起業家が輩出されるメカニズムとは何か」という問いを設定し解明をしていく。

4．事例研究

4.1　カマコンバレー創設の先導者

まずは，カマコンバレー設立の際にカマコンバレーの代表になった柳澤大輔氏の紹介をする。柳澤氏は，慶應義塾高校から慶應義塾大学の環境情報学部へ進学した。キャンパスは鎌倉市に隣接している藤沢市で鎌倉には縁のある環境であった。大学卒業後は，民間企業に入社し1998年に大学の学友と3人で合資会社カヤックを設立した。2002年には一緒に起業した学友たちも縁のある鎌倉市に本社を移転して，2005年1月21日には株式会社に変更[注5]をしている。株式会社カヤックの特徴はカマコンバレーと同じくブレインストーミングを行い事業のアイデアを出している[注6]。株式会社カヤックは世の中を面白くするために存在したいと

いう信念がある。それは活動拠点である鎌倉についても同じであり，鎌倉地域との関わりを強めている[注7]。2013年にはシェアオフィスの旅する仕事場を鎌倉市にオープンしており，地域で起業をしやすい環境をつくっている。

4.2 カマコンバレーの形成プロセスと仕組み

カマコンバレーが形成されるまでの経緯は，株式会社カヤックは1998年に東京で創業して2002年に鎌倉へ移転した。2005年には株式会社化がされて，そこから2009年頃の間に鎌倉地域にITを中心とした企業が集まりをみせた[注8]。そして，2013年にはカマコンバレーの設立に至る[注9]。その後，2015年にはカマコンバレーの運営を担う組織としてNPO法人マチットを立ち上げている[注10]。

カマコンバレーではプロジェクトを企画し実行をする一連の活動を展開している。流れとしてはまず鎌倉に関わるアイデアを募集する。2番目に定例会でのプレゼンテーション[注11]を行う。3番目にプレゼンテーションから各参加者がアイデアを出したい題目を決めてブレインストーミング[注12]をする。4番目にブレインストーミングで出たアイデアからプロジェクトを決定する。5番目にプロジェクトリーダーを決定し定例会は終了する。そして，個別にプロジェクトの実施に向かうといった一連の流れで活動フローは進む。これらの活動はカマコンバレー会員がすべてを取り仕切っている[注13]。カマコンバレー会員は発生したプロジェクトに対して人的な支援で協力を行う[注14]。

図1からみても分かるようにカマコンバレーでは実に多様なプロジェクトが発生している。毎月1回の定例会で3〜5個のプロジェクトが新たに出ている。2018年の1月時点までの約5年間で244件の多様なプロジェクトが発生している[注15]。カマコンバレーではプロジェクトを行う際に資金が必要な場合は，鎌倉地域限定のクラウドファンディングである「iikuni」を使って資金調達をすることができる[注16]。「iikuni」は，2015年の開設から約3年半でチャレンジ数が40件となっており目標達成率が92.5％である。最高目標金額も1000万円でその際は1132万円集まったプロジェクトも存在する。一方でプロジェクトの平均調達金額は51万円となっており金銭的にも多様な規模のプロジェクトが存在しているといえる。先ほど述べたカマコンバレーの活動フローで行われている内容はカマコンバレー事業の部分で展開されている。カマコンバレーの仕組みにはクラウドファンディングの「iikuni」が連結事業として存在している。

図1　2017年に発生したプロジェクトとiikuiを活用した仕組みの調査分析表

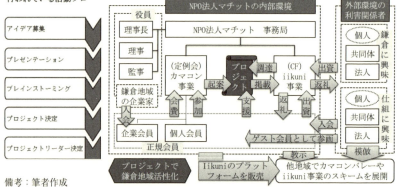

備考：筆者作成

それらを運営しているのがNPO法人マチットで鎌倉の企業家が役員を務めている。プロジェクトを行う際に資金が必要な場合は「iikuni」に掲載をすれば資金調達が可能である[注17]。

4.3 起業に至るまでのプロセス

ヒアリング調査を行った図2の4名はカマコンバレーに入会してから起業をした人物である。本論文では、先程の「3．研究方法」で定義した①起業無関心者を「過去2年以内に起業家と個人的に交流がない者」、②起業希望者を「過去2年以内に起業家と個人的な交流がある者」として分析を行う。図2からみえる主な共通点は「①起業無関心者から②起業希望者」に移行した事柄は共通してカマコンバレーの定例会に参加していることである。「②起業希望者から③起業準備者」に移行した事柄は多くがプロジェクトの企画で、「③起業準備者から④起業家」に移行した事柄の多くはプロジェクトリーダーでの成功体験であった。その中でも今回はヒトノコトの渡辺みさき氏にスポットを当て分析をしていく。

図2 起業家に至るまでに移行した事柄

①起業無関心者 ②起業希望者 ③起業準備者 ④起業家

肩書と人物	①⇒②	②⇒③	③⇒④
ヒトノコト 代表 渡辺みさき	2013年8月 パンフを見て 定例会に参加	2015年10月 「鎌倉会社説明会2015pj」企画	2016年7月 Pjリーダーとして目的達成 成功体験から起業へ
㈱i-link-u 代表取締役 高野朋也	2015年 会員の紹介で 定例会に参加	2015年10月 「ユニバーサル合コンpj」企画	2016年11月 Pjリーダーとして目的達成 成功体験から起業へ
inaho㈱ 代表取締役 菱木豊	2013年8月 柳澤氏に誘われ 定例会に参加	2015年9月 NPO法人マチットの理事になる	2017年1月 マチットで役員として運営を経験し起業
Microstay㈱ 代表取締役 川村達也	2013年8月 柳澤氏に誘われ 定例会参加	2013年12月 「マイクロステイpj」企画	2014年2月 Pjリーダーとして目的達成 成功体験から起業へ
主な共通点	定例会に参加	Pjの企画	Pjリーダーでの成功体験

備考：筆者作成

4.4 渡辺みさき氏が起業に至るまでの経緯

渡辺氏はソニー系列の企業に入社し人事部へ配属された。人事部では新卒・経験者採用の面接を行った。人材育成・社内研修の構築・実施を担当した。その後、

経営企画部に移り広報，渉外業務に携わる。2013年にソニーのグループ企業を退社し実家がある鎌倉に移住し鎌倉市の住民となる。

　2013年8月に鎌倉市の住民であった渡辺氏はカマコンバレーのパンフレットをみて定例会に参加をした[注18]。渡辺氏は定例会で横浜の専門学校の先生がカマコンバレーに参加しているIT企業の関係者に自身の学生をインターン生として受け入れてほしいというプレゼンを聴講した。他にもプレゼンをした人がいたが横浜の専門学校の先生のお題のグループに入りブレインストーミングを体験した。プレゼンのやり方を実地で体験して企画者の視点で思考した結果，定例会で行う企画提案がどのようなものかが実地で経験をして分かるようになった。カマコンバレーは地元の鎌倉という身近なテーマがあったので定例会にも気軽に参加をすることができた。カマコンバレーの参加者の中にはコアメンバーの起業家も発表者の起業希望者も存在しており，その後の親睦会でも交流ができる体制がとられていた[注19]。多くの起業家達との交流しカマコンバレーの会員に入会し，「過去2年以内に起業家と個人的な交流がある者」となり起業希望者となった。

　2015年10月に渡辺氏は「鎌倉会社説明会プロジェクト」を企画する事になる[注20]。これは②起業希望者以上の人物の企画のやり方を近くでみて実地で経験したことによりカマコンバレーの形式でプロジェクトを企画する素養が身についた。交流のある企業家や起業家の会員も会社のリクルート活動としての立場で参加してくれることになった[注21]。渡辺氏はプロジェクトの企画を通じて人事サービスの事業機会を認識して起業準備者へと移行した。

　2016年7月に渡辺氏は起業を実現する。「継続的な目的での起業を達成して間もない者」として起業家になった。個人事業でヒトノコトを設立した。プロジェクトリーダーとして「鎌倉会社説明会プロジェクト」を無事に成功させた体験が起業に結びついた。会社であればプロジェクトを失敗した場合の責任は上司にもあるが，カマコンバレーを通じて企画したプロジェクトの責任はトップであるプロジェクトリーダーにすべて降りかかる。責任というリスクを取ってプロジェクトを成功させた成功体験が起業家へ向かう最後の一押しとなった。

　ヒトノコトの設立日は2016年7月11日で，事業内容は鎌倉地域で鎌倉の会社に変わって人事業務を請け負う等の人事サービスを展開している。採用では今までとは違ったルートで人材を掘り起こし，面接のサポートも行う。人材育成や研修はOff-JTや研修の講師，相談のようなコンサルタント業務を行っている。労務管

理は社員が安心して働けるように個別面談をして社内の問題を明らかにする。社員数は2018年1月時点では代表の渡辺氏の1人となっている。主な取引先は「鎌倉の会社説明会プロジェクト」で関わった株式会社カヤック，村式株式会社，株式会社バディング，ジャンプスタート株式会社，株式会社アンツ等の鎌倉に本社を構える会社が多く名を連ねている。

5．事例分析結果

　分析結果としては「①起業無関心者層から②起業希望者層」へ移行する条件は，気軽に参加することが可能で初めてでも活躍することができる場の存在であった。「②起業希望者層から③起業準備者層」へ移行する条件は，プロジェクトへの参加とそこでの事業機会の認識であった。「③起業準備者層から④起業家」へ移行する条件はプロジェクトリーダーとなり目的を達成するといったリスクを取った成功体験で，完全なトップである疑似的な経営者の経験をすることで起業家になった。また，各階層に一定数以上の人が存在していて一つ上の階層の人物をロールモデルとすることができる。それにより段階的に階層を上がっていく事ができるので起業家になることができた。

　より詳しく分析すると，「①起業無関心者層から②起業希望者層」へ移行する条件については，気軽に参加できるカマコンバレーの定例会の仕組みである。そこで，「なぜ，起業無関心者が，カマコンに参加したのか」，「なぜ，参加の関与度が高まっていくのか」ということについては，「地域をより良くする」という身近な共通のテーマが掲げられていたからである。また，起業家および起業準備者によるスクリーニング，1ステージ上の身近なロールモデル，コミュニティの周辺にいる初回参加者に対する寛容性も影響している。原理が平易で未経験でもすぐに順応し結果を出すことができて，周りからも肯定されるアイデア出しの「ブレインストーミング」を活用したという点も挙げられる。プロジェクトに支援者としてでも企画の根幹に関わり，企画の課題をブレイクスルーし実現可能性を高めた成功体験が次のプロジェクト発生へと繋がっていく。次に，②起業希望者層から，③起業準備者層さらに④起業家へ移行する条件は，プロジェクトを通じた起業学習の経験である。カマコンバレーで新規の多様なプロジェクトを持続的に生み出していけるのは，住民や企業人が生活する上で直面する機会から地域

に関するアイデアが数多く生まれる。また，地域密着型クラウドファンディング（iikuni）によるプロジェクト実現可能性の評価システムがある。これは，掲載したプロジェクトに実現可能性がなかったら投資もされず未成立になる。投資をしてもらうということは即ち投票と同じでプロジェクトの企画内容の評価を受けている意味も内在する。また，カマコンバレーで発生しているのは「プロジェクト」であり目的と期限が定まっている。継続目的の「事業（ビジネス）」よりも失敗しても成功しても終了となるプロジェクトはローリスクでチャレンジが可能でプロジェクトの参加，企画，運営をしやすい環境となっている。このようにカマコンバレーでは地域で起業家にまで至ることのできる学習プロセスが備わっていた。

カマコンバレーの事例を分析した結果，これまで国が「創業機運醸成事業」として注目している事例では見られなかった事実発見としての価値があった。カマコンバレーのように起業無関心者，起業希望者，起業準備者，起業家，企業家の各層が一定数以上存在して，一同に集い能動的に起業学習を経験して成功体験を積み，経営の疑似体験までできる事例は，国が注目している「創業機運醸成事業」にはない新たな視点として活用できる存在である。

6．おわりに

ワンストップで創業機運を醸成して起業家を持続的に輩出する土台がある事例としてカマコンバレーを取り上げた。潜在的に地域における起業学習の場としての機能を有していたので起業無関心者が起業家になることができた。以上の事例分析結果を踏まえ鎌倉地域だけでなく一般化したモデルとして提唱する。

図3では地域の住民や学生などが抱える多様な課題がプロジェクトの源泉となる。基礎自治体単位で捉えることで地域課題を解決するアイデアが数多く生まれる。それを地域の仲間と一緒に具現化できる場を提供することが肝要である。いずれ地域に根付いたソーシャルビジネスやコミニティビジネスを展開する起業家が発生し，地域課題を持続的に解決する担い手となっていくことだろう。また，金銭的なサポートがあればアイデアの実現可能性が強まる。創業機運醸成事業の対象として支援すべきはこのような場を運営する組織である。今後の課題としては，これまでの政策に沿って起業希望者から起業家に至るまでの範囲でデザインされた現行の支援機関を活かす形の新たなモデルも検討していくべきである。

図3 地域における起業家輩出のメカニズム

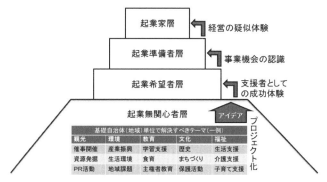

備考：筆者作成

〈注〉
1 2010年のGEM（グローバル・アントレナーシップ・モニター）調査によると起業無関係者が90％超とOECD加盟国で最下位となっている。詳しくは，GEM Global Entrepreneurship Monitor [https://www.gemconsortium.org/]（2018年11月1日閲覧）日本においては，磯辺・高橋（2007）が，「日本の起業活動の水準」，「起業家としての能力」，「社会の起業家に対する評価」を定量化し，いずれも日本が最下位であることを示唆した。
2 カマコンバレーという呼称はランサーズ株式会社の代表取締役社長秋好陽介氏が設立前の会合の際に発言したことによる。創設までの経緯について，2013年4月1日神奈川新聞朝刊の特集「かながわトピックス」の記事で『古都に「カマコンバレー」』として掲載された。カマコンバレーはNPO法人が運営を担っており，主に旧鎌倉地域で月に1回の定例会を開催している。
3 2010年のGEM調査では，「起業無関係者」，「中間層1」，「中間層2」，「起業関係者」の4層に分けて分析が行われた。日本が諸外国と比べて圧倒的に起業関係者が少なく起業無関係者層が多くなっており，起業活動率（TEA）に影響を与えていることが分かる。また，中間層に至っても他国と比較して少ない傾向にあった。
4 ヒアリング調査先の12社はすべて鎌倉地域に本社や事業所を構える会社の代表である。株式会社カヤック代表取締役CEO兼NPO法人マチット理事長の柳澤大輔氏やカマコンバレー専用のクラウドファンディングである「iikuni」を開発した村式株式会社の代表取締役社長兼NPO法人マチット理事の住吉優氏にも調査を行った。
5 事業内容は主にソーシャルゲームの開発で，攻略情報を共有できるゲームコミュニティの運営も行う。子会社では冠婚葬祭や不動産事業など地域に根付く事業も展開し

ており地域との関わりが見られる。2014年に東証マザーズに上場しており，2017年3月時点において資本金4億9千4百万，の大企業に成長している。

6　これは株式会社カヤックの考え方である「アイデアいっぱいの人は深刻化しない」から来ている。経営理念は「つくる人を増やす」である。「つくる側になることは，主体性をもつということ」と捉え「つくることは，自分を見つめることと考えてつくることは，誰かに与えること」としている。詳しくは，1. 面白法人に込めた思い¦面白法人カヤック［https://www.kayac.com/vision/message］（2018年11月1日閲覧）

7　株式会社カヤックは自らを「面白法人カヤック」と名乗っている。面白法人という名にある「面白」の定義を多様性として捉え「人として豊かであること」としている。経営思想は「経営思想1，地域との接点を増やす経営。社員の地域ボランティアへの参加を推奨しています。市民の株主を増やします。」「経営思想2 地域の企業との共創経営を目指しています。」とある。詳しくは，鎌倉本社の理由¦面白法人カヤック［https://www.kayac.com/vision/kamakura］（2018年11月1日閲覧）

8　総務省統計局の平成18年事業所・企業統計調査（平成21年調査から経済センサスと統合）によると，鎌倉市のIT企業を含めた情報通信業の事業所数が，2006年には60カ所だが，平成21年経済センサスの基礎調査事業所の企業統計調査の2009年では154カ所と2.5倍以上の伸びており，この時期に急激な増加傾向がみられた。

9　カマコンバレーは2013年4月18日にLLP（Limited Liability Partnership：有限責任事業組合）として設立した。設立メンバーとされたのが株式会社カヤック，有限会社テトルクリエイティブ，村式株式会社，株式会社グローバルコーチング，ランサーズ株式会社，ジャンプスタート株式会社，小泉経営会計の7社である。その後に，NPO法人マチットに運営システムを移行される。詳しくは，［https://www.kayac.com/news/2013/04/kamakon］（2018年11月1日閲覧）

10　NPO法人マチットはカマコンバレーの運営組織として2015年に設立した。定款には「この法人は，鎌倉地域に関わる全ての者に対し，情報技術を活用して，地域づくり活性化に直接または間接に寄与する事業を行い，各自が当事者意識をもった地域づくりを行うことに寄与し，もって，鎌倉をはじめとした全国の各地域の活性化を増進させることを目的とする。」として記載されており鎌倉だけでなく広く全国の各地域の活性化も対象としている。理事長は株式会社カヤック代表取締役CEOの柳澤大輔氏が担当し，村式株式会社代表取締役社長住吉優氏も理事に就任している。なお，2018年11月には「NPO法人カマコン」に名称を変更している。

11　カマコンバレーの定例会は「KOTOWA鎌倉鶴ヶ岡会館」や「鎌倉生涯学習センター（きらら鎌倉）」で行われる。収容人数の関係もあり定例会の参加人数は100名程度が上限となる。定例会は，正規会員以外のゲスト会員も含めて毎月予約で埋まる。

12　柳澤氏へのヒアリング調査でカマコンバレーが現在も続いている成功要因として「株式会社カヤックですでに活用していたブレインストーミングを導入した事」と語っている。

13　カマコンバレー会員の起業家の割合は多くいわゆるSaxenian（1994）でいうとこ

ろの起業家コミュニティといったインフォーマルな関わりも存在し、自身の仕事にも繋がるケースも存在した。
14　人的な支援とは主にボランティアでプロジェクトの運営側として参加する形である。1日だけの参加や，紹介や貸し出しといった支援もあり得る。基本的には定例会終了後に協力したいプロジェクトの箱に名刺を置いていく。プロジェクトリーダーは名刺情報から支援を要請したい人物をピックアップし，連絡をして人的支援としての協力者を募る形をとっている。
15　2013年（8月以降）30件，2014年56件，2015年53件，2016年48件，2017年53件，2018年（1月迄）4件の合計244件となっており，多様なプロジェクトが継続的に発生している。
16　iikuniはカマコンバレー専用のクラウドファンディングである。カマコンバレーの定例会で起案された鎌倉をテーマとしたプロジェクトを実行する為の資金が必要な場合に利用できる。寄付型とは違い購入型のクラウドファンディングなので返礼品が必要となる。目標金額を達成すると15％のマージンをNPO法人マチットが回収し，企画運営者は残りの金額をプロジェクトの資金に充てられる。間接金融である地域金融機関とは違いクラウドファンディングは直接金融での運営資金を獲得する。また，地域の内部でお金を回す地域金融機関とは違い外部からの資金の流入も期待できる機能が備わっている。
17　iikuniに出資をするのは主にカマコンバレーの会員や鎌倉やカマコンバレーの仕組みに興味がある人が多い。1口200万円の出資がされた事例も存在する。
18　渡辺氏は地元である由比ガ浜沿いの道を歩いていたところ店にポスターが貼られており、協賛にカマコンバレーと書かれていたので公式ホームページを閲覧した。活動内容を知った渡辺氏は自ら運営事務局に連絡を取ったところ定例会に誘われ参加を決めた。カマコンバレーの活動に参加をしたいと思った動機は地元である鎌倉をテーマとして扱っていたからである。渡辺氏がカマコンバレーの定例会に初参加した時は，開催場所は以前の株式会社カヤックの本社内で行われ参加者は30名程度であった。
19　懇親会では食事をしながら交流ができ，自己紹介やブレインストーミングで出せなかったアイデアを深める場として存在する。渡辺氏もIT企業関係者を含めアイデアについて意見交換をした。その中にはIT起業家の柳澤大輔氏もおり仕事ではなく鎌倉地域に生活に関わる人として個人的な繋がりができた。その後もカマコンバレーを通して交流が深まり，柳澤氏に頼まれカマコンバレーの事務局を担当した。
20　鎌倉会社説明会プロジェクトはIT企業が中心の説明会ではあるが，募集はエンジニア職だけではない。新卒や中途に限らず幅広く人材を募集している。当初は単発的なプロジェクトではあったが初回が好評を得たこともあり翌年も企画を立ち上げ開催される様になった。初回のプロジェクト成功体験が事業機会の認識に繋がっている。
21　参加企業は株式会社カヤック，村式株式会社，株式会社バディング，ジャンプスタート株式会社，株式会社アンツの鎌倉に本社を構える5社であった。

〈参考文献〉
1　石井まりか他（2014年）「クリエイティブ産業支援策と経済効果調査：IT産業を核としたクリエイティブ産業の発展に向けて」鎌倉市編『平成25年鎌倉草創塾研究結果報告書』pp.179-252
2　磯辺剛彦・高橋徳行（2007年）「起業活動の国際比較」国民経済雑誌編『国民経済雑誌』196巻5号pp.1-13
3　岡室博之（2006年）「開業率の地域別格差は何によって決まるのか」橘木俊詔・安田武彦編『企業の一生の経済学』ナカニシヤ出版pp.87-118
4　川名和美（2015年）「小規模企業の新たな社会的位置づけ：「ワークライフバランス起業」の可能性とその支援」商工総合研究所編『商工金融』65巻11号pp.5-22
5　財務省関東財務局横浜財務事務所（2016年）「ITの力で古都・鎌倉を熱く！：『カマコンバレー』が取り組む地域活性化」全国銀行協会編『金融』826号pp.34-41
6　杉山武志・瀬田史彦（2015年）「コミュニティビジネスを通じて生成される創造的産業の担い手の「連帯性」に関する研究：神奈川県鎌倉市の「カマコンバレー」の取り組みを事例に」『公益財団法人日本都市計画学会 都市計画論文集』Vol.50 pp.1244-1251
7　中小企業庁編（2014年）『中小企業白書：2014年版』経済産業調査会
8　中小企業庁編（2017年）『中小企業白書：2017年版』経済産業調査会
9　長山宗広（2012年）『日本的スピンオフベンチャー創出論：新しい産業集積と実践コミュニティを事例とする実証研究』同友館
10　柳沼祐樹他（2013年）「東京大都市圏郊外部における小規模知識サービス企業の集積プロセス―経営者の立地選好と鎌倉・逗子臨海集積圏の地域性との関係」『日本建築学会計画系論文集』78巻688号pp.1311-1320
11　安田武彦（2015年）「中小企業の新陳代謝の促進策（第2回）経済の新陳代謝を阻むもの：何故，日本で起業家社会は実現しないのか」商工総合研究所編『商工金融』65巻7号pp.5-25
12　柳澤大輔（2018年）『鎌倉資本主義：ジブンゴトとしてまちをつくるということ』プレジデント社
13　Florida, R., (2002) *The Rise of the Creative Class: and How It's Transforming Work, Leisure : Community and Everyday Life*, Basic Books.（井口典夫訳『クリエイティブ資本論：新たな経済階級の台頭』2008年）
14　Saxenian, A., (1994) *Regional Advantage : Culture and Competition in Silicon Valley and Route 128*, Harvard University press.（山形浩生・柏木亮二訳『現代の二都物語：なぜシリコンバレーは復活し，ボストンルート128は沈んだか』日版BP出版センター，2009年）
15　Storey, D.J. (1994) *Understanding the Small Business Sector*, International Thomson Business Press.（忽那憲治・安田武彦・高橋徳行訳『アントレプレナーシップ入門』有斐閣，2004年）

（査読受理）

中小企業ネットワーク組織の
マネジメントと地域産業システム
―京都試作ネットと京都試作加工機能集積地域の産業システム―

京都大学　上野　敏寛

1　問題の所在

1．1　中小企業の「自律的発展」をめぐる問題意識

　日本の製造業は，総務省統計局の『経済センサス』各年度によると，1985年の約74.9万社から2016年の約38.5万社に減少している。しかし，『2011年版中小企業白書』によると，中小企業は製造業付加価値額（101.3兆円）の約5割を占めているとされている。そのため，いまなお日本経済の根幹をなす中小製造業の役割の大きさは明白である。元来、日本の中小企業は，存立基盤をめぐって大企業の下請製造業として研究されてきた歴史を持つ。しかし，グローバル競争の激化やポスト工業段階への移行のもと，中小企業は大企業への依存では生き残ることができない環境に追い込まれているなか，自律的発展を求めて多様な取り組みを進め，競争力を維持し，存在意義を示している。

　中小企業研究では「自律」や「自立」をめぐって理論的考察がなされてきた。池田（2012）は次のように整理している。池田（2012）は下請企業を事例に親企業から独立を志向する企業を「自立」型下請企業，親企業と相互に要求し合う「自律」型下請企業を区分した。本稿における「自律」とは，池田（2012）の「自律」にもとづき，「中小企業が他企業との相互関係の調整から自らの判断や行動規範に従い，主体的な企業活動を維持すること」と定義する。本稿における「発展」とは，Schumpeter（1926）の経済発展論にもとづき，「非連続的な変化」と定義する。中小企業の「発展」でいえば，連続的な従来事業による量的成長ではなく，新技術開発や新製品開発といった経済環境の変化に耐え抜く新たな競争力強化を指す。以上より本稿は「自律的発展」を「中小企業が他企業との相互関係の調整

から自らの判断や行動規範に従い，非連続的な変化を生み出すこと」と定義する。

　一般的に中小企業は自律的発展を自らの努力で目指すことが経営の基本である。大企業の下請関係にあった中小企業は脱下請という形で独自に様々な工夫やアイディアによって競争力を培い，自律的発展を展望している。しかし，経営資源の制約性から中小企業の自律的発展は容易な課題ではない。そのため，「中小企業新事業活動促進法」にもとづく「異分野連携新事業分野開拓（新連携）」事業のように，日本の中小企業は自律的発展に向けて，企業や大学などとの経営資源を持ち合いながら共同することで一定の成果を目指すことが推奨されてきた。本稿は中小企業の共同による自律的発展を「中小企業の共同的自律的発展」と定義する。

1.2　中小企業ネットワーク組織のマネジメントをめぐる研究課題

　現代中小企業の自律的発展をめぐる研究の多くは，個々の企業努力が基本であることから中小企業経営論から展開されてきた。一方で，中小企業が経済環境の変化に対応するためには，個別企業を対象にする中小企業経営論だけではなく，連携やネットワーク組織という視点からも長らく議論されてきた（小川，2000；中山，2001；池田，2006；関，2011）。中山（2017）はネットワーク組織を「2以上の組織または企業が独立性を保ったまま共通目的を達成するために形成する継続的な協力関係」（中山，2017, pp.1-2）と定義したうえで，中小企業組合，下請・系列組織，任意グループ（異業種交流，農商工連携）などに類型化した。中小企業組合，下請・系列組織，任意グループという順序は中小企業の組織化から連携へという研究系譜であり，ネットワーク組織という視点から包括的に捉えられることを示唆している。本稿は中山（2017）の定義にもとづき，中小企業のみで構成されたネットワーク組織を「中小企業ネットワーク組織」と定義する。

　従来の研究では，中小企業ネットワーク組織の内的関係に着目し，そのマネジメントに関する研究がなされてきた。「自立的中小企業作りとネットワーク」と題して京都試作ネットやアドック神戸を逸早く紹介したのは植田（2004）であった。京都試作ネットを仔細にみた研究は，平野（2017）や水野（2015）である。平野（2017）は京都試作ネットが「学びのシステム」や「偉大な実験場」として機能しており，顧客の増加や技術力向上といった参加企業の発展があることを指摘した。参加企業の発展につながるイノベーション・マネジメントに着目したの

は水野（2015）である。水野（2015）は参加企業が理念や参画目的を共有し，「メンバーの利益や活動時間の5%程度を顧客開拓や新規事業領域の模索，研究開発のための投資の機会」（水野, 2015, p.251）とする「5%ルール」によってイノベーションの機会を確保していると指摘した。平野（2017）や水野（2015）の研究は個別企業分析から中小企業ネットワーク組織のマネジメントを仔細に捉えたものとして評価される。一方，組織外部のイノベーション・マネジメントは組織内部の多様性が高まることによって，「ネットワーク外部の多様なステークホルダーとつながる可能性が高くなること」（水野, 2015, p.265）と水野（2015）が指摘しているものの，京都試作ネットが組織外部の関係性をいかにマネジメントしているのかについては明らかになっていない。植田（2004）が特徴に挙げたように京都試作ネットは「京都を試作産業の一大集積地にする」という共通理念がある。つまり，京都試作ネットの理念に立ち戻れば，中小企業ネットワーク組織が企業，行政機関，支援機関，大学，研究機関といった地域諸アクターとの関係性をいかにマネジメントしてきたかという論点が出てくる。中小企業ネットワーク組織が組織外部である地域諸アクターとの関係性をいかにマネジメントしてきたかについては，新たな研究方法が求められる。

2　研究枠組みとリサーチクエスチョン

　地域諸アクターとの関係を地域産業システムの観点から解明したのはSaxenian（1994）である。彼女は，「企業の内部構造」，「産業の構造」，「地域の制度と文化」の相互作用から捉える地域産業システムアプローチから，同じアメリカのハイテク産業集積地域であるルート128地域とシリコンバレー地域を比較した。その結果，ルート128地域が単に個別企業が集まって閉じた競争力を形成している「独立企業型システム」であるのに対し，シリコンバレー地域は個別企業が地域的協力関係を基礎にした競争力強化を重視する戦略をとり，地域的関係性を構築して地域的競争優位を発揮する「地域ネットワーク型産業システム」であることを明らかにした。しかし，彼女の地域産業システムアプローチは特定時点を対象にした静態的分析であるため，「独立企業型システム」から「地域ネットワーク型産業システム」への再編という動態を捉えることができなかった。なお，本稿における「産業の構造」とは特定産業における企業のネットワーク構造

のことを指し，産業の構成や比重を示す「産業構造」と区別している。

　動態的な地域産業システムアプローチによる研究は上野（2018）である。上野（2018）は同じ金属加工技術集積地域である新潟県の燕地域と三条地域を比較研究し，燕地域が「独立企業型システム」から「中小企業ネットワーク組織と大企業との連携型産業システム」（以下，「中小企業ネットワーク組織連携型産業システム」という。）へ再編されたことを明らかにした。「中小企業ネットワーク組織連携型産業システム」は「独立企業型システム」と「地域ネットワーク型産業システム」の中間に位置づく地域産業システムの形態であり，中小企業ネットワーク組織と大企業が連携することによって，中小企業ネットワーク組織に参加する中小企業が新しい案件の受注に対応することで技術力や品質を高め，自律的発展が果たされるものである。しかし，燕地域における産業システムの再編は商工会議所のガバナンスによって果たされたため，中小企業ネットワーク組織のマネジメントと地域産業システムとの関係が明らかではなかった。

　「独立企業型システム」は，中小企業と大企業の取引関係を広く捉えられており，中村（1983）が指摘する「垂直的統合」と「社会的分業」の中間形態として「準垂直的統合」を含む。「準垂直的統合」とは大企業と中小企業の支配従属関係において，中小企業が大企業の調整政策の対象となっている生産形態のことである（中村，1983，p.8）。「準垂直的統合」形態から中小企業ネットワーク組織と大企業の連携する形態に再編されるプロセスを明らかにすることにもつながると考える。

　そこで，本研究のリサーチクエスチョンは「中小企業ネットワーク組織における組織外部のマネジメントはいかに地域産業システムの再編に影響しているか」と設定する。結論を先取りすれば，中小企業ネットワーク組織である京都試作ネットのマネジメントによって，なぜ京都の試作加工機能集積地域（以下，「京都試作地域」という。）の産業システムは「独立企業型システム」から「中小企業ネットワーク組織連携型産業システム」に再編されたのかというプロセスを明らかにする。本稿における組織外部のマネジメントとは，中小企業ネットワーク組織が共通理念を基礎として地域諸アクターである組織外部の関係性を構築し，中小企業の自律的発展を実現するために必要な経営資源の獲得や効率的活用を目指す活動のことを指す。

　本研究の対象地域である京都試作地域は，京都市中京区以南から京都府山城北

部(宇治市,城陽市,久御山町)までを範囲とする。京都試作地域は,伝統産業だけではなくハイテク産業を支える機械金属工業が盛んとなっている。京都試作地域におけるハイテク産業の特徴は,独立系ハイテク大企業が独自の技術力を強みにグローバルなニッチ市場を切り拓いてきたことである。ハイテク大企業を支えてきたのは,下請関係を形成してきた中小企業である。中小企業で構成された京都試作ネットの参加企業は京都試作地域に多く集積している(図1)。

本研究は文献調査および,京都試作ネットの参加企業である中小企業6社,公益財団法人京都産業21(以下,「京都産業21」という。)を対象にしたインタビュー調査を2012年5月および2017年10月に実施した(表1)。なお,混乱を避けるために本稿における京都試作ネットは,2001年から2016年の任意団体京都試作ネットと2016年以降の一般社団法人京都試作ネットを指す。

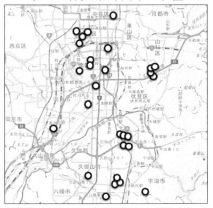

図1 京都試作地域における京都試作ネット所属企業(本社)の位置

(出所)地理院地図,各本社住所より筆者作成

表1 インタビュー調査先一覧

企業名・ご対応者	資本金	従業員数	インタビュー調査日時
京都試作ネット初代・4代目代表理事企業	㈱最上インクス 取締役営業事業統括グループ長 鈴木 達也 氏、安松 明日香 氏 試作事業統括グループ 管理チーム	4,600万円	153名	2012年5月14日 13:00-14:00
京都試作ネット参加企業	㈱衣川製作所 代表取締役 衣川 隆文 氏	2,000万円	23名	2012年5月15日 10:00-11:00
京都試作ネット2代目代表理事企業	HILLTOP㈱ 代表取締役副社長 山本 昌作 氏	3,600万円	120名	2012年5月23日 10:00-11:00
京都試作ネット3代目代表理事企業	㈱クロスエフェクト 代表取締役 竹田 正俊 氏	1,000万円	22名	2012年5月29日 10:00-11:00
京都試作ネット参加企業	A社 取締役 B氏	1,000万円	90名	2017年10月16日 10:00-11:00
京都試作ネット参加企業	JOHNAN㈱ 代表取締役社長兼CEO 山本 光世 氏	9,500万円	672名	2017年10月20日 10:00-11:00
支援機関	(公財)京都産業21 連携推進部部長 森西栄治氏、連携推進部企業連携グループ主幹 内田 眞人氏	--	--	2012年5月10日 13:30-14:40

(出所)インタビュー調査をもとに筆者作成(資本金・従業員数はインタビュー調査時)

3 実証研究

3.1 京都試作ネットの結成に向けた動きと独立企業型システムの解体

かつて京都試作地域の産業システムは独立企業型システムであった。京都試作地域は,下請制度が主流となっており,大企業と中小企業が「準垂直的統合」形

態をとり，下請関係という産業の構造を形成していた。1982年頃にはインタビュー調査によると㈱最上インクスがオムロン㈱や㈱村田製作所の下請を[注1]，HILLTOP㈱が自動車メーカー1社の孫請を[注2]していたという。

　しかし，「準垂直的統合」による経営を採用していた大企業の一部はグローバル競争の激化や円高によって，海外生産の拡大や外注管理の合理化を進め，中小企業との下請関係を協力企業という形で再編し始めた。下請関係の再編をうけて，中小企業は脱下請を求められ，事業継続に対して危機感を覚えた。そこで，京都試作地域における中小企業の有志は，脱下請を目指し，「自主自立」を目指す組織として京都機械金属中小企業青年連絡会（以下，「機青連」という。）を1982年に結成した。この機青連の発足には中村（2008）によると，京都府中小企業振興公社（現・京都産業21）の支援が入っていたという。機青連はA社B氏によると運営理念として「育とう，育てよう，育ち合おう」を掲げ，脱下請を目指す中小企業の共同意識を芽生えさせた。

　1990年頃になるとプラザ合意による円高やグローバル競争のさらなる激化などによって，大企業が下請関係をさらに再編・解体し，中小企業の自律的発展はますます課題となっていた。この課題を解決するために，機青連に所属した中小企業の有志は京都府中小企業振興公社の森西栄治氏に相談し[注3]，1992年1月から「ドラドラ会（経営研究会）」というドラッカーの経営哲学を学ぶ研究会をはじめた。その後，研究会は1997年に「未来企業の会」と形を変え，99年11月例会において，「強者連合」（自社の強みを明確に発揮できる企業の連携）として「ネットワークによるバザール形成」が参加企業から提案された[注4]。その後，2000年に「新未来企業の会」と名称を変え，2000年12月例会において，山下晃正氏（当時・京都府商工部産業推進課課長）らを交えて，「京都の南部地域をシリコンバレーのように新しい産業をどんどん作って商売ができる地域にしたい」という「京都ＩＴバザール（仮称）」構想が話し合われた[注5]。そして，2001年に「サポートインダストリネットワーク研究会」として京都府産業推進課，京都府中小企業振興公社，㈱システムディを事務局に京都試作ネットの発足に向けた準備を進めた[注6]。京都試作ネットの発足には，企業が社会に貢献することではじめて顧客が生まれるという「顧客の創造」（Drucker, 1954）から学びを得て，社会貢献として共通理念である「京都を試作産業の一大集積地にする」という共通理念が基礎になった。

3.2 京都試作ネットのマネジメントによる地域産業システムの再編
(1) 京都試作ネットによる広域受注体制の構築と参加企業の共同的自律的発展

京都試作ネットは，京都試作地域を中心とした主に機械金属加工に取り組む中小企業が集まり，2001年に結成された中小企業ネットワーク組織である。京都試作ネットは「試作に特化したソリューション提供サービス」を専門とし，試作開発案件をウェブサイトで受け，参加企業の技術力やノウハウをもとに解決している。特に京都試作ネットではスピードが重視され，「2時間レスポンス」というルールを徹底し，案件を受注すると情報システムを通じて参加企業に配信され，受注の意思を決めた企業が2時間以内に回答をする。参加企業は受注を始めた頃，自社で対応できない技術相談が多く，後述の㈱衣川製作所のように案件に対応することで自らの技術力を伸ばした。

2006年に山本昌作氏（HILLTOP㈱）が代表理事（2代目）になると，京都試作ネットは常任理事体制に移行し，企画部，営業部，組織部が新たに作られた（京都試作ネット，2011，p.15）。参加企業の顧客共有や共同による営業活動を実施し，参加企業は主体性が高まり，広域的な受注体制を構築していった。

(2) 京都試作プラットフォームを契機とする京都試作ネットと大企業の連携

京都試作ネットが広域的な受注体制を構築したことを事例に，京都府では「新京都ブランド」として試作産業の振興をはじめた。2004年3月に京都産業21が実施した「試作産業可能性調査」の結果を受けて，2005年に京都試作産業推進会議が発足し，京都府内に行政主導で9つの中小企業ネットワーク組織が設立され，京都試作ネットを含め京都試作プラットフォームが結成された（表2）。2006年にはサポートインダストリー研究会からのつながりである山下晃正氏を中心に中小企業の自主自立を支援するために，京都に所在するハイテク大企業や金融機関など27社に出資が呼びかけられ，京都試作センター㈱が発足した（表3）。京都試作センター㈱の役割は，京都試作産業プラットフォームの中核組織として主に大企業の試作案件を各グループに仲介するものであった。

しかし，2016年になると，京都試作センター㈱と京都試作ネットは顧客視点から同じ受注機能のように見え，混乱が生じていたという[注7]。そこで，代表理事（3代目）の竹田正俊氏（㈱クロスエフェクト）は顧客の混乱を避けるために，京都試作ブランドの統一を目指し，9つの試作グループを京都試作ネットに統合

表2　試作グループ一覧

グループ名	企業数	試作分野
京都試作ネット	20社	機械金属加工
京都でんか試作ねっと	7社	電気関係
アルフォース	9社	アルミ加工
京都せんい試作ねっと	5社	繊維・縫製加工関係
京都制御ソフト工場	11社	制御システム関係
北京都大物試作ネットワーク	11社	大型機械加工、プラント
京都伝統工芸試作ねっと	11社	伝統工芸関係
洛中千織－新工芸試作－	4社	伝統工芸関係
丹後試作隊	10社	機械金属加工
京都治具ソリューションネット	9社	治具・自動機関係
10グループ	97社	

（出所）京都産業21『平成23年度事業報告書』p.37, 表52「試作パートナー企業グループの状況」より筆者作成

表3　㈱京都試作センター株主一覧（2015年）

企業名	所在地	資本金	従業員数
オムロン株式会社	京都市	641億円	36,008人
京セラ株式会社	京都市	1,157億300万円	70,153人
株式会社島津製作所	京都市	約266億円	11,528人
株式会社村田製作所	長岡京市	693億7,700万円	59,985人
京都信用金庫	京都市	124億円（出資金）	1,714人
京都中央信用金庫	京都市	208億円（出資金）	2,621人
株式会社京都銀行	京都市	421億円	3,630人
株式会社SCREENホールディングス	京都市	540億円	5,422人
村田機械株式会社	京都市	9億円	6,730人
京銀リース・キャピタル株式会社	京都市	1億円	--
大阪ガス株式会社	大阪市	1,321億6,666万円	20,762人
関西電力株式会社	大阪市	4,893億円	21,314人
京都北都信用金庫	宮津市	104億1,900万円（出資金）	716人
株式会社ジーエス・ユアサコーポレーション	京都市	330億円	14,710人
星和テクノロジー株式会社	京都市	5,000万円	27人
ダイキン工業株式会社	大阪市	850億3,243万6,655円	67,036人
西日本電信電話株式会社	大阪市	3,120億円	4,400人
ニチコン株式会社	京都市	142億8,600万円	5,183人
日新電機株式会社	京都市	102億5,284万円	4,852人
NISSHA株式会社	京都市	101億1,979万円	5,198人
日本電産株式会社	京都市	877億8,400万円	107,062人
株式会社堀場製作所	京都市	120億1,100万円	7,149人
ローム株式会社	京都市	869億6,500万円	21,308人
株式会社イシダ	京都市	9,963万円	3,451人
株式会社日進製作所	京丹後市	8億5,000万円	838人
株式会社最上インクス	京都市	4,600万円	153人
サムコ株式会社	京都市	16億6,368万円	165人

（出所）京都試作センター㈱ウェブサイト「会社概要」を参考に各社ウェブサイトから筆者作成（2017年12月13日参照）

した。また，京都試作センター㈱が中小企業の自主自立を掲げて設立されていたため，京都試作ネットは同社の筆頭株主になることを決めた。筆頭株主になるためには法人化する必要があり，一般社団法人京都試作ネットは誕生した。

　京都試作センター㈱は竹田正俊氏が代表取締役を引き継ぎ，京都試作ネットの参加企業で運営されることになった。しかし，京都試作センター㈱の機能は大手企業を中心とする27社の株主群を背景とした顧客への信用担保という点で従来と変わらない。発注企業は，京都試作ネットを通すと個別の中小企業と口座を開設することになるため，信頼関係が形成されていなければ口座開設が困難な場合がある。一方，京都試作センター㈱を通すことによって発注企業の担当者は株主群を根拠に上司に口座開設の説明がしやすいという[注8]。

　京都試作地域は京都の試作加工機能を求めて，2010年にLG Japan Lab㈱の京都研究所（京都市）が，2012年にHaier社の関連会社の研究開発センターが設置された。Haier社の研究開発センターは京都試作ネットと製品を共同開発するという実績があった。Haier社にとって高い技術力や豊富なノウハウによる試作開

発機能をもつ中小企業を外部資源として活用することは，競争優位性を獲得するうえで重要な位置づけとなっている（京都産業21，2013）。

行政主導による京都試作プラットフォームの展開は，ドラッカーの勉強会やサポートインダストリー研究会からの京都府や京都産業21との関係性をもとに，京都試作ネットの広域受注体制の構築に影響を受けて誕生したといえる。京都試作地域は，中小企業の共同的自律的発展を実現する地域的制度のさらに広がり，中小企業ネットワーク組織連携型産業システムが形成された。

3.3　京都試作ネットにおける国際化対応と地域産業システムの強化
（1）ハードウェアテックスタートアップ支援を通じた地域産業システムの強化

京都試作地域における中小企業ネットワーク組織連携型産業システムは中小企業の国際化対応に向けてさらに強化された。2015年になると京都試作地域は国際的なハードウェアテックスタートアップ（以下，「HS企業」という。）の試作段階を担う仕組みが作られた。A社B氏によれば，展示用試作（単品）段階と量産化試作段階の間には壁があり，設計や生産手法が変化する量産化試作段階になると中国でうまく対応できていないという。量産化試作段階はすり合わせの技術が求められることや3Dプリンターの開発までに時間を要するという仮説から，世界における日本のものづくりが生き残る1つの方向として認識しているという[注9]。

京都試作ネットは，量産化試作段階の相談受付や試作品製造の請負をすることを目指した。竹田正俊氏は，フューチャーベンチャーキャピタル㈱に所属していた牧野成将氏，ベンチャー企業を複数創業している藤原健真氏と共に㈱Darma Tech Labsを2015年に設立した。㈱Darma Tech Labsは，Makers Boot CampというHS企業が乗り越えることの難しい「死の谷（デスバレー）」と呼ばれる量産化試作段階の問題についてサポートすることを目的にしている。

㈱Darma Tech Labsが設立したMBC Shisaku 1号投資事業有限責任組合（以下，「MBC組合」という。）は，京都試作ネットと関係を持っている。MBC組合は日本・北米・欧州におけるアーリーステージのHS企業を対象に，IoT，ロボティクス，センシングなど9分野を重点投資領域としており，㈱京都銀行，DMG森精機㈱，㈱ゆうちょ銀行など20億円規模のファンドを組成した。MBC組合の投資要件には，HS企業に出資した金額の50%を京都試作ネットの参加企業に発注するということが設定されている。つまり，HS企業と京都試作ネットの参加企

業の双方が新たな技術開発や製品開発を学ぶことができるスキームとなっている。特に案件はガジェット系が多いために，IoTに関する学びのチャネルになっているという[注10]。

（2）京都試作ネットを通じた参加企業の国際化対応

2017年になると4代目代表理事に就任した鈴木滋朗氏（㈱最上インクス）のもと，京都試作ネットは，大企業のサポートインダストリーだけではなく，世界最先端のHS企業を支えることを通じて中小企業の国際化対応を進めている。案件数は2017年現在，京都・大阪などが半数を占め，その他東京からの受注が多く，海外からの受注が月1件程度であるという[注11]。また，参加企業のうち，海外取引をしているものは6社程度であるという[注12]。京都試作ネットの部署であるグローバル・マーケティング部は参加企業が海外企業と取引関係を結ぶことを目標に掲げ，海外と取引したい積極的な企業をプッシュする方向で進めている。

4．京都試作ネットへの参加を通じた中小企業の自律的発展

本章では，京都試作ネットへの参加によって自律的発展をしている中小企業の事例を紙幅の限り紹介する。

平野（2017）によれば，㈱名高精工所は量産型企業であったが，精密部品の開発試作から量産までに対応している（平野，2017，p.60）。

㈱衣川製作所は，平野（2017）においても紹介されているが，京都試作ネットを通じて未経験な材質や形状の受注に対応し，従来受けたことがない医療機器メーカーからの開発案件を受注し，新たに医療機器分野に進出した[注13]。

もともと自動車メーカー1社の孫請であったHILLTOP㈱は，小ロットのアルミ切削加工システムを構築し，国内のみならず，カリフォルニア州南部に現地法人を設立し，シリコンバレーからのイノベーションを具現化しようとしている。山本（2018）によれば，2008年から2018年までで売上高（23億3,281万8,000円），社員数（151名），取引社数（3,460社）が右肩上がりとなっている。

ハイテク大企業の下請企業であったJOHNAN㈱は，製品の試作から量産化試作，量産，販売，メンテナンスまでを一貫して支援する「ものづくりサービス」を提供するようになり，HS企業や海外案件にも対応し始めた。

5．結論と意義

　本研究は「中小企業ネットワーク組織における組織外部のマネジメントはいかに地域産業システムの再編に影響しているか」という問題をめぐり，中小企業ネットワーク組織のマネジメントと地域産業システムの関係を動態的に捉えた。この結果，中小企業ネットワーク組織である京都試作ネットのマネジメントによって京都試作地域の産業システムは大企業と中小企業の下請関係を形成する独立企業型システムから中小企業ネットワーク組織連携型産業システムに再編されたことが明らかになった。

　この再編プロセスは，図2のとおりであった。大企業による下請関係の再編・解体という産業の構造変化にともない，中小企業は自律的発展が求められ，危機意識が芽生えた。自律的発展を志向する中小企業の有志は，機青連の結成による共同意識の醸成，それを素地とする研究会の実施，研究会をもとにした共通理念の設定によって京都試作ネットを結成した。京都試作ネットは京都試作地域に中小企業の共同的自律的発展を実現する地域的制度を生み出し，機青連時代からつながりがある行政機関や支援機関に影響を与えた。行政機関や支援機関は京都試作プラットフォームを構築し，京都試作地域の制度が広がりをみせ，さらに案件を受注する仕組みを拡大した。その後，京都試作ネットは試作グループの統合，京都試作センター㈱の筆頭株主になり，京都に所在する大企業との連携を促し，中小企業ネットワーク組織連携型産業システムを形成した。さらに，京都試作ネットはMBC組合との関係性を構築し，HS企業の量産化試作段階を担う仕組みをつくり，世界とのつながりを形成した。

　つまり，中小企業は中小企業ネットワーク組織を結成し，組織内外のマネジメントによって地域産業システムの再編を担う主体になる。中小企業は，図2を参考にすると②産業の構造変化によって，③危機意識を持ち，④共同意識の醸成，⑤⑥共通理念をもとにした中小企業ネットワーク組織の結成，⑦⑨中小企業の共同的自律的発展を実現する地域的制度の形成と拡大，⑪地域産業システムの強化に取り組む。そのプロセスにおいて地域産業システムは再編されるのである。

　中小企業存立論において，中小企業と大企業の取引関係は「垂直的統合」と「社会的分業」の中間分野として「準垂直的統合」が指摘されていた。本研究によっ

図2　中小企業ネットワーク組織のマネジメントと地域産業システム再編の因果関係図

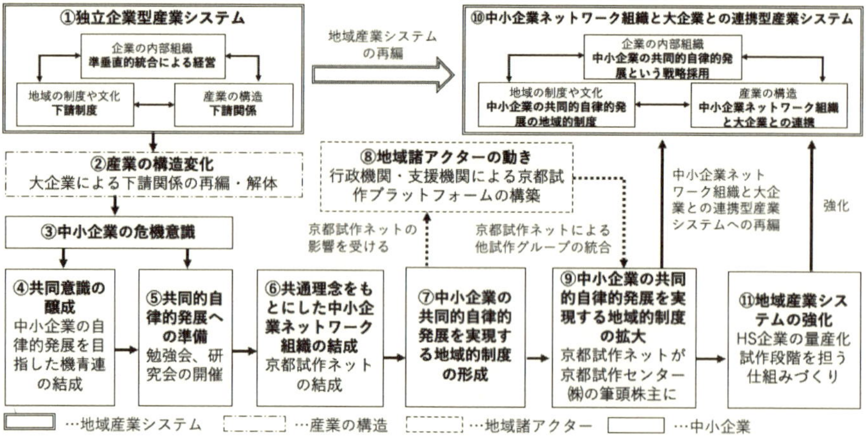

（出所）筆者作成

て「準垂直的統合」と「社会的分業」の中間分野として「中小企業ネットワーク組織と大企業の連携」が位置づけられる。これは中小企業ネットワーク組織に所属する中小企業と大企業が支配従属関係ではなく対等関係であり，中小企業の案件受注を通じた技術力や品質の向上，経済環境変化への柔軟な対応が可能となる。

　なお，本研究は中小企業の自律的発展に着目したものであり，製造品出荷額等や従業員数といった各企業の量的成長を把握することを主眼としていない。京都試作ネットは中小企業ネットワーク組織において円滑な連携がされている有名な事例である。そのため，個別企業の量的成長については今後の課題としたい。

（謝辞）
　本研究を進めるにあたり，ご協力いただいた企業・支援機関の皆様，貴重なご意見をいただいた先生の皆様，査読者の皆様に対し，厚く御礼を申し上げます。

〈注〉
1　㈱最上インクスへのインタビュー調査より
2　HILLTOP㈱へのインタビュー調査より
3　上記1に同じ

4　未来企業の会11月例会，http://morinish.sakura.ne.jp/Future/991126/991126_3.htm，2018年6月24日閲覧
5　New 未来企業の会12月例会，http://morinish.sakura.ne.jp/NewFuture/001213/001213_2.htm，2018年6月24日閲覧
6　（公財）京都産業21へのインタビュー調査より。また，「サポートインダストリーネットワーク研究会」（第1回）議事録（要約），http://morinish.sakura.ne.jp/NewFuture/010207/index.html，2018年6月24日閲覧
7　A社B氏へのインタビュー調査より
8　上記7に同じ
9　JOHNAN㈱へのインタビュー調査より
10　上記9に同じ
11　上記9に同じ
12　上記9に同じ
13　㈱衣川製作所へのインタビュー調査より

〈参考文献〉
1　Drucker.P.F（1954年），*The Practice of Management*，Harperbusiness，〔上田淳生訳（2006a年），『現代の経営［上］』，ダイヤモンド社；上田淳生訳（2006b年）『現代の経営［下］』，ダイヤモンド社〕
2　Saxenian,A.（1994年），*Regional Advantage: Culture and Competition in Silicon Valley and Route 128*，Harvard University Press，〔山形浩生・柏木亮二訳（2009年），『現代の二都物語－なぜシリコンバレーだけがハイテク新興企業を次々生み出せるのか，なぜ日本には"シリコンバレー"ができないのか』，日経BP社〕
3　Schumpeter.J.（1926年），*Theorie der Wirtschaftlichen Entwicklung,2*，〔塩野谷祐一・中山伊知郎・東畑精一訳（1977a年）『経済発展の理論-企業者利潤・企業・信用・利子および景気の回転に関する一研究〈上〉』，岩波文庫；塩野谷祐一・中山伊知郎・東畑精一訳（1977b年）『経済発展の理論—企業者利潤・企業・信用・利子および景気の回転に関する一研究〈下〉』，岩波文庫〕
4　池田潔（2006年），「中小企業ネットワークの進化と課題」『新連携時代の中小企業』，同友館
5　池田潔（2012年），『現代中小企業の自律化と競争戦略』，ミネルヴァ書房
6　植田浩史（2004年），『現代日本の中小企業』，岩波書店
7　上野敏寛（2018年），｢燕・三条における金属加工技術集積地域の動態的実証研究：産地構造分析から地域産業システム研究へ｣『龍谷政策学論集』第7巻第1／2合併号，pp.119-136
8　小川正博（2000年），『企業のネットワーク革新—多様な関係による生存と創造』，同文舘出版
9　京都産業21（2013年），『クリエイティブ京都』No.88

10　京都試作ネット（2011年），『京都試作ネット10周年記念誌―瓢箪から駒』
11　関智宏（2011年）「連携を通じた中小企業の「自律化」―アドック神戸をケースとして」『現代中小企業の発展プロセス―サプライヤー関係，下請制，企業連携―』，pp.85-109，ミネルヴァ書房
12　中村精（1983年），『中小企業と大企業』，東洋経済新報社
13　中村智彦（2008年）「地域経済振興と中小企業連携グループ活動--京都機械金属中小企業青年連絡会の二十年と，グループ内共同受注グループの活動についての考察より」『神戸国際大学経済経営論集』第28巻第1号，pp.15-29，神戸国際大学学術研究会
14　中山健（2001年），『中小企業のネットワーク戦略』，同友館
15　中山健（2017年），「企業のネットワーク組織とその特質」『21世紀中小企業のネットワーク組織―ケース・スタディからみるネットワークの多様性』pp.1-33，同友館
16　平野哲也（2017年），「中小企業のネットワーク組織における企業発展と学びのシステム―京都試作ネットのケース」『21世紀中小企業のネットワーク組織―ケース・スタディからみるネットワークの多様性』pp.52-65，同友館
17　水野由香里（2015年），『小規模組織の特性を活かすイノベーションのマネジメント』，碩学舎
18　山本昌作（2018年），『ディズニー，NASAが認めた遊ぶ鉄工所』，ダイヤモンド社

(査読受理)

中小企業の成長とゆらぎ
― ある和裁企業のケースから ―

広島修道大学　木村　弘

1．はじめに

　本論文は，中小企業の成長とゆらぎについて，ある和裁企業の経営から考察するものである。和裁は市場規模が縮小傾向にあることに加えて，専門能力の高い和裁士に依存する。不安定な経営環境のなかにあって，変動する仕事量を効率的にこなしていくのは容易ではない。一方で中小企業の特長として，小規模ゆえにひとたび経営にまとまりが出ると，組織が強烈なインパクトを持ち始めることがある。また，人材面での差異化が重要と言われ，中小企業は社員の職務範囲が曖昧なことも多く，複数の職務を担当しながら「多能工」のように育ち，組織にとって不可欠な存在に成長する。

　これまでに筆者も，企業経営の根幹になる経営理念について，創業者の存在と社員の成長に注目して考察した[注1]。経営理念の策定は企業の経営を盤石なものにしたり，社員との関係性を良好にしたりするため重要になる。経営者が提示する経営理念は企業に一貫した方向性を与え，社員に行動の安心感をもたらす。その結果，社員は高い能力を習得し，個人の成長も実現する。安心して働くことができる社内では，相互のコミュニケーションも活発化する。社員の職住は近接的であり，個人にあったワークライフバランスを実現しやすい効果もある。

　本論文では，不安定な経営環境のもとで，専門性の高い社員を柔軟に活用しながら経営活動を展開する和裁企業から，企業成長とゆらぎについて考察する。今回取り上げる和裁業を営む中小企業は，どの地域にも存在する中小企業のひとつである[注2]。経営理念を定めて活発に経営活動をしている中小企業においても，企業内に不安定なゆらぎが発生し，それを克服しながら経営を展開している。本論文では，こうした中小企業の成長とゆらぎについて考察する。

2．中小企業の経営とゆらぎ

（1）市場縮小と中小企業の経営

和裁は反物から和服（呉服）を縫製することで成り立っている。図1にみるように，国内の呉服市場は縮小傾向にある。バブル期には約2兆円あった市場は，2016年には3,000億円を下回っている。個人で購入するよりもレンタル品で済ます顧客も多く，全体的な需要減少に加えて，比較的に低価格で縫製しなければならない状況にある。

図1　呉服小売市場規模推移

出所）矢野経済研究所（2017年）より。

和裁業界では，1990年頃から海外縫製が盛んに行われてきた。国内市場が縮小するなかで，より低コストで生産活動をすることが主な理由であった。市場規模が縮小する中での企業経営は，環境適応を自ずと強く意識することになる。これは社員（多くが和裁士）も同様であり，日本文化を脈々と継承している自負心とともに，将来にわたってどこまで仕事が残るのか不安を抱えている。

こうした意味で和裁企業では企業家的活動が重要になる。経営環境適応を常に模索するからである。黒瀬（2012）は企業家的活動の展開ができないため，経営上の強みがなくなることを，経営環境への非適応型の企業として指摘している（黒瀬，2012，p.416）。また，経営資源の制約が多い中小企業の環境適応について，

国内外のネットワーク活動が注目されてきた。中山（2001）は国際ネットワークとして海外展開について論じ，太田（2011）でもグローバル・ネットワークが取り上げられている。中小企業のネットワークを考察する際の留意点については，池田（2012）に詳しい。基本的な考え方として，単に他社と組めばよいわけではなく，自社の複数要素からなるケイパビリティの構築が求められる。

（2）ゆらぎと組織

中小企業では経営者と社員の距離が近いこともあり，組織の一体感が増強されやすい一方で，組織内の小さな問題が全社的に広がりやすく，企業全体を揺らがす事態になりやすい側面がある。こうした組織がぐらつく状態はゆらぎとして議論されてきた。

野中（1985）は，適応力のある組織はたえず組織内に変異，混沌，緊張，危機感などを内発させ，組織に多様性を発生させていると指摘している。こうした多様性，迷い，ランダムネス（不規則な変化），あいまい性，不安定性などを「ゆらぎ」としている。組織が進化するために，不均衡にしておくためである（野中，1985，p.134）。加護野（1986）では，これらを「ゆさぶり」として議論している。企業において変化の土壌となる，問題，矛盾，緊張，危機などの不安定状態の創造と増幅のことで，経営者が戦略的に引き起こすとされる（加護野，1986，pp.218-219）。これらの行為体系が組織内で繰り広げられる。組織は複数の認識活動から成立し，協働において相手を「見分け」，何を期待されるかを「知り」，どのような行動をすべきか「考え」たりする（加護野，1986，p.228）。

今田（2005）は，ゆらぎを「ものごとの基盤をぐらつかせ危うくする要因のことを意味し，既存の発想や枠組みには収まりきらない，あるいはそれでは処理できない現象」（今田，2005，p.19）とした。さらに，ゆらぎを通じて組織が次第に均衡化する現象について，協同現象論のアプローチから「シナジェティクスな自己組織化」として議論した（今田，2005，p.19）。これには個々人のリフレクション（自省作用）を必要とし（今田，2005，p.38），神戸製鋼所ラグビー・チームの7連覇の背景には，協同（協働）によって創造活動を展開する「個」が優先されると議論している。

個人が組織に完全にコミットメントするかには留意する必要がある。太田（1993）は組織と個人の関係についてプロフェッショナルの視点から議論し「間

接的統合」の概念を提唱している。和裁士の働き方は個人的であることも特徴であり、職人的な社員は独立的な働き方を指向する傾向にある。以降論じるケース企業でも、自立した個人を目指した人づくりを志向しており、在宅勤務の和裁士が一定数存在する。これが間接的統合としてゆらぎの要因にもなっている。

　富永（1997）は組織の中の個人をミクロとマクロの視点から考察し、組織の中で個人の行動について論じられている。木村（2015）は、実際の企業経営をふまえた組織と個人の関係を図2のように示した。経営活動の根幹になる経営理念自体は重要であるが、必要条件であってそれだけで好業績をあげるわけではない。理念が組織として機能するには、個人が理念をどう解釈して「気づき」を得て、それを行為として結び付けられるかが重要となる。

図2　気づきによるミクロ-マクロの強化

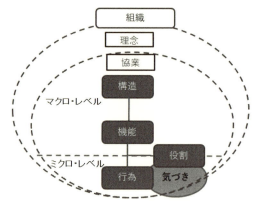

出所）木村（2015），p.55より。

3．企業成長の基盤となる人づくり

（1）企業概要：勝矢和裁（広島市）
①概要
　勝矢和裁は広島市の中小企業である。事業内容は和服縫製とプロの和裁技能士養成である（表1）。同社が扱う和服縫製は一品生産で機械化が難しく、和裁士の技術に依存する度合いが高い。企業の経営理念は「私たちは夢と誇りを持ち、

お客様の安心・信頼・ご満足にお応えし，共に幸せになります」である。企業の教育理念は「一針一心」である。行動ポリシーは「高度な技術力，和服のプロとしての意識，指名制度，どんな要望にも応える」を掲げている。そして，創業の精神は「女性の自立，自分の腕一つで食べていける人になる」である。主要な取引先は大手のナショナルチェーン（NC）店や有名デパート，専門店，問屋である。現在はベトナムのホーチミン市に子会社工場を展開している。

　和裁縫製事業の流れを図3に示す。まず，個人や大手NC着物販売企業から呉服屋や問屋が反物を預かる。次に，勝矢和裁のような縫製会社が反物から着物に仕立てる。この際に和裁士が主要な仕事を担う。着物を仕立てた後，呉服屋や問屋に納品し最終的に個人やNCへ還流する。一般には知られる機会が少ないが，勝矢和裁は和裁士の輩出数が日本有数である。日本一に認定された社員が8人（各大会の合計）いるのが同社の強みである。

表1　勝矢和裁の概要

所在地	広島市西区
創業	1982年（昭和57年）
事業内容	和裁縫製・プロ和裁士技能士養成（ベトナム（ホーチミン）工場）
従業員	33名（和裁士16名）（2016年時点）
主要取引先	ナショナルチェーン店，有名デパート，専門店，問屋
経営理念	「私たちは夢と誇りを持ち，お客様の安心・信頼・ご満足にお応えし，共に幸せになります。」
ポリシー	①高度な技術力，②和服のプロとしての意識，③指名制度，④どんな要望にも応える
教育理念	一針一心
創業時の目標	①日本一の和裁士を輩出，②社屋を建てる，③感謝の会を開く

出所）ヒアリングより筆者作成。

図3　和服縫製事業の流れ

出所）筆者作成。

縫製企業の競争優位性を発揮するポイントは反物から着物に仕立てていく際の職人的な技能である。和裁士は反物の質や柄を見て，見栄えの良い着物にするにはどう裁断して仕立てればよいのかを判断する。例えば，顧客から顔回りをすっきりと見せたいという要望があった場合，反物の無地部分を襟のあたりに使用するようにする。反対に，柄の部分を有効活用して華やかに仕立てて欲しいという要望にはそれに応えていく。特に指示がない場合は，和裁士のセンスによって着こなした時の美しさをイメージして裁断作業に入る。着物の完成イメージが決まると実際に反物を裁断し，その後，ひと針ひと針を人手による縫製作業に入る。ベテランの和裁士でも2日間かかる作業である。

②沿革

勝矢和裁の沿革を表2に示す。勝矢和裁の創業は1982年である。同社の起源は和裁士養成学校で，現在も自社を「和裁大学」というほど，技能習得に力を入れている。「給料をいただきながら，手に職を付けられる」と謳っている。創業は先代経営者夫妻と生徒18名によるスタートだった。1984年には，全国和裁コンクール3位に入賞し，仕事でも大手NC店との取引が開始され，仕事が安定した。1985年，法人化（有限会社）し現在の社名となった。

同社の人づくりはとどまることを知らず，1988年には全国和裁コンクール優勝（内閣総理大臣賞受賞）を成し遂げている。1990年も全国1級技能士グランプリで優勝している。この頃から，毎年上位入賞者を輩出するようになり，仕事量も常時フル生産を維持できるようになった時期である。

1992年は会社設立10周年を迎え，創業から尽力してきた社員や卒業生たちと祝うことができた。しかし翌年，創業者の夫である初代経営者が急逝し，経営者を妻（先代経営者）が引き継いだ。この年の3月にも，全国1級技能士全国大会で銀メダル，6月に全国和裁コンクール優勝（内閣総理大臣賞）を受賞している。1996年にも全国和裁コンクール優勝（内閣総理大臣賞）を受賞，1999年は広島県職業能力開発協会表彰（技能振興）を受けた。

2000年になっても，全国技能五輪大会で優勝，2001年には，全国1級技能士グランプリ銀メダルを2名，広島県知事表彰（技能振興）を受けるに至った。2003年に株式会社化して企業体制を強めた。同年，全国技能五輪大会銀賞を受賞，技能振興で長年の功績が認められ，模範となる事業所として厚生労働大臣表彰（技能振興）を受けた。2007，2008年も受賞を重ねている。

2010年に現在の所在地に本社を移転。同年は全国和裁コンクールで6位になった。2011年，第26回技能グランプリ銅メダル，2013年は第27回技能グランプリで金メダル（内閣総理大臣賞）を受賞した。2015年にも，第28回技能グランプリで銀メダルを受賞している。勝矢和裁の歴史は人づくりの歴史でもある。

表2 企業沿革

年	内容（経営・人づくり中心）
1982年3月	勝矢和裁学院設立（生徒18名）
1984年6月	全国和裁コンクール3位入賞，大手ナショナルチェーンと取引開始（経営安定）
1985年2月	法人化，有限会社設立（初代経営者就任）
1986年2月	自社ビル完成
1988年3月	全国和裁コンクール優勝（内閣総理大臣賞）
1990年3月	全国和裁1級技能士グランプリ優勝
1992年3月	設立10周年祝賀会
1993年2月	初代経営者逝去
1993年3月	先代経営者就任，全国1級技能士全国大会銀メダル受賞
1993年6月	全国和裁コンクール優勝（内閣総理大臣賞）
1996年6月	全国和裁コンクール優勝（内閣総理大臣賞）
1999年11月	広島県職業能力開発協会表彰（技能振興）
2000年11月	全国技能五輪大会優勝
2001年11月	全国1級技能士グランプリ銀メダル（2名），広島県知事表彰（技能振興）
2003年9月	株式会社化し組織強化
2003年10月	全国技能五輪大会銀賞受賞
2003年11月	厚生労働大臣表彰（技能振興）
2004年10月	本社移転（広島市内間）
2007年3月	第23回技能グランプリ金メダル受賞
2007年10月	全国技能五輪大会銅賞・敢闘賞受賞
2008年10月	業界初でISO9001を取得，全国技能五輪大会銅賞・敢闘賞受賞
2010年3月	本社を現在地に移転（広島市内）
7月	全国和裁コンクール6位
2011年3月	第26回技能グランプリ銅メダル受賞
2013年2月	第27回技能グランプリ金メダル受賞（内閣総理大臣賞）
	第28回技能グランプリ銀メダル受賞
2015年2月	現経営者就任

出所）企業資料より筆者作成。

図4　5年間の人材育成

和裁士として必要な技能を習得		より高い技能を身につける		独立可能
				和裁士
				5年目
			4年目	
		3年目		社員としても勤務可能
	2年目			
1年目				
国家技能検定3級	国家技能検定2級			

出所）勝矢和裁ホームページより作成。

（2）社員育成カリキュラム
①独立を目指した能力開発

入社後の人材育成の考え方は「学校」時代のカリキュラムが基軸になっている。基本的に，入社して5年後には和裁士として一人前になって独立をしてもらう（図4）。同社の商品は和裁士の腕で品質が決まるため，和裁士ひとりひとりの技能向上は必須である。具体的な資格取得は最初の2年間でほぼ決まってしまう。逆に，こうしたプレッシャーも良い効果があるといえる（表3）。

表3　資格取得の流れ

資格と証書 1年目	技能照査	試験内容：実技，学科
	国家技能検定3級	入社10カ月で受検，試験内容：実技（長襦袢），学科（全国統一）
	1カ年修業証書（広島県和裁教師会）	試験内容：実技（長襦袢）
資格と証書 2年目	国家技能検定2級	試験内容：実技（袷長着），学科（免除）
	東京商工会議所検定2級	試験内容：実技（袷長着），学科，部分縫い
	2カ年修業証書（広島県和裁教師会）	

出所）勝矢和裁ホームページより作成。

②若手育成の仕組み：チーム編成

作業はカーペット敷きに横長の平テーブルを置いて行われる。そのテーブル配置を，4人で1チームが構成するように工夫している（図5）。構成は，ベテラン社員・中堅社員・若手社員である。ベテラン社員は常に若手社員の作業に気を配っている。例えば，若手社員で分からないことが発生したとする。その場合，若手社員は同じ若手か中堅社員にまず聞いて，問題の確認を行う。それでも分か

らないことをベテラン社員へ相談する仕組みである。この方法はマンツーマンよりも情報や問題をチームで共有しやすく，若手が育つという。ベテランと若手の間に，中堅を挟むのも重要である。技能に差がありすぎると，ベテラン社員の説明が若手には分かりにくいことがある。中堅者自身も，若手に教えながら学んでいく仕組みである[注3]。

図5　チーム編成

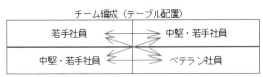

出所）筆者作成。

　加えて先述の通り，5年で独立を目指すため，年に1回の社内技能試験がある。年度初めの4月から年度末の3月まで，自分が習得目標とした技術を確認するためである。これは個人のレベルに応じて実施される。個人が身に付けたかどうかが問題であり，他人と比較するために行われているものではない。
　試験は制限時間内にひとりで着物を1枚仕立てる内容で，実力に合わせて課題となる着物は異なる。始業後から開始した試験が終了するのは夕方である。終了後，すぐに指導員が的確に縫製がなされているかチェックして，結果が言い渡される。
　③生活と仕事の両立：ワークライフバランス
　勝矢和裁がここまで社員教育にこだわるのは，和裁士として専門的または独立的に仕事をすることが，自身の自立した生活を支えることを熟知しているからである。5年で和裁士の資格を取得した後，社員として継続して働くか，独立して働くかを決めることができる。専属和裁士として社内で働き続けると，ゆくゆくは後進指導にあたる指導員になることができる。
　一方で，家庭の諸事情で通勤が困難な場合，独立した和裁のプロフェッショナルとして，勝矢和裁から仕事を受注して自宅で作業することが可能となる。もちろん，出社して作業した方が良い場合は来社しても構わない。出社時間も自由に設定できるメリットもある。各家庭に応じた働き方ができる。仕事を発注する勝

矢和裁も，独立した和裁士の得意分野を知っているため，質の高い仕事をこなせるものを多く回すメリットもある。

(3) 海外への事業展開

国内労働賃金の上昇をふまえ，勝矢和裁は1990年代に中国へ加工委託するかたちで海外での外注を始めた（表4）。しかし，品質面で十分な水準を得られないため中国からは2013年に撤退している。

品質を維持するためには自社工場が望ましく，縫製業界が多く存在するベトナム・ホーチミン市での操業を模索してきた。海外で自社単独で工場建設や人材確保を行うのは極めて困難であり，実績のあったS.K.R. LE MINH CO., LTD（以下，S社）を提携先として選定した。

表4　勝矢和裁の海外展開の推移

年	内容
1997年	海外縫製（外注）スタート，中国との加工委託貿易
2011年	中国委託工場規模縮小（品質低下）
2012年	ベトナム第1工場操業開始（顧客の安心，品質維持）
2013年	中国委託工場との取引停止
2014年	ベトナム第2工場操業開始
2015年	海外経営＝売上重視から利益重視へ
2017年	ベトナム第2工場へ集約

出所）ヒアリング資料より筆者作成。

選定されたS社は20数年におよぶ縫製企業としての歴史があった。日系の仕事を以前からこなし，品質や納期についても他社よりも優位性があった。経営者夫妻が和裁に携わったのは偶然でゼロからのスタートだった。日本人にホーチミンに来てもらい，技能を身に着けながらの創業だった。20年の積み重ねによって，ベテラン社員には，反物が伝統品であること，各家庭で世代を超えて大切に扱われてきた代物であることなど，和裁の価値を理解する者もいる。

しかし，日本国内に比べて技術力が低いため，ベトナム工場では分業制を採用した。分業のカテゴリーは，「SODE（袖）」「KOTO（コート）」「HITOE（単衣）」「JUBAN（襦袢）」「MATOME（まとめ）」に分けられる。和裁では「仕上げ8割」という言葉があり，「まとめ」は最終的な出来栄えが着物を決めるといわれる大事な工程である。

4．企業成長とゆらぎ

(1) 企業成長と高度な人材
①高い技術力

ケース企業の特長として，第1に人材育成を通じた高い技術力が優位性となっている点をあげる。人材育成の徹底が他社との差異化のポイントとなっており，仕事を柔軟にこなすうえで大変重要な要素になっている。これは社員の教育を基軸にしている考え方が根底にあり，ひいては社員が自立した生活を送ることを重視しているからである。

この背景には，同社がもとは和裁学校として設立された経緯がある。勝矢和裁では，社員間のコミュニケーションも大切にしていることも重要である。入社5年で独立する道を選択した社員は基本的に在宅で仕事をするが，出社して他の社員と一緒に仕事をしてもよい。個人側は単独で得られないメリットを出社して享受でき，企業側も独立を選んだ高度な技術をもつ和裁士に仕事を依頼できる。若手の縫製技術を向上させるのに好適である。

高度な技術を持つ和裁士のプロフェッショナル的な働き方がゆらぎの要因になる側面もあるが，コミュニケーションを重視することで組織への一体感も形成しやすくしているのも事実である。

②柔軟なマネジメント

第2の特長として，縮小傾向にある呉服市場にあって，技術力を確保するための柔軟なマネジメントを取り入れている点をあげる。ケース企業では連続する苦境の中でも，柔軟なマネジメントによって企業全体の整合性を維持していると言える。背景には，自律して仕事ができ，自立した生活を送る和裁士の存在がある。

人的マネジメントについて，ケース企業では「家族的」側面が強いことも指摘しておかなければならない。先代経営者はことあるごとに「社員は家族です」と口にしていた。社員とは定期的なミーティングやランチ会など，日頃から家族的なコミュニケーションをとるように心がけてきた歴史がある。これらが，ゆらぎが生じるような変化に直面し，社員の柔軟な協力を得なければならない場面で効果を発揮するのである。

ケース企業では，ゆらぎが生じやすい経営状況が不安定な場面でも，高い職業意識を持った和裁士が柔軟に仕事をこなし，同時に企業はそれに「家族的」に報

いていく。同様にゆらぎが生じやすい新規事業への取組みについても，同意が得られやすい環境を整えていることも柔軟なマネジメントに結びついている。

（2）経営者と社員の成長
①経営者の交代
　勝矢和裁はこれまでに2回の経営者交代がなされた。1回目は創業経営者の急逝である。急遽，創業経営者の妻である2代目経営者（先代）が経営にあたることになった。先代経営者はもちろん創業メンバーであり，自身も和裁士で，さらに自分の可能性を高めたいという夢があった。創業の背景には，夫の転勤を契機に，和裁学校を設立したい妻の夢を後押しするために起業したという経緯があった。むしろ，初代経営者よりも先代経営者の方が和裁士を育成する学校に対する考え方や，女性の自立を支援する価値観が優れていたともいえる。

　実際に，創業の精神にある女性の自立を願った考え方は，2代目である先代経営者の母親から授かったものである。先述した創業時の3つの目標と同じく，創業メンバーの心の中に深く刻まれている。考え方自体は常識的な内容で理解・実行しやすい。実際に，創業時に掲げた3つの目標（日本一の和裁士を輩出する，社屋を建てる，感謝の会を開く）をすべて実現している。先代経営者は自分自身が経営者となって，女性の自立を体現したのである。

　2回目の経営者交代はファミリービジネス的な計画的事業承継である。2015年，現在の3代目経営者が就任した。現経営者は男性で，ベトナムでの海外事業を最初のパートナー選定から手掛けてきた人物である。また，不確実性の高い和裁関連の新規事業へも積極的に取り組んでいる。主な取り組みが着物再生事業である。「和sai」と名付けられたこの事業は和裁の新しい用途を模索し提案する試みであった。

②ゆらぎと企業成長
　経営者の交代や不確実性の高い市場停滞や新規事業展開が重なると，組織内に一時的に不均衡が生じる。ゆらぎである。和裁士からは，先代に比べて仕事がやりにくい，方針が変わると困る，先行きが不安だという意見が出る。実際に後継者も経営者としては未熟な部分も多く，企業内にゆらぎが生じやすい。勝矢和裁の事業には，高度な技能を持つ和裁士の存在が大きい。彼女たちは企業内プロフェッショナルであると同時に，企業間でも共有できる横断的プロフェッショナ

ルでもある。自ずと経営への意見が多くなり，企業内にゆらぎが生じやすいことを論じてきた。仕事や企業を考えてのゆらぎである。

これらのゆらぎを図6に示す。現実的に考えて，経営活動をしていると何らかの問題が起こるのは必然である。図の線Aのように経営者が思うままの経営が推移することも，従業員が優位になる線Bのような状況になることもある。そこでCのような，両者の意見を調整しながら組織の均衡を取り戻していくダイナミズムが起こると考えられる。線Bの状態は単純に悪いものではなく，従業員の意見を取り入れるべき状況と解釈するのが現実的である。

図6　経営者と社員のゆらぎ

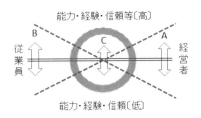

出所）筆者作成。

5．むすび

勝矢和裁ではゆらぎの中でも，創業の精神や経営理念を大切にして高度な人材育成や柔軟なマネジメントを実現させ，経営者と社員がそれぞれに気づきを得ることで，全体として企業成長を遂げていたといえる。前経営者および現経営者のたゆまぬ経営環境への適応努力と，プロフェッショナルとしての社員ひとりひとりの成長意欲が，経営理念によって一定の方向性が与えられ，ゆらぎが存在するものの，それらが原動力となって個人や組織を成長させていた。

今回のケースでは「学校」を母体としていた企業ゆえに，「カリキュラム」が人材育成に結びついていたのが特徴であった。「学校」ゆえに，社員が集って働くことによって，人づくりやものづくりが強化されていたことは中小企業経営の議論において意義深い。また，現経営者への承継前から国内外での取り組みが積極的に展開され，これらが社内でゆらぎを発生させつつも，結果として社内で調

整活動が行われて整合した経営活動が展開されていたことも，企業成長の基盤だと考えられた。仕事や企業の将来を真剣に考えるがゆえのゆらぎの発生であった。

　今回のケースは和裁という特殊性や社員がプロフェッショナル的な働き方が可能であり，ゆらぎを通じた経営活動を促進させていたといえる。特に，経営環境の不安定さから生じるゆらぎは，高度な技術を持つ和裁士の育成を促進し，仲間を大切にする組織づくりによって克服されていたと考えられる。

付記：本論文の作成にあたり，ご協力とご支援をいただいた勝矢和裁およびS.K.R. LE MINH CO.,LTDの皆様にお礼を申し上げます。なお，本研究はJSPS科研費16K03919の助成を受けたものです。

〈注〉
1　この議論については木村（2015）を参照されたい。
2　企業の紹介については広島県中小企業家同友会に負うところが多い。
3　生産現場でも「共通言語」が共有できず問題が発生する。ベテランも新人も同じ価値観，考え方のもとで生産活動を行うことが自動車の生産現場でも言われている。これについては木村（2016,2017）を参照されたい。

〈参考文献〉
1　池田　潔（2012年）『現代中小企業の自律化と競争戦略』ミネルヴァ書房
2　今田高俊（2005年）『自己組織性と社会』東京大学出版会
3　加護野忠男（1988年）『組織認識論』千倉書房
4　木村弘（2015年）「理念がつなぐ組織づくり」『九州経済学会年報』第53集，pp.51-56
5　木村弘（2016年）「マツダおよび部品サプライヤーのグローバル化と関係進化」，清晌一郎編著『日本自動車産業のグローバル化の新段階と自動車部品・関連中小企業』社会評論社，第3部，第3章所収
6　木村弘（2017年）「サプライヤーとの協力体制の刷新」，清晌一郎編著『日本自動車産業の海外生産・深層現調化とグローバル調達体制の変化』社会評論社，第5章所収
7　黒瀬直宏（2012年）『複眼的中小企業論』同友館
8　中山　健（2001年）『中小企業のネットワーク戦略』同友館
9　野中郁次郎（1985年）『企業進化論』日本経済新聞社
10　太田　肇（1993年）『プロフェッショナルと組織』同文館
11　太田進一（2012年）『ネットワークと中小企業』晃洋書房
12　富永健一（1997年）『経済と組織の社会学理論』東京大学出版会

(査読受理)

開業促進政策と開業障壁
―ドイツ手工業秩序法の大改正に関する実証分析―

東洋大学（院）　水村　陽一

1．はじめに

　ドイツでは手工業（Handwerk）を，生産機械への依存度が低く，手工的な生産様式で活動を行い，職務を行う上で高い熟練技能が要求され，加えて，法による国民の安全確保が必要とされる分野としている。詳しくは後述するが，手工業分野は手工業秩序法によって規定され，マイスター資格証[注1]を持っていなければ開業することができないのである。

　しかし，長年続く不況を打破すべく打ち出したAgenda 2010における就業構造改革の一環として，セルフエンプロイメントの促進が掲げられた。これに伴い，2004年に手工業秩序法の大規模な法改正を行った。この改正では約半数以上の手工業職種でマイスター資格証を待たなくても自由に開業することが可能になり，残りの職種においても，一部を除きマイスター資格試験の受験要件の緩和といった改正を行ったのである。

　この法改正の効果を検証する実証的な研究はとても少なく，筆者の知る限りRostam-Afschar(2014)のみである。加えて，戦後の手工業者は工業や商業といった他分野の事業者と部品製造下請けやサービス下請けなどの補完的な関係を築いてきたと言われているが，これに関しては実証的な研究が存在せず，加えて手工業開業に与える影響についても十分な議論がされてこなかったのである。

　そこで本稿では，2004年の法改正による開業の変化の再検討を行う。そして，取得できる資料の制約により製造，加工を行うもののみを対象とし，工業分野が手工業開業に対して与えた影響を検証していく。

2. 手工業分野と手工業秩序法とは

手工業分野の説明に入る前に我が国には馴染みのない，ドイツにおける手工業分野とはどういったものであるか先に整理しておく。ドイツの産業は主に商業，工業，手工業の3つの分野に区別でき，それぞれの違いは活動内容によるものである。商業分野は主に販売活動のみを行う。工業分野は主に規格化されたものを生産機械にて大量生産を行う。対して，手工業分野は生産工程の機械化が難しいものを職人の高い技能を用いて少量生産し，直接消費者へと販売する。それに加え，機器の保守や修理も行うのである。

より具体的に言えば，製パン工業の場合，工業分野の事業者が袋詰めされたパンを生産し，商業分野の事業者であるスーパーなどが売り場に並べ販売をする。それに対して，製パン手工業の場合は生産から販売までを同一の店内で行う町のパン屋となるのである。他にも，工業分野の車両製造業者は一般的な車両（乗用車等）を製造する。対して，手工業分野の車両製造業者は特殊用途向けの車両（消防車，工事用車両，レース向け車両等）の製造・加工などを取り扱うのである。

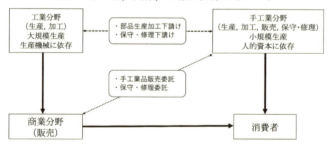

図1：手工業，商業，工業の区分けイメージ

しかしながら，「手工業とは何か。手工業とそれ以外との差異は何か。」という明確な定義は法においても規定されていない。すなわち，新技術の登場に伴い手工業の生産様式は変化し，定義も変化し続けているのである。よって，手工業者の管理団体である手工業会議所[注2]がある活動を手工業と認定すれば，その事業活動は手工業になるということである。その上，手工業職種に指定されている職種で新たに事業を始める者の多くは，資本的な制約などから生産機械を用いての

大量生産を行うことは難しく，既製品よりも付加価値を高めたものや特殊性があるものを小規模に生産するであろう。したがって，仮に開業者が手工業には該当しないと考え，マイスター資格を持たずに事業を始めたつもりであっても，手工業会議所によって手工業であると認定されてしまえば，罰金のみならず事業の存続の危機にも陥ってしまう可能性があるのである。

手工業分野は1953年に施行された手工業秩序法（Handwerksordnung）によって規定され，1998年からは付録にある職種が手工業職種[注3]（以降，付表Aと略記）として94種指定されている。この手工業に指定された職種で開業を行うためにはマイスター資格証（Meisterbrief）を持たなければならない。

しかし，2004年に手工業秩序法の大規模な改正による規制改革が行われた。そのきっかけとなったのが，ドイツ政府が長年続く不況から抜け出すべく打ち出したAgenda2010である。2000年代初めまでのドイツの労働市場は従業員の解雇が容易ではなかったため，就業構造の改革に着手したのである。この政策によって失業者が増加すると予想され，その対策として個人開業を促進させるという方針を打ち出したのである。この方針によって，資格による開業規制を行う手工業分野が焦点に当てられ，法による国民の安全確保の必要性が比較的低い手工業職種は規制改革の対象となったのである。2004年の規制改革によって，図2のように手工業職種は再編され，付表Aは3つに分けられるようになった。

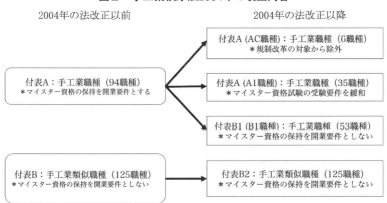

図2：手工業秩序法2004年の改正内容

（注）2004年以降の付表AはAC職種とA1職種と区別して定義し，付表B1も本稿ではB1職種と定義する。

ここで，マイスター資格証（Meisterbrief）を取得するまでの流れを簡単に整理する。2004年の法改正前の付表Aと規制改革の対象から外されたAC職種ははじめに3年から3年半程度，手工業事業者の元で徒弟として職業訓練を行い，職人資格試験を受け職人証書（Gesellenbrief）を取得する。その後，5年間ほど職人として手工業事業者の元で働くことで，マイスター資格試験の受験要件を満たすことができるのである。

しかし，2004年の法改正以降のA1職種についてはマイスター資格試験の受験職種に関する職業訓練修了者，職人証書保有者，専門学校修了者のいずれかを満たせば，マイスター資格試験の受験要件を満たすことができるように緩和されたのである。

ここで，マイスター資格試験の試験内容について簡単に触れておくと，第1部：専門理論試験，第2部：専門実技試験，第3部：経営学・商学・法学試験，第4部：教育学・労働教育学試験を順番に受けていかなければならない。4つ全ての試験に合格するとマイスター資格証が手工業会議所より発行されるのである。

以上が手工業分野全体の概要と2004年に行われた手工業秩序法の改正に関する概要であった。手工業分野で開業を目指す者にとって大きな障壁になっていた事は想像に難くないことが見て取れるであろう。

3．先行研究

前述のとおり，2004年の手工業秩序法の改正という，規制改革が手工業分野のセルフエンプロイメントに与えた影響に関する実証的な先行研究は筆者の知る限りRostam-Afschar（2014）の研究のみである。彼は毎年ドイツ国民の1％を無作為に抽出し，生活，就業状況に関する調査を行うミクロセンサス（Mikrozensus）を2002年から2009年までのデータを用いることによって検証した。分析結果としては，A1職種とB1職はAC職種に比べ2004年の法改正以降，有意にセルフエンプロイメントが高まったことを明らかにしている。

手工業分野の第二次大戦後以降の経営状況と工業分野および商業分野と手工業分野の関係に関する先行研究としては，吉田（1984）や近藤（1999）等が挙げられる。手工業分野は1953年に手工業秩序法が施行されて以降，零細経営の減少や経営規模の拡大による事業者の集約化が行われてきたと言われている。加えて，

手工業事業者と工業事業者間の関係については工業生産品の保守・修理といったサービスを手工業事業者が請負ったり，工業事業者の部品製造などを請負ったりと工業との補完関係を築いてきたことが示唆されている。また，一部[注4]の手工業者は工業事業者との補完関係を築くことが難しく，競争関係にあったとも指摘されている。

しかし，工業分野との下請け関係を築けるかどうかといった動向は市場規模の影響を大きく受けるといえる。したがって，依頼主である工業事業者の市場規模が大きい場合は手工業事業者にとって下請け関係を持てる機会が高まると言える。ただし，工業分野内で人的な労働供給が十分に満たされている場合，手工業分野からの労働供給に対する需要は低下し，下請け関係を持つ機会を低下させることになる。

このことは，開業後安定した経営を目指す新規開業者の意思決定に少なからず影響を与えるであろう。そこで，工業の市場規模の代理変数として工業分野の売上高を使う。また，手工業者に対する人的な労働需要の代理変数として工業分野の従業員数を用いて分析を行う。

4．実証分析

工業分野の状況を考慮した分析を行う前に手工業中央会議所が発行する，手工業職種別の統計（2000年から2010年までのデータ）を用いて，A1職種およびB1職種はAC職種に比べて規制改革以降，手工業開業に有意な差が見られたかを明らかにする。そこで，開業対数，開業率，ネット開業率を被説明変数とした，以下の回帰式で分析を行う。

$\ln(entry)_{it} = b_0 + b_1 A1dum_{it} + b_2 B1dum_{it} + b_3 Post04dum_{it}$
$\qquad + b_4(A1 \times Post04dum)_{it} + b_5(B1 \times Post04dum)_{it} + b_6 Ydum_{it} + e$ 式1a

$Entry\ rate_{it} = b_0 + b_1 A1dum_{it} + b_2 B1dum_{it} + b_3 Post04dum_{it}$
$\qquad + b_4(A1 \times Post04dum)_{it} + b_5(B1 \times Post04dum)_{it} + b_6 Ydum_{it} + e$ 式1b

$Net\ Entry\ rate_{it}$
$\qquad = b_0 + b_1 A1dum_{it} + b_2 B1dum_{it} + b_3 Post04dum_{it}$
$\qquad + b_4(A1 \times Post04dum)_{it} + b_5(B1 \times Post04dum)_{it} + b_6 Ydum_{it} + e$ 式1c

上記の式1に用いられている変数の説明はそれぞれ，以下の通りである。
被説明変数（Y）：
- ln（entry）：手工業開業対数（開業数の対数を求め1を加算，開業数が0の場合は1.00E-20に置き換え）
- Entry rate：手工業開業率（T年の開業数／T年の事業者数（12/31時点）で算出）
- Net Entry rate：手工業ネット開業率（（T年の開業数 − T年の廃業数）／T年の事業者数（12/31時点）で算出）

説明変数（X）：
- A1dum：A1職種は1，AC職種，B1職種は0とするダミー
- B1dum：B1職種は1，AC職種，A1職種は0とするダミー
- Post04dum：法改正以降の2004～2010年は1，それ以前は0とするダミー
- Ydum：年ダミー

次に，取得できるデータの都合上，製造加工を行う一部の工業分野のみが対象となり，データの数も減少することから，AC職種とA1職種を一つにまとめ「改正A職種」として定義して検証を行う。実際の分析に用いる統計は以下の通りである。

① 製造加工業における工業の売上高（ドイツ統計局発行の経済産業分類1993による2000年から2002年までのデータ）
② 製造加工業における工業の売上高（ドイツ統計局発行の経済産業分類2003による2003年から2007年までのデータ）
③ 製造加工業における工業の売上高（ドイツ統計局発行の経済産業分類2008による2008年から2010年のデータ）
④ 手工業の事業者数，開業数（手工業中央会議所発行の手工業職種分類による2000年から2010年までのデータ）

以上の4種類の統計を用いて分析を行うが，①～③まではドイツ統計局より発行されている経済産業分類基準年の接続表を用いて分類基準年の異なるデータを結びつける。しかし，工業に関するデータは経済産業分類を用いているのに対し，他方で手工業に関する統計資料は手工業独自の手工業職種分類を用いて作成され

ているのである。そこで，Kornhardt, U. (2006) にて手工業職種分類と経済産業分類を結びつける試みが行われていたことから，これを参考に図3のような手法で筆者による修正を加えながら手工業職種と経済産業分類を結びつけた表を作成する。

図3：手工業職種と経済産業分類の結びつけ（イメージ）

パターン	手工業職種	経済産業分類の業種
1	時計製造業者	時計製造業
2	ビール醸造および麦芽製造業者	ビール醸造業＋麦芽製造業
3	パイプオルガン・ハーモニウム製造業者＋ピアノ・チェンバロ製造業者＋…	楽器製造業
4	製本業者＋図書印刷業者＋スクリーン印刷業者＋…	新聞印刷業＋その他の印刷業＋…

(注) パターン1～4までは以下の手法で結び付けた。
　1　手工業職種と経済産業分類の業種が一対一の関係にあるものはそのまま結ぶ。
　2　1つの手工業職種に複数の経済産業分類の業種が対応する場合，1つの職種と業種の合計を結ぶ。
　3　複数の手工業職種に一つの経済産業分類の業種が対応する場合，1つの職種の合計と業種を結ぶ。
　4　複数の手工業職種と複数の経済産業分類の業種が対応する場合，職種の合計と業種の合計を結ぶ。
　　AC職種またはA1職種とB1職種がまたがって，経済産業分類の業種に結びつく場合は除外する。

以上の手順で筆者が加工したデータセットを用いて以下の回帰式を考える。

$$\ln(entry)_{it} = b_0 + b_1 B1dum_{it} + b_2 Post04dum_{it} + b_3 (B1dum \times Post04dum)_{it}$$
$$+ b_4 Ydum_{it} + b_5 IndSale_{it} + b_6 IndEmp_{it} + e \qquad 式2a$$

$$Entry\ rate_{it} = b_0 + b_1 B1dum_{it} + b_2 Post04dum_{it} + b_3 (B1dum \times Post04dum)_{it}$$
$$+ b_4 Ydum_{it} + b_5 IndSale_{it} + b_6 IndEmp_{it} + e \qquad 式2b$$

$Net\ Entry\ rate_{it}$
$$= b_0 + b_1 B1dum_{it} + b_2 Post04dum_{it} + b_3 (B1dum \times Post04dum)_{it}$$
$$+ b_4 Ydum_{it} + b_5 IndSale_{it} + b_6 IndEmp_{it} + e \qquad 式2c$$

上記，式2に用いられている変数の説明はそれぞれ，以下の通りである。
被説明変数（Y）：
・ln（entry）：手工業開業対数（開業数の対数を求め1を加算，開業数が0の場合は1.00E-20に置き換え）
・Entry rate：手工業開業率（T年の開業数 / T年の事業者数（12/31時点）で

算出）
- Net Entry rate：手工業ネット開業率（(T 年の開業数 − T 年の廃業数) / T 年の事業者数（12/31時点）で算出）

説明変数（X）：
- B1dum：B1職種は 1，改正A職種は 0 とするダミー
- Post04dum：法改正以降の2004～2010年は 1，それ以前は 0 とするダミー
- Ydum：年ダミー
- IndSale：工業分野の売上高（千ユーロ）は工業分野の市場規模の代理変数
- IndEmp：工業分野の従業員数（手工業分野に対する労働需要の代理変数）

以上，式1と式2について，F検定，ハウスマン検定，ブルーシュ・ペイガン検定を行ったところ，変量効果モデルを棄却しなかった。よって，OLS固定効果モデルとGLS変量効果モデルの結果を示すが，結果の解釈はGLS変量効果モデルの推定結果を用いる。

表1：記述統計量

変数	平均値	標準偏差	最小値	最大値	観測数
式1に関する記述統計量					
手工業開業対数	5.680	2.072	1.00E-20	10.689	1,034
手工業開業率	0.083	0.066	0	0.564	1,034
手工業ネット開業率	0.009	0.061	-0.153	0.515	1,034
A1職種ダミー	0.372	0.484	0	1	1,034
B1職種ダミー	0.564	0.496	0	1	1,034
法改正以降ダミー	0.636	0.481	0	1	1,034
A1職種×法改正以降ダミー	0.237	0.425	0	1	1,034
B1職種×法改正以降ダミー	0.359	0.480	0	1	1,034
式2に関する記述統計量					
手工業開業対数	5.391	1.664	1.00.E-20	8.951	385
手工業開業率	0.073	0.057	0	0.463	385
手工業ネット開業率	-0.001	0.057	-0.153	0.402	385
B1職種ダミー	0.629	0.484	0	1	385
法改正以降ダミー	0.636	0.482	0	1	385
B1職種×法改正以降ダミー	0.400	0.491	0	1	385
工業売上高	16400000	47900000	6865	337000000	384
工業従業員数	66308.370	135161	81	808686	384

表2：分析結果

変数	式1a 手工業開業対数 変量効果	式1a 固定効果	式1b 手工業開業率 変量効果	式1b 固定効果	式1c 手工業ネット開業率 変量効果	式1c 固定効果	式2a 手工業開業対数 変量効果	式2a 固定効果	式2b 手工業開業率 変量効果	式2b 固定効果	式2c 手工業ネット開業率 変量効果	式2c 固定効果
A1職種ダミー	0.316 (0.412)	-	0.00135 (0.00766)	-	-0.0278*** (0.00662)	-						
B1職種ダミー	-2.352*** (0.339)	-	-0.0143* (0.00754)	-	-0.0384*** (0.00691)	-	-1.451** (0.644)	-	-0.0110 (0.00728)	-	-0.0163* (0.00981)	-
法改正以降ダミー	-0.120 (0.0977)	-0.120 (0.0976)	-0.0197*** (0.00549)	-0.0197*** (0.00548)	-0.0261*** (0.00460)	-0.0261*** (0.00459)	-0.335*** (0.0859)	-0.339*** (0.0868)	-0.0206*** (0.00587)	-0.0205*** (0.00597)	-0.0109 (0.00865)	-0.0107 (0.00863)
A1職種× 法改正以降ダミー	-0.115 (0.0920)	-0.115 (0.0919)	-0.00208 (0.00469)	-0.00208 (0.00469)	0.0161*** (0.00256)	0.0161*** (0.00256)						
B1職種× 法改正以降ダミー	1.061*** (0.133)	1.061*** (0.133)	0.0776*** (0.0101)	0.0776*** (0.0100)	0.0727*** (0.00773)	0.0727*** (0.00773)	1.047*** (0.174)	1.036*** (0.173)	0.0662*** (0.0135)	0.0661*** (0.0136)	0.0503*** (0.0135)	0.0500*** (0.0137)
工業分野の売上高							3.27e-09*** (1.63e-09)	2.09e-09 (1.89e-09)	2.26e-10*** (6.12e-11)	2.08e-10*** (8.46e-11)	2.40e-10*** (8.03e-11)	2.04e-10* (1.05e-10)
工業分野の従業員数							7.48e-08 (1.28e-06)	-2.75e-06 (1.77e-06)	-6.39e-08*** (2.83e-08)	-6.02e-08 (1.41e-07)	-7.78e-08** (3.74e-08)	-8.91e-08 (1.27e-07)
年ダミー	Yes	Yes	Yes	Yes	Yes	Yes	Yes	Yes	Yes	Yes	Yes	Yes
Constant	6.571*** (0.260)	5.363*** (0.0485)	0.0665*** (0.00685)	0.0589*** (0.00356)	0.0201*** (0.00594)	-0.0119*** (0.00342)	6.029*** (0.617)	5.331*** (0.141)	0.0613*** (0.00625)	0.0545*** (0.0119)	-0.00486 (0.00996)	-0.0136 (0.0116)
R-squared (within)	0.563	0.563	0.469	0.469	0.390	0.390	0.491	0.491	0.424	0.424	0.358	0.358
Observations	1,034	1,034	1,034	1,034	1,034	1,034	384	384	384	384	384	384
Number of id	94	94	94	94	94	94	35	35	35	35	35	35

（注1）カッコ内はロバスト標準誤差
（注2）*** は有意水準1%で有意, ** は有意水準5%で有意, * は有意水準10%で有意

表2の式1aから式1cまでの分析結果より，2004年の法改正以降B1職種はAC職種に比べ，開業対数，開業率，ネット開業率が有意に高まっている。しかし，A1職種はAC職種に比べ，ネット開業率のみ有意に高まったことが見て取れる。また，式2aから式2cまでの結果より，工業分野の売上高は開業対数，開業率，ネット開業率に対して有意に正の影響を与えた事が分かる。工業の従業員数は開業率とネット開業率に対してのみ有意に負の影響を与えたことが明らかになった。そして，開業の自由化が行われたB1職種についても改正A職種に比べ2004年以降，開業対数，開業率，ネット開業率が有意に高まっていた事が分かる。

5．結び

今回の分析の結論としては，開業の自由化という強力な規制改革は絶対的な開業数の増加をもたらすことが先行研究と同様に明らかになった。しかしながら，マイスター資格試験の受験要件の緩和という自由化に比べ，比較的緩やかな規制緩和ではネット開業率を除き，法改正による規制改革の対象から除外されたAC職種と比べ有意な差が見られなかった。ネット開業率は開業数から廃業数を差し引いた変数であった。すなわち，分析対象とした法改正は開業の促進のみならず，廃業に対しても何かしらの変化をもたらしたことが考えられる。よって，法改正

が廃業に与えた影響に関しても，今後，議論を進めていかなければならないことを示唆しているのである。

一方で，工業分野の市場規模の代理変数である工業分野の売上高は開業対数，開業率，ネット開業率に対して，有意に正の影響を与えた事が分かった。他方で，工業分野の手工業分野に対する労働需要の代理変数である工業分野の従業員数は開業率，およびネット開業率に対して，有意に負の影響を与えていた事が明らかになった。

すなわち，工業分野の売上高が高い（市場規模が大きい）産業の元で営業する手工業事業者は工業事業者とより多くの取引関係を持つ機会がある。それは，開業後の安定した経営を目指したい開業者にとってもその職種で開業を行う正のインセンティブを与えていると言える。ただし，工業分野の従業員数が多い場合，工業事業者は労働力（人的な資本）が同分野内で十分に確保できていることから，あえて手工業業者と取引関係を持とうとするインセンティブは低下する。そのため，手工業開業者は開業後の事を考え，このような職種での開業を避ける傾向があると言えるが，あくまでも事業者数規模に対する開業割合の低下は起こるものの絶対的な開業数の減少をもたらすほどの影響を与えたとは言えない。

今回の研究では，手工業秩序法の改正による規制改革が手工業開業に対して与えた影響，および手工業分野と工業分野間の取引関係が手工業開業に与える影響を確認した。同時に，ネット開業率を用いた分析により，法改正による規制改革の影響は開業のみならず廃業に対しても一定の影響を与えていたことを示唆した。このことは，手工業分野において，何かしらの事業構造の変化が起きていたことを示唆するものと言える。

今後は規制改革とこうした廃業との関係について検討を発展させたい。また，今回の分析で規制改革による開業数の増加が見られない職種がいくつか見られており，このような，個別事象への対応も行った上で，ドイツの手工業分野における規制改革と構造変化について議論していきたい。

〈注〉
1 マイスター資格証には，手工業マイスター資格証と工業マイスター資格証があるが，本稿では手工業マイスター資格証のことを指す。
2 手工業会議所（Handwerkskammer）は新規事業者の手工業事業者簿への登録を行

うかどうかの認定を行う。既存事業者に対しては監視を行い，不正があった場合には営業権剥奪などの処罰権限を持っている。他に，手工業マイスター資格試験の実施や手工業事業者向け経営セミナー等を開催している。
3　手工業秩序法では手工業職種（AnlageA）の他に手工業類似職種（AnlageB）も規定されている。手工業類似職種については1953年の法施行からマイスター資格を開業の要件としていないことから，本稿では取り扱わない。
4　詳しくは鎗田（2010）を参照。

〈参考文献〉
1　Handwerksordnung 1998, 2004.
2　Statistisches Bundesamt「Umsteigeschlüssel der WZ 2003 zur WZ 2008」, https://www.destatis.de/DE/Methoden/Klassifikationen/GueterWirtschaftklassifikationen/Content75/KlassifikationWZ08.html, 2017年10月30日閲覧.
3　Statistisches Bundesamt,「Umsteigeschlüssel der WZ 1993 zur WZ 2003」, https://www.zdh-statistik.de/application/index.php, 2017年10月30日閲覧.
4　Statistisches Bundesamt（2000-2010），「Beschäftigte und Umsatz der Betriebe im Verarbeitenden Gewerbe, Deutschland, Jahre, Wirtschaftszweige」, https://www-genesis.destatis.de/genesis/online/data;jsessionid=8675F627DEB67983E034682F822BF6BB.tomcat_GO_1_2?operation=statistikenVerzeichnis, 2017年10月30日閲覧.
5　Zentralverband des Deutschen Handwerks（ZDH）（2000–2010）「Betriebszahlen」, https://www.zdh-statistik.de/application/index.php, 2017年10月30日閲覧.
6　Zoltan J. Acs and David B. Audresch（1989a）"Small- firm Entry in US Manufacturing", Economica New Series, May, 1989, Vol.56, No. 222, pp.255-265
7　Lee, M.（2016）*Matching, Regression Discontinuity, Difference in Differences, and Beyond*. Oxford University Press.
8　Davud Rostam-Afschar（2014）"Entry regulation and entrepreneurship: a natural experiment in German craftsmanship," Empir Econ 47: pp.1067–1101.
9　Petrik Runst, Jörg Thomä, Katarzyna Haverkamp, Klaus Müller（2016）"A replication of 'Entry regulation and entrepreneurship: a natural experiment in German craftsmanship,'", Ifh Göttingen Working Paper, No.2, Universität Göttingen.
10　Kornhardt, U.（2006）"Energiekosten im Handwerk", Göttinger Handwerkswirtschaftliche Arbeitshefte 57, Seminar für Handwerkswesen an der Univ. Göttingen, p.34.
11　清成 忠男（1969）「ドイツにおける手工業概念について―中小企業問題国際比較研究の一前提.」,『経済志林』, 37（2）, pp.79-118 法政大学経済学部学会
12　近藤義晴（1985）「西ドイツにおけるハントヴェルクの動向―ZDH,Handwerk 1984」,『神戸外大論叢』36（4）, pp.75-94 神戸市外国語大学研究会
13　近藤義晴（1999）「ドイツにおけるハントヴェルクの転換期.」『商学論究』, 47,

pp.55-76 関西学院大学商学研究会
14 　近藤義晴（2006）「「マイスター強制」の違憲性を巡る議論」,『神戸外大論叢』57 (1/2/3/4/5), pp.239-257 神戸市外国語大学研究会
15 　水村陽一（2017）「【査読付研究ノート】規制改革と起業—ドイツ手工業分野の2004年規制改革を中心に—」,『現代社会研究』15, pp.185-190東洋大学現代社会総合研究所
16 　鎗田英三（2010）「第二次世界大戦後のドイツ製パン手工業 Das deutsche Bäckerhandwerk nach der Zweiten Weltkriegs」,『駿河台経済論集』20(1), pp.37-78 駿河台大学
17 　吉田敬一（1984）「西ドイツ手工業の構造変化の新局面」,『経済論集』9巻2号, pp.179-208 東洋大学経済研究会
18 　吉田敬一（2000）「ドイツにおける手工業マイスター制度の構造的特質」,『経済論集』25巻2号, pp.111-132東洋大学経済研究会

付録：手工業秩序法付表Aおよび付表B1の手工業職種一覧
　（注）2004年以前はすべて付表Aであった。
Ⅰ建設グループ
AC 職種：煙突掃除業者
A1 職種：左官およびコンクリート建築業者，暖炉および熱気暖房装置製造業者，大工，屋根葺き業者，道路工事業者，暖房・冷房・防音工事業者，井戸掘り業者，石工・石材彫刻業者，化粧漆喰細工業者，ペンキ・ラッカー塗装業者，足場組み業者
B1 職種：タイル・プレート・モザイク張り付け業者，コンクリートブロック・研ぎ出しコンクリート（テラゾー）製造業者,床張り（コンクリートなどで固めた床）
Ⅱ金属業グループ
AC 職種：なし
A1 職種：金属工，外科用医療器具（保守・修理）機械工，車体（ボディー）製造業者および車両製造業者，通信機械設備電子技師，二輪車機械工（保守・修理），冷房機器製造業者，情報電子機器技師，原動機付き車両技師，農業用機械器具工（保守・修理），猟銃製造業者，板金工，配管および暖房装置工事業者，電気機械技師，電気機器製造業者（設計・組立）
B1 職種：コンテナおよび機器装置製造業者，時計製造・修理業者，彫刻業者（金属・石材・ガラスなど），金属プレス業者，電気メッキ業者，金属鋳物工および釣り鐘鋳造業者，切断工具機械工，金箔・銀箔業者
Ⅲ木材業グループ
AC 職種：なし
A1 職種：家具・指物・建具業者，ボート建造業者および造船業者・船大工
B1 職種：寄木床張り業者，巻き上げシャッター・ブラインド製造業者，木型・模型製

造業者，ろくろ細工業者（象牙彫刻）および木製玩具製造業者，木彫業者，桶・樽製造業者，カゴ細工業者

IV 衣類・繊維・皮革グループ
AC 職種：なし
A1 職種：ロープ製造業者
B1 職種：婦人および紳士服仕立業者，刺繍業者，装身具・ファッション品製造業者，機織業者，編幌業者，毛皮加工業者，靴製造業者，馬具・皮革業者および高級袋物・カバン業者，室内装飾・インテリア業者

V 食品業グループ
AC 職種：なし
A1 職種：パン製造業者，菓子製造業者，食肉製造販売業者
B1 職種：製粉業者，ビール醸造および麦芽製造業者，ワイン酒蔵管理者

VI 保険・衛生，化学・クリーニング業グループ
AC 職種：メガネ業者・眼科光学機器専門業者，補聴器調整業者，整形外科用医療器具技師，整形外科用靴製造業者，歯科技工士
A1 職種：理美容師
B1 職種：繊維洗浄業者，ろうそく製造業者，建物清掃業者

VII ガラス・紙・陶磁器業およびその他のグループ
AC 職種：なし
A1 職種：ガラス業者，ガラス吹きおよびガラス部品製造業者，生ゴム加硫処理およびタイヤ保守・修理業者
B1 職種：ガラス精製業者ガラス精製業者，精密光学レンズ業者，ガラス・陶磁器絵付け業者，宝石加工および彫刻業者，写真館・写真現像業者，製本業者，図書印刷業者，スクリーン印刷業者，フレキソ製版業者，陶磁器製造業者，パイプオルガン・ハーモニウム製造業者，ピアノ・チェンバロ製造業者，アコーディオン製造業者，バイオリン製造業者，ボーゲン製造業者，金管楽器・打楽器製造業者，木管楽器製造業者，發弦楽器製造業者，金メッキ・金箔処理業者，看板・ネオンサイン製造業者

（査読受理）

中小の製品メーカーにおける優位性
―外注取引関係にない注文生産をしている企業に対する資源の依存性―

山形県立米沢女子短期大学　松下幸生

1．問題意識．

　日本の中小製造業は，依然として厳しい経営環境に晒されている。しかし，旨みの乏しい際限なき競争のみを甘受しているとは限らず，また，新製品の開発のみを目指しているとも限らない。例として，関東地方の歯車メーカーX社に注目をする。歯車メーカーの多くは高度経済成長期の早い段階から汎用品に位置づけられ，工場を海外に移転するか，国内の市場から退出せざるを得ない環境に晒された業種である。X社の経営展開を俯瞰し，生き残りの要因を概観すると，有形の部品（歯車）の高付加価値化のみを目指すのではなく，それを核にサービスをつうじて顧客とX社の利益獲得に繋がる経営展開をし続けている（図表1）。

図表1．X社の経営展開．

1935～54年	特定の商社から求められた製品を製造（生産）。取引は現在も続いている。
1955～70年	代理店制度の確立（営業，アフター・サービス）。 標準歯車への転換［inch→mm］（設計，開発，試作，試験）。
1971～87年	総合カタログの発行・海外取引の開始[1973]。全国代理店制度の確立（営業，アフター・サービス）。金属以外を素材にした新製品の発表（設計・開発）。営業所開設。国内外展示会への出展（営業）。コンピュータによる製販管理（サービス提供，製造）。
1988～2000年	海外部門の分社独立。代理店網の拡充［2003時点13カ国。2013時点23カ国］（営業，アフター・サービス）。電子カタログのリリース（営業，サービス開発・提供）。オフコン導入。ISO9000認証取得。
2001～近年	追加工システムの稼働（サービス提供，生産）。JITの先鋭化（生産）。Webカタログの公開（営業，サービス開発・提供）。

（出所）2003年のヒアリング調査，および，インターネット・サイト情報[2013]に基づき筆者作成。

延岡健太郎氏の理論を意識してX社の経営展開を解釈するならば，優れた「機能的価値」[注1]を基盤として，代理店と顧客に対して競合企業よりも発注し易い仕組みの企画，および，提供する仕組みの構築をつうじた価値づくりを提供し続けてきたと表現できよう[注2]。ただし，企業を顧客としており，同程度の製品製造をしている（機能的価値を提供している）製品メーカーにおいては，顧客による主観的な意味づけの他に，顧客の選択せざるを得ない状態に注目するアプローチも存在しているのではないだろうか。とりわけ，将来的に優位性を得ようと模索をし始めた中小の製品メーカーにとって，いかなるかたちで経営資源を投入するべきか，議論を深める意義があると考える。その端緒として，本論では，優位性の獲得に際して，有形の製品を核にした無形のもの[注3]を対象に，資源依存論を出発点に，この要因の解明を試みるものである。なお，本論における考察対象だが，最終消費者を顧客としている製品メーカーではなく，企業（組織）を顧客としている製品メーカーとする。

2．先行研究の整理と考察の余地．

－1．有形の製品を核にした無形のものを対象にしている調査報告書の整理．

本節では，主として製品メーカーにおける優位性に触れている最近の調査報告書を整理する。近年の調査報告書として，東京商工会議所（2016）の『中小の戦略的知的財産活用に関する調査報告書』がある。そこでは，技術やノウハウを経営に活用できている企業だと提案力を強みとしている割合の高いことを取り纏めており，また，活用できていない（活用したい）企業だと短納期，低価格を強みとして挙げる割合の高いことを取り纏めている。また，日本政策金融公庫総合研究所（2018）の『IoT時代にサービスで新たな付加価値創出に取り組む中小製造業』では，センサーやITの活用をつうじた生産性の向上を目指している割合の低くない一方で，サービス化を含めたビジネス創出に至る割合の低いことを取り纏めている。そして，サービスを収益に結びつけるための経営戦略として，IoT等の活用をつうじた具体的な活用策を14点提示している[注4]。

特に後者の資料は，中小企業における優位性の構築を図るうえで重要な視点であり，具体的な活用策をも提示している。これらを踏まえたうえで，中小の製品メーカーにおける優位性について考察の余地が残っていると考える。製品メー

カーとしての優位性を獲得するにあたり，必要条件として生産している有形の製品を，十分条件として目指すべきポジション，または，満たすべき取組みが調査報告書に記されている。この点に異論はない。ただし，全体集合たる中小製造業は，部品メーカーと製品メーカーの混在した状態になっていると読み取れる[注5]。

有形の製品そのもののみを対象にするならば異論はない。しかし，有形の製品を核にした無形のものを対象とするならば，対価の獲得に際して，部品メーカーと製品メーカーとで差異の生じる可能性に留意する余地が考えられる。発注企業は発注する工程ごとに相場を把握しているために，原則的に相場（既存の注文単価）を上回る金額で発注をしない[注6]。それゆえに，部品メーカーは限られた工程で相場以下の部品をいかに製造するかにしのぎを削っており，概ね，その一環として無形のものの活用を模索するといえよう。これに対して，中小の製品メーカーは，理屈上，有形の製品を核に無形のものを組み合わせながら，相場を自社の裁量で選択可能である。換言すると，複数の工程における費用が発注企業の認識している相場以下ならば，対価の獲得を仕組みづくりの段階から選択できる。

このように，有形の製品と無形のものとの総体でいかなる優位性を獲得するかを扱うにあたり，部品メーカーと製品メーカーとで差異のある行動を志向する視点が考えられる。この解釈が概ね妥当ならば，1つの疑問が生じる。それは，同程度の製品を提供しているにも関わらず，対価を獲得できる製品メーカーとそうでない企業との差異をいかなる理論に基づき説明するべきかという疑問である。

－2．資源の依存性を決定する要因にもとづく解釈．

本節では，中小の製品メーカーにおける優位性の獲得に際して，有形の製品を核にした無形のものを対象に，いかなる理論を拠りどころにするかを述べる。同程度の有形の製品を提供しているにも関わらず，製品メーカー同士の差異を解釈できそうな理論として，「資源の依存性を決定する要因」（J.Pfeffer and G.R.Salancik, 1978, pp.46〜51）がある。組織間における依存性の決定要因を論じた理論であり，3つの要因によって説明されている。

ここでいう「組織間」とは，本論の趣旨を踏まえると，中小の製品メーカーと製品メーカーに発注をしている企業（発注企業）と位置づけられる。また，3つの要因とは，資源の重要性，資源配分と使用に関する裁量，資源管理の集中であり，それぞれの高低の組合せによって依存性が決定される[注7]。

この理論に則して述べるならば，中小の製品メーカーと発注企業との組織間における依存性とは，製品メーカーへの高い依存度（資源の重要性），製品メーカーの高い裁量（資源配分と使用に関する裁量），資源統御の所有者たる製品メーカーに発注企業の集中する仕組み（資源管理の集中），または，激しくない競争（発注企業を選べる状態）の組合せによって決定される。いずれの要因も極端な状態ならば，製品メーカーへの依存性が高いと解釈できよう。これらを踏まえて，製品メーカーとそこへの発注企業との関係性を想像すると，製品メーカーにおける有形の製品を核にした無形のもので対価を得難い状態，および，対価を獲得できる状態は，図表2のとおり表わせよう。なお，図表2を髙田亮爾氏の解釈，組織間資源依存3つのタイプ（双方依存関係，双方独立関係，片務（一方）的依存関係）を意識して述べると，製品メーカーは対価を得難いならば劣位な関係にあり，対価を期待できるならば対等か優位な関係にあるといえよう[注8]。

図表2．製品メーカーにおける対価の獲得，および，発注企業からの依存性．

	対価	
	得難い	期待できる
資源の重要性	低	高
資源配分と使用に関する裁量	低	高
資源管理の集中	低	高

（出所）J.Pfeffer. and G.R.Salancik（1978），pp.46-51を基盤に筆者作成．

この解釈により，同程度の製品メーカーであっても，有形の製品を核にした無形のものを対象に，製品メーカーが発注企業から対価の獲得を期待できる程度を解釈できると考える。例えば，資源の重要性をはじめとした3点の高い状態ならば，製品メーカーは無形のもので利益を期待できる組合せを模索可能となる。

ただし，ここまでの解釈だと，解明困難なことがある。それは，この理論を中小の製品メーカーに適用して分析をする際に，発注企業の依存性の高い企業とそうでない企業の混在した状態を分離困難なことである。換言するならば，製品メーカーに絞り込んで分析をしても，2-1において述べた「製品メーカーとそうでない企業との差異」の説明に至れない可能性が高い。また，組織間（中小の製品メーカーと発注企業）を対象に，高度経済成長期以降の取引関係の変遷にも

適用できる解釈を，図表2のみに基づき論じることは困難と考える。それゆえに，図表2を踏まえつつ，中小の製品メーカーを更に絞り込む必要性が生じる。更なる絞り込みに限っては，他の考察視点に立脚することをつうじて，より精度の高い考察，および，解明困難な状態の解消を試みる。

－3．中小の製品メーカーの位置づけ．

　本節では，下請制研究を意識して中小の製品メーカー（以下，製品メーカーと省略）の位置づけをする。問題意識の最後で，企業（組織）を顧客としている製品メーカーに注目する旨を記した。しかし，図表2における高低の組み合わせを想像すると，製品メーカーを単一の存在と捉えるべきではない。なぜならば，同じ製品メーカーであっても，発注企業との関係性に差異の生じるケースが考えられるためである。それゆえに，抽象的に使用している「製品メーカー」という言葉を適切に位置づけるべきである。製品メーカーという言葉を適切に位置づけるならば，下請制研究を強く意識した解釈が妥当と考える[注9]。製品メーカーは注文生産を受けて製品製造をしている企業だが，注文生産には2種類存在している。それぞれ，外注取引関係にない注文生産，および，外注取引関係にある注文生産[注10]である。前者は，注文を受ける企業（製品メーカー）の主体的な企画開発をつうじて製品を製造している企業である。後者は，注文を発する企業（発注企業）の主体的な企画開発をつうじて製品を製造している企業である。

　「外注取引関係にある注文生産」をしている製品メーカーにおける裁量は概ね低いといえよう。例外的な存在はあるにせよ，発注企業の影響を強く受けることとなる。端的に述べると，外注取引関係にある注文生産を受けている部品メーカーは，「対等ならざる取引関係」（渡辺幸男，1984，p.336）に晒されており，激しい競争を繰り広げている。この点については，厚い研究蓄積を有している。研究論文の解釈や目的は異なれども，元請企業から受ける影響（事象）として，下請企業，または，部品メーカーの内的情報の開示[注11]，曖昧な契約[注12]，親企業の受注・発注のシステム，仕組み，要件への適応[注13]，納品ルールの順守[注14]が指摘されている。部品メーカーと異なるが，外注取引関係にある注文生産を受けている製品メーカーにおいても，発注企業の影響を受けることが推察される。そうであるならば，外注取引関係にある注文生産を受けている製品メーカーは，対価を得難くなる。それゆえに，上述した2種類のうち，本論で注目をする製品

メーカーを,「外注取引関係にない注文生産」を受けている企業に限定する。

3. 考察対象企業の条件.

本章では,先述した内容を踏まえて,調査対象企業の条件を設定する。
調査対象企業の条件は3点あり,次のとおりである。第1点目は,有形の製品を核に無形のもので対価を獲得していることである。これは,ヒアリング時に確認をする(問題意識参照)。第2点目は,製品メーカーに対して発注企業の依存性を高める仕組みを構築していることである。これは,有形の製品を核に無形のもので対価を獲得していそうな企業を抽出するための条件である。また,ヒアリング調査の際に,資源の重要性,資源配分と使用に関する裁量,資源管理の集中の確認をする(2-2参照)。第3点目は,外注取引関係にない注文生産をしている中小の製品メーカーに位置していることである(2-3参照)。これは,製品メーカーのうち,外注取引関係にある注文生産をしている製品メーカーを除外するための条件である。
上記の条件に基づき,調査企業の抽出,および,ヒアリング調査を実施した。条件を満たす企業に限って記すと,考察期間は2017年8月8日～9月8日,企業数は3社,経営者に対面式のヒアリングをした。

4. ケーススタディー

－1. A社(精密ダイカスト部品メーカー。製造機械メーカー).
東京都に本社を,埼玉県に工場を擁しているA社は,約60年前に創業した資本金2,000万円,従業員38名,製品ダイカスト部品を主力製品とした外注取引関係にある部品メーカーだが,製造機械を製造している外注取引関係にない製品メーカーでもある。A社は中小企業研究における調査対象として,頻繁に取り上げられてきた事例といえよう。
強みは大きく4点あり,それぞれ,1)素材のノウハウを多く蓄積しており,資材の検査や評価も可能なこと。2)多くの工程を一括受注できること(金型設計・製作,ダイカストマシンの開発・整備,加工,トリミング,検査までまとめて受注できること)。3)同業他社の避けたがる仕事にも対応していること。4)

主力製品に至っていないものの，生産ラインの一部を担う製造機械を製造できることである。A社は加工困難，および，加工不可能といわれている仕事に対応した実績を有している。そのうちの一つが，世界規模で展開しているメーカーから受けた部品の開発依頼である。これらの成果に至った要因として，強みの1），3）が挙げられる。1）については，資材や加工特性を熟知していることに加えて，能動的に体系的な知識を学び技能・技術を高め続けられる人材育成に努めている。3）については，他の製法を模索し受注機会の増加等を図っている。

　A社における無形のものの優位性を述べる。A社における無形のものの優位性は，4）に存在している。利益に寄与している水準に至っていない点に留意する必要はあるが，製造機械の製造をした目的は，新たな売上高の獲得，囲い込み，オプション・サービス収入の獲得だった。その後，新モデルを投入し，安全カバー，特殊センサー，品質管理に係る情報の送受信と記録，EXCEL操作に対応，デジタル・データ化を実装し，一部，有料オプションとした。この結果，販売先の製造機械で生じたトラブルに対しても，技術者を派遣せず解決できる領域が増加した。しかし，3点の理由から，利益に寄与しているとは言い難い現状である。それぞれ，同業他社の多さゆえに，サービス収入を容易に獲得できないため。潜在的な顧客たる企業に熟練工がいれば対応できるため。そして，高度な技術・技能を有しているとはいえ，それぞれの元請大企業が精密ダイカスト部品の相場を把握しており，それを上回る費用を認めないためである。

　上記の内容をまとめると，A社は精密ダイカスト部品の製造を核として売上高の安定を図りつつ，ダイカスト製造機械メーカーとして企業向けのサービス，アフター・サービスの提供をつうじた利益の積み上げを模索していると解釈できる。ただし，特定部品の相場が形成されている単一の市場，激しい競争を繰り広げている市場，素材や加工を熟知している人材を擁している企業においては，サービス収入を期待し難いという課題を抱えている。したがって，製品メーカーとしてのA社は発注企業に対して行使できる高い裁量を有しているが，A社に対する資源の重要性は限られた発注企業に留まり，資源管理の集中は低いと解釈できる。

－2．B社（樹脂加工機械メーカー）．

　群馬県に工場を擁しているB社は約35年前に創業した資本金約6,000万円，従業員30名，樹脂加工機械の製造を主力製品とした外注取引関係にない製品メー

カーである。外注企業数は7～8社，うち組立3社となっている。B社は製品開発型であり，サービスで稼ぐ企業として取り上げられている事例といえよう。

　強みは大きく3点あり，それぞれ，1）樹脂加工機械の開発，製造能力，2）知的財産権等使用料，3）顧客のコア強化に資する営業能力（提案・解決能力）を有していることである。強みを築くに至った経緯は，次のとおりである。創業後，世の中で樹脂化が進むことに着目し，約20年前に知財，規格化，ブラックボックス化（以下，ケーシング）に注力する方針を固めた。この方針を固めるに至った一つの契機は，特許制度の変更である。また，知的財産で稼ぐための原資となる製造機械については，樹脂加工工程で発生するバリへの対処によって，樹脂加工機械メーカーとしての地位を確立した。バリの除去にはコストがかかる。これを解決する理想的な方法はバリを出さないことだが，B社はバリの容認を選択した。しかし，バリを容認する樹脂加工機械の製造だけでは，顧客のコア強化に資すると言い難かった。そこで，バリ取りを無人化するシステムに昇華させた。これによって，加工機械そのものだと優位性の確立が困難な状態から，加工機械を中心とした前後の工程を含めたシステム構築に発展させて優位性の確立を果たした。加えて，知的財産権等で稼ぐために，技術ライセンスや特許取得に経営資源を投入した。更に，システムの規格化，標準化，および，海外におけるライセンス供与の推進，取引先ごとのカスタマイズを極力避けて販売できる仕組みづくりをした。この結果，自社で対応せざるを得ない仕事の増加を抑制でき，また，需要動向の影響を大きく被ることなく販売先を増やす体制を構築した。

　上記の内容をまとめると，B社は樹脂加工機械の開発，設計，試作，生産に特化した企業であり，顧客のコア強化に資する解決能力を有している。そして，発注企業の期待を超えた成果を出すことをつうじて，その対価を獲得している。また，分工場を展開して需要に応えるよりも，規格化と標準化，ランセンス供与をつうじて需要に柔軟に対応できる体制を維持している。このように，B社は特異な開発能力を核として知的財産権等使用料によって売上高を積み上げている。

　B社における無形のものの優位性を述べる。B社における無形のものの優位性は，先述した強み3）に含まれるかたちで存在している。それは，顧客の抱えている課題の解決能力，および，解決した対価を適切に得られる仕組みづくりである。経営展開という観点から述べると，先に記載した内容では不十分である。なぜならば，B社は利益率重視で，知的財産権等使用料を売上高の核に据えるため

の経営展開をし続けているためである。B社は早い段階で知財,規格化,ケーシングに注力する方針を固めている。これらの方針は優位な樹脂加工機械システムを背景に,利益の最大化を図るうえで必要だった。権利化するべき技術を絞り込むと同時に,技術ライセンスの供与,攻撃的な意味合いの特許取得,ケーシング,B社主導で締結するNDA契約,原則的にカスタマイズせずに販売をすることで,特殊対応を極力増やさずに保守などのアフター・サービスをライセンス供与先企業でも対応できる水準に留め,樹脂加工機械システムを核にした関連サービスの提供をつうじて,取引先企業に対する価値の提供と安定的な収益を確保している。

　B社の業態を外注取引関係にある下請企業・製品メーカーで模倣することは困難と思われる。しかし,特定部品における新たな製法の追求やコスト削減,または,複合機能部品の開発という比較的狭い領域を深掘りする以外にも,相場の形成されていない領域を模索して対価を獲得するという比較的広い領域をある程度の深さまで掘る視点は注目するべき視点と考える。このように,製品メーカーとしてのB社は,資源の重要性を高くするための仕組みづくり,発注企業に対して行使できる高い裁量,高い資源管理の集中の全てを満たしていると解釈できる。

　－3．C社（油圧ジャッキメーカー。板金加工）．

　東京都に本社機能を,福島県に分工場を,国内に営業所を擁しているC社は約60年前に創業した資本金約3,000万円,従業員36名,業務用油圧ジャッキを主力製品とした外注取引関係にない製品メーカーだが,ステンレス板金加工をしている外注取引関係にある製品・部品メーカーでもある。これらの事業から派生し発展させたエンジニアリング&サービス事業があり,100社以上の顧客から油圧技術や板金・金属加工技術を応用した個別受注設計生産を受託している。

　強みは大きく3点あり,それぞれ,1）油圧ジャッキを核にした関連製品の開発能力,2）サービス開発,提供能力,3）板金加工能力を有していることである。強みを築くに至った経緯だが,1970年～75年に板金加工設備を導入し数社の発注企業から受託加工を開始,くわえて,荷役運搬器具等の修理業も開始した。この過程で,油圧ジャッキを開発し実用新案6件,意匠登録2件を獲得,1976年に販売を開始した。その後,事業拡大に伴い,分工場設立（1981年）,ニーズに応えるために油圧ジャッキの応用製品の開発（1984～90年）をした。また,阪神

淡路大震災（1995年）を契機に防災用品として油圧ジャッキが認知された。他方で，板金部門を多品種少量生産へと移行し，分工場でも小ロット生産への取り組みを進めた。2002～04年には，急増したデータ処理の負荷を減らすために，3拠点間のIT環境を整備し情報通信データの連携強化，および，製品設計能力の強化に取り組んだ。この取り組みを後押しした要因は，2002年に貸与図部品メーカーから承認図部品メーカーに移行したこと，および，個別受注への展開による非定型業務の急増（体感的な作業量が100倍にまで増加）したことである。その後，リーマンショックの影響を被るなか，IT技術の活用による開発工程や生産工程への活用，情報共有や事務処理の負荷の軽減等に取組んだ。2015年には板金事業を強化するために，新たな生産管理システムの導入，および，見積管理システムを自社開発し運用を開始した。なお，2010年代前半以降，IT技術の活用目的は，負荷の軽減よりも利益の創出に軸足を移行させた。

　C社における無形のものの優位性を述べる。C社における無形のものの優位性は，先述した強み2）に含まれるかたちで存在している。C社の提供している業務用油圧ジャッキのシェアはトップだが，特異な技術と技能を有していることのみに注目するべきではない。注目するべきことは，業務用油圧ジャッキという製品を核に，発注企業の求めているニーズを満たす製品とサービスを3点提供していることである。3点の概要を述べると，1点目は営業において発注企業の求めているニーズの把握，C社の提供できるサービスの提案・交渉，および，C社の提供できないサービスを補完する業者の案内である。2点目は完成した製品と有償サービスの提供に必要な手配，および，特注品の開発，情報収集やマーケティングにもつながる潜在的な顧客からの相談，修理，補修対応である。顧客が油圧機構を使いたい場面や，据え付ける場所の条件は多彩なためである。C社は油圧ジャッキの販売のみによって発注企業の解消したい要件を部分的に解消するのではなく，油圧ジャッキの販売を核に発注企業の解消したいニーズを全面的に解消する仕組みづくりで生き残りと成長を果たしている。3点目はIT技術の活用目的を，負荷の軽減に加えて利益の創出に展開させたことである。列挙すると，WEBサイトの発信力強化，業務の負荷軽減や情報共有，それらを基盤にした社内ネットワーク・グループウェア活用による業務プロセスの見える化，Contexerによる自社専門業務システムの開発・活用とデータ連携の推進を図ったことである。とりわけ，後者2点は，複数の業務を1人で担わざるを得ない実態，および，

1つの案件を少人数で担っている実態に合わせて，業務課題解決方針を組織論的なアプローチではなく，業務機能的なアプローチを選択している。この結果，意思決定や社内・社外とのコミュニケーションの取り方を業務フローに沿って処理し易くなった。更に，顧客とのコミュニケーションを短時間で深めるために，顧客からみた場合，無償のサービス提供をつうじて（厳密には，C社が設定する販売費及び一般管理費を売上原価に含むかたちで）営業能力を高めている。この実現に際して，秘匿するべき領域を明確にすると同時に，それ以外の領域については容易に変更可能で維持・更新費用の少ない（殆ど要しない）手法を活用している。

　以上のとおり，C社は業務用油圧ジャッキを核に取引先企業に対して価値を提供し収益を確保する仕組みを構築している。この仕組みは業務システムに幅広く存在しており，業務の滞留をより少なくできる手法を構築している。このように，C社における資源の重要性は，重量物を持ち上げるという単一の機能を提供しているが，複数の業種の発注企業（組織）を対象にした製品群を取り揃えており（中），顧客のニーズの全面的な解決に導く無形のものの提供をしているために，単に油圧ジャッキを購入するのみだと満たせないケースほど資源の重要性は高い。発注企業に対して行使できる裁量は高い。資源管理の集中は，特に，複合的な課題を抱えている発注組織に対してならば高く，そうでないならば低いと解釈できる。

5．考察．

　ケーススタディーの結果，外注取引関係にない注文生産をしている製品メーカーにおける優位性の獲得は「資源の依存性を決定する要因」を拠りどころに，下請制研究を意識したかたちで解釈可能だと確認できた。

　これに伴い，たとえ同程度の製品製造をしていたとしても，企業を顧客としている外注取引関係にない注文生産をしている製品メーカー間の差異が，発注企業の資源の依存性の観点から説明可能となった。最後に，A社～C社における資源の依存性の程度を一覧にすると，図表3のとおり表わせる。

図表3. 調査対象企業における資源の依存性の程度.

製品メーカー	資源の重要性	資源配分と使用に関する裁量	資源管理の集中
A社	低～中 特定の発注企業に留まる	高	低
B社	高	高	高
C社	中～高 特定の発注企業には高	高	低～高 特定の発注企業には高

注：J.Pfeffer. and G.R.Salancik（1978），pp.46-51，本論2～4を踏まえ作成している。
注：本論の趣旨を鑑み，組織間の関係は，外注取引関係にない注文生産を受けている企業（製品メーカー）とそこに発注をしている企業（組織）との関係と捉えて記している。
（出所）筆者作成.

結論と課題

2－2において，中小の製品メーカーにおける優位性の獲得は，「資源の依存性を決定する要因」を拠りどころに，解釈可能だと確認をした。ここまでは，概ね既存の先行研究を踏まえた確認に留まる。ただし，生産される有形の製品とそれを核にした無形のものを対象に解釈している点が特徴である。本論の成果は，中小の製品メーカーを単一の存在と捉えても解明困難な領域の残ることを指摘し（2－2），それを解消するために，中小の製品メーカーを「外注取引関係にない注文生産」に絞り込み（2－3）解明困難な状態の解消を提示したことである。

本論の課題は多い。とりわけ，本誌において，3つの要因（資源の重要性，資源配分と使用に関する裁量，資源の集中）のそれぞれが具体的に何かを，原著を踏まえ，中小の製品メーカーに注目をしたかたちで丁寧に説明できていないことである。加えて，同程度の製品製造をしているにも関わらず優位性を獲得している実態をつうじて，資源の依存性の程度を考察しているが，丁寧な説明とは言い難い。これらは，令和元年度の学内紀要論文で補足をする。

謝辞

本論は，生活文化研究所（平成30年度）の助成に基づき作成されたものです。また，拙稿に十分に反映できなかったが，投稿に至るまでの間，問題点を鋭く指摘するに留まらずにお導き下さった渡辺幸男先生，および，小川正博先生に心よ

り厚く御礼申し上げます。

〈注〉
1 機能的価値の定義は「客観的に価値基準が定まった機能的な評価によって決まる価値」（延岡健太郎，2011，p.104）であり，意味的価値の定義は「顧客が商品に対して主観的に意味づけすることによってうまれる価値」（延岡健太郎，2011，p.104）である。
2 延岡健太郎（2011）p.77，pp.275～277を参考に記載。
3 「無形のもの」とは，売買の可能な知的財，さまざまなサービスと広く捉える。なお，知的財については，港徹雄（2009）p.95に記されているとおり，「利用の非排他性」や「取引の非可逆性」などによって機会主義的行動が誘発し易いこと。質的評価の困難さを伴う性質を有しているとの考えに準ずる。なお，売買の著しく困難なものは，本論の考察対象から敢えて除外する。
4 日本政策金融公庫総合研究所（2018）p.4，pp.57～70参照。
5 上述した2点の資料における調査対象企業の情報を踏まえて記している。
6 太田進一（1983）p.58，浅沼萬里（1984）p.253，渡辺幸男（1984）p.332参照。
7 「資源の重要性」とは，特定の取引相手に他の組織が依存する程度である。交換の相対的規模，および，投入や産出時における重要性の程度として観察できる。「資源配分と使用に関する裁量」とは，資源の割り当てや使用を決定する能力である。資源を制御する方法として，所有，アクセス，制御機構の構築がある。なお，「所有」については，物的な物と知識・情報とで差異のあることに触れている。資源依存論は，組織の必要とする資源の依存の程度により，組織間関係を説明する理論である。それゆえに，本論の捉え方だと，「資源の重要性」と「資源配分と使用に関する裁量」の解釈にあたり，企業を画一的に捉えるとの疑義が生じる。この疑義に対しては，より丁寧な考察を要する。本論文では，その端緒として，画一的に捉えないよう，ヒアリング調査をつうじて要因を企業ごとに考察する手法を選択する。「資源管理の集中」とは，限られた資源制御の所有者に他の組織が集中する程度である。
8 髙田亮爾（2003）pp.45～47，pp.51～56を参考に記している。なお，髙田氏の解釈を援用して記すならば，本論では片務的依存関係モデルに馴染む中小企業下位層ではなく，「①関係する企業の経営資源蓄積状況，企業能力の程度，②関係する企業間で相互補完性の程度，③関係する企業の経営資源充実・向上への自己学習能力・改善能力・革新能力等の程度に規定される」（髙田亮爾，2003，pp.54～55）に近い中小企業上位層のみに焦点を当てている。
9 「下請制研究を強く意識した解釈」という表現をしている理由だが，本論では資源の依存性を決定する要因に拠る展開をしているためである。
10 この用語は，東部部会報告における質疑をつうじて指導頂いたものであり，検討を経て使用している。指導頂いた先生の意図を反映していない可能性を有するために，責任は筆者に帰する。

11 これ相当する事象は，浅沼萬里（1984）p.258，渡辺幸男（1984）pp.332〜334，港徹雄（1985）p.48参照。
12 港徹雄（1988）pp.7〜8，港徹雄（2011）pp.329〜341参照。
13 太田進一（1983）pp.56〜58，巽信晴（1984）p.48，植田浩史（1987）pp.10〜11，出口弘（2000）p.17参照。
14 「納品ルールの順守」に相当する事象は，トヨタ自動車販売株式会社社史編纂委員会（1980）p.210，植田浩史（1987）p.10参照。

〈参考文献〉
1 浅沼萬里（1984年）「日本における部品取引の構造―自動車産業の事例―」『經濟論叢』第133巻3号 pp.241〜262
2 出口弘（2000年11月）「中小企業ものづくりとＩＴ革命」『商工金融』第50巻11号 pp.5〜23
3 J.Pfeffer., G.R.Salancik（1978）*The external control of organizations: A resource dependence perspective,* New York, NY: Harper & Row.
4 港徹雄（1985年1月）「下請中小企業の新局面とその理論展開」『商工金融』第35巻1号 pp.39〜52
5 港徹雄（1988年1月）「下請取引における「信頼」財の形成過程」『商工金融』第38巻1号 pp.7〜19
6 港徹雄（2009年）「パワーと信頼を軸とした企業間分業システムの進化過程」『三田経済雑誌』第101巻4号 pp.69〜97
7 港徹雄（2011年）『日本ものづくり競争力基盤の変遷』日本経済新聞出版社
8 日本政策金融公庫総合研究所（2018年）「IoT時代にサービスで新たな付加価値創出に取り組む中小製造業」『日本公庫総研レポート』No.2018-1
9 延岡健太郎（2011年）『価値づくり経営の論理』日本経済新聞出版社
10 太田進一（1983年）「中小企業と研究開発」『同志社商学』第35巻2号 pp.34〜60
11 畠田亮爾（2003年）『現代中小企業の経済分析―理論と構造―』ミネルヴァ書房
12 巽信晴（1984年）「高度情報化による下請制工業の変化」『季刊経済学研究』第7巻3号 pp.32〜61
13 東京商工会議所（2016年）『中小企業の戦略的知的財産活用に関する調査報告書』東京商工会議所産業政策第一部
14 トヨタ自動車販売株式会社社史編纂委員会編（1980年）『世界への歩み―トヨタ自販30年史―』トヨタ自動車販売会社
15 植田浩史（1987年9月）「自動車産業における下請管理―A社の1970年代の品質・納入・価格管理を中心に―」『商工金融』第37巻9号 pp.3〜23
16 渡辺幸男（1984年）「下請企業の競争と存立形態（下）―「自立」的下請関係の形成をめぐって―」『三田学会誌』第77巻3号 pp.325〜344

（査読受理）

都市型中小企業研究の現代的意義
―東京都墨田区を中心とした印刷業の事例から―

機械振興協会経済研究所　中島章子

1．はじめに：問題提起

　本稿の目的は，東京における中小企業のうち，比較的小規模な印刷業による新たな活動を分析することで，都市型中小企業研究の現代的意義を検討することにある。

　東京都には全国における全産業の事業所のうち11.8％が立地しており，従業員規模別にみると1～4人規模が54.5％，5～9人が20.7％，10～19人は12.3％と，大半が小規模であることがわかる。また大分類による業種別にみると，都市型産業といわれる情報通信業（全国比34.1％），学術研究・専門・技術サービス業（18.8％）の比率が高い[注1]（東京都産業労働局総務部企画計理課，2017）。さらに全国と比較して特徴的なのが印刷・同関連業（以下，印刷業と表記する）の事業所数，出荷額等の割合の高さである。全国において印刷業が占める事業所数割合が6.2％であることに対し，東京において印刷業が占める事業所数割合は15.7％で，これは都内の産業で一番多い。また出荷額等では全国に占める割合は5％以下だが，東京都では同産業が都内出荷額のうち11.6％を占めている[注2]（東京都産業労働局総務部企画計理課，2018）。印刷業はかつて1970年代に取り上げられた都市型産業のひとつであるが，現在も同様であることがわかる。

　全国における印刷業の事業規模を従業員規模でみると，3人以下である事業所が全体の54.9％と最も多く，次に4～9人（22.2％），10～19人（10.6％）と続く[注3]。さらに東京都における印刷業で，4人以上である事業所について規模別に割合をみると，4～9人が51.3％，次いで10～19人（24.6％），30～299人（13.9％）である。また1事業所あたりの従業員規模の平均はおよそ20人以下であり，比較的小規模であることが推察される[注4]。

都市型中小企業研究が提起された1970年代には，その事業規模が小規模でありながらも，東京に存立する根拠が各研究者によって論じられた。しかし2010年代の終盤である現在において，かつての存立条件のみで東京に存立しているとは考えにくい。

また印刷業においては，1980年代において革命的な技術転換（デジタル化）が起こっており，近年ではインターネット等による情報伝達をはじめとするペーパーレス化の進展等の影響による印刷需要の縮小や変化がみられる。事業を存続させるためにはこれらの対策も必要だが，多種多様な業種が存在する東京において，小規模な印刷業は他にどのような対策を取りながら存続しているのだろうか。

これらの問題意識から，本稿では東京都における印刷業において取り組まれている新たな動向を分析することで，都市型中小企業の現代的なありかたを示すとともに，明確な解決がなされてこなかった都市型中小企業研究のひとつの到達点を見出すことを目指す。

2．先行研究レビューとリサーチ・クエスチョン

2.1 都市型中小企業研究

都市型中小企業の概念を提示したのは清成（1972）が最初である。この都市型中小企業のうち重視しているのが中枢管理機能関連産業と分類したものであり，研究開発産業などソフトな機能を担う産業から，これらの補助的な産業として印刷・製本業などが挙げられている。

清成によると，都市に中小企業が増加するのは次の理由があるとする。都市にはもともと多様性があり，これが専門的中小企業の存立を可能にする。都市の発展はその多様性の拡大，すなわち社会的分業のより一層の深化であり，新たな専門的中小企業の増加，つまり外部経済の集積をもたらす。この外部経済の集積は，専門的中小企業の関連産業，補助産業を生じさせていく。さらには都市への情報集中が進み，新たな産業が生まれやすくなる（清成忠男，1972）。

特に東京では，生産性の低い中小企業は次第に成り立たなくなり，高地価に耐えうるだけの高付加価値を生み出すことができる中小企業のみが立地していくとしている（清成忠男，1972）。

このような都市型中小企業のありかたに対して，巽（1974）と中山（1976，

1981）が批判的な指摘を行っている。巽は当時の大阪市において増加している小零細企業の業種について，従業員1人あたりの粗付加価値額・給与から，他の業種より高いとはいえず，都市で増加しつつある企業がいわゆる「高能率・高所得」な研究開発型の企業のようにはいえないとしている。

中山は都市型集積の一形態として零細化を挙げ，都市における小零細企業の増加は下請制，問屋制による都市への集積・集中であるとし，その存立条件として「非合理的強さ」，すなわち低賃金，長時間労働，家族による無償労働などによって支えられているとしている。

以上の巽，中山らの議論をふまえ，三井（1981b）は，当時の東京における一部の「先端企業群」，すなわち先に挙げた都市型産業のみを重視するのではなく，大多数を占める小零細工業集団の存在を分析することの必要性を示した。そのための4つの視点[注5]を挙げており，このうち，都市型産業の活動を支える存在としての小零細工業集団がなす「集積」としての成果について，どのような機能が，どこへ，どのように働いたのかを解明すべきだとする視点がある。

これら都市型中小企業研究について，1990年代，2000年代における研究や経済環境などの実態から再検討したのが和田（2008）と山本（2008）である。和田はベンチャー論に基づいて清成が展開した都市型産業論は，1990年代以降の第3次ベンチャーブーム下の諸研究には引き継がれず[注6]，また中山のいう「非合理的強さ」は，90年代以降の国際化の進展，地価高騰などによって大きく変化した都市環境下[注7]では通用しないと指摘している。また山本は東京の産業のうち，かつて清成が都市型産業として挙げていた印刷産業の付加価値額について，東京の製造業全体の平均額よりも下回っていることを示し，同産業は高付加価値産業として位置付けることはできないと指摘している。

2.2　都市における小零細印刷業の存立条件

三井（1981a）では，東京のうち港区における印刷業小零細経営の分析に基づき，その存立条件として次の5点を挙げている。（1）「商業印刷物」，「文字組もの」といった，多種多様な「端物」的需要に応えるよう，（小零細企業ごとに）機能分化している，（2）需要家（先）の多様性に応じ，近接地域において大企業を含む多数のユーザーと細かく直接取引しながら，さらに一定数の固定した主たる取引先を有している，（3）多様な受注への対応ならびに仕事の変動のカバーの

ため，近接する多数の外注を活用している．（4）さらに外注依存を高めることで，必要設備・建物・人員数等を抑え，いわゆる都心部の「高地価高賃金」に対処してきている．（5）多種多様な仕事を，需要先との近接と外注活用の利点を生かして受注していくことにより，取引関係の長期的かつ安定的な確保を図り，「過当競争下」での都心立地の費用面の不利を補い，ある程度の売り上げ増・収益をあげている，とある（三井逸友a，1981，p.217）。さらに三井は商業印刷の役割の高まりを指摘し，より高度な生産技術等が求められるようになっていること，長期的安定的な需要・取引関係の確保には（他社への分業も含めた）工程全般の管理のみならず，企画・デザインなど前工程処理への対応が求められつつあることを示している（三井逸友a，1981，p.219）。三井が挙げたこれらの存立条件は，印刷業に限ってではあるが，先述した中山による都市における小零細企業の存立条件である「非合理的な強さ」とは異質のものである。

　三井の存立条件のうち，需給両サイドの近接性の利益について言及している箇所が多く，上記（2）から（5）は供給サイドである印刷業にとってのメリットであり，（2）に関しては需要サイドである顧客側のメリットともとれる。三井の示した近接性に関し，地域資源の活用と言い換えることもできる。地域資源のうちここでは同業・関連業種が該当すると考えられる。

　しかし山本（2008）は，2000年代の事例を通じて，東京において存続する印刷業の方向性として3点挙げるなかで，次のことを指摘している。その方向性は，印刷受注に対して量的・質的に対応力を高めることと，印刷のほかに付加的なサービスを行うことに加え，自社の内製加工分野を絞り込み，外注先を活用していくことである。この外注先について東京都外がみられることを指摘し，東京都内の産業の集積のみに依拠しなくなっている現状を示している。その背景として情報通信技術の発達や物流網の整備により，顧客や外注先と近接することの重要性が薄らいだことも述べている。本稿の1節にて今日の東京都内における印刷業の存在を示したが，事業所数は1980年代半ば以降減少し続けており，かつての都内同業者，関連業者との分業体制の維持も難しいことが推察される。

2．3　デジタル化以降における中小印刷業の存立条件とリサーチ・クエスチョン

　印刷産業における革命的な技術転換（デジタル化）によって，特にオフセット印刷における工程の変化が生じた。印刷における5工程（編集・入力・組版・版

下の作成→製版→刷版→印刷→後加工）において，従来はワープロ，スキャナー→組版機→製版カメラ→刷版→印刷機→後加工機であったものが，デジタル化することにより組版機，製版カメラが必要となくなり，パソコン→イメージセッター→刷版と工程が変化し，さらにCTP印刷やオンデマンド印刷であれば刷版も不要となった。なお印刷方式は主に5つあり，生産金額が多い順に平版印刷（オフセット印刷，67.2％），凹版印刷（グラビア印刷，18.4％），凸版印刷（活版印刷，6.2％），孔版印刷（スクリーン印刷，0.7％），フレキソ印刷0.7％，その他6.8％となっている[注8]（経済産業省，2016）。

1980年代に起こり，1998年にはDTPの出現などが生じたデジタル化だが，特に2000年以降にはそれまで分業していた編集・入力・組版（写植），製版，刷版の工程を一台の機械（イメージセッター，プレートセッターなど）で行うことが可能となり，それにより従来の工程における分業体制も変化し，分業相手であった他社が競争相手となる場合が生じることになった[注9]。

このような状況下で中小印刷業が存続していく方策として，中小企業研究センター（2004）は5つの戦略を提示しており[注10]，特に東京都における中小印刷業の取り組み事例として，パンフレット等のサンプル作成による提案を挙げている。パンフレット類の作成には色合わせやレイアウトなど，デザインを行う工程が必要となるため，もし企業内にデザイン部門がない場合には新設する必要がある。このようにデザイン部門を重視する流れは，デジタル化によって引き起こされたものとみられる。デザインを含む企画・提案力については全日本印刷工業組合連合会（2013）でも挙げられており[注11]，今日ではもはや印刷業全体に求められる要素であり，多種多様な需要が見込まれる都内印刷業においてはさらに高い能力が求められる一方で，引き続き三井（1981a）でも挙げられていた，顧客との細かなコミュニケーションが求められるだろう。

ただし，三井や中小企業研究センター，前項の山本も指摘していないが，都内印刷業が存続するためには，かつての都内の同業者，関連業者との分業体制よりも，多様な需要先となる異業種との協業関係を構築することが重要となってくる。印刷工程の受注にとどまるより，デザインを含む企画・提案力をもって協業関係となることで，印刷工程の受注のみの場合よりも付加価値を得ることが可能になると考えられる。

以上より，次のリサーチ・クエスチョンを立てる。現在，東京において存続し

ている中小印刷業は，異業種と協業している場合，どのような事業に取り組んでおり，異業種との協業をはじめる前の事業に比べて，どのような点で異なっているのか。これらについて，次節では事例研究を通じて検討していく。

3. 事例研究

3.1 調査対象の選定と方法

筆者は東京における中小印刷業のうち，まず異業種を含む企業等と広く協業している実績をもつ比較的小規模な企業を選定した。その理由として，デザイン[注12]を含む企画・提案力を強めながら，従来の受注中心の事業内容を発展させるためには，異業種との協業が重要であると考えられるからである。ここでいう協業とは，協業する企業（個人）同士が対等な関係であることが前提である。企業と顧客の間でも同様であり，先で示したような印刷にかかる工程のうち，デザ

表1　東京都内の中小印刷業にみる協業ネットワーク

サンコー（印刷業，墨田区）によるネットワーク形成先と主な成果					
企業など団体名	業種	地域	ネットワーク形成のきっかけ	対象企業との関係性	主な成果
浜野製作所（浜野慶一）	精密板金など金属加工業	墨田	地縁，後継者塾	ワークショップの協業	ワークショップの継続的な運営
篠原紙工（篠原慶丞）	製本業	江東	2代目からの地縁（近隣に立地）	シェアオフィス入居者	セミオーダー手帳の企画，製造
フリーランサー	ライター，カメラマン等	墨田	シェアオフィスへの入居	シェアオフィス入居者	墨田区発行のリーフレット受注
イッサイガッサイ東東京モノづくりHUB	創業支援ネットワーク	台東	地縁が元	創業支援ネットワークの共同運営	企業誘致，新規創業による新たな取引先の充実
墨田区役所産業振興課	行政機関	墨田	地縁，後継者塾	創業支援の提供	（区側）区内での新規創業（対象企業）シェアオフィス新規入居者の獲得など

出所：各企業代表者，担当者へのヒアリング調査をもとに筆者作成

インや企画の段階から印刷業側も発言権を持ち，製品やサービスを印刷業と顧客が共同で形作っていくことを前提とするものである。

対象企業および協業相手の企業，団体に対して，2017年8月〜2018年7月，代表者，担当者に対するヒアリング調査を実施した。

インタビューの時間は1人あたりおよそ2時間，対象企業であるサンコーの代表取締役である有薗氏へは，企業ならびに有薗氏自身の経歴，これまで取り組んできた外部との協業に関する内容を中心に質問した。協業相手である企業に対しても代表者自身ならびに企業の経歴，サンコーとの協業に関して質問した。

なお墨田区の製造業に関して付記すると，同区は都内23区のうち二番目に工場数が多い区であり，業種は構成割合が大きい順に印刷・同関連業（18%），金属製品製造業（17%），繊維工業（10%）であるが，他に皮革製品，ゴム，プラスチックなど多様な業種によって構成されていることが特徴的である（総務省・経済産業省，2012）。

3.2 事業内容の転換

サンコーは1967年3月に設立した印刷業で，2018年6月現在では，同社の営業品目はDTP，CTP（売上全体の3割），印刷（商業印刷が中心，6割），スカイツリー関連商品の企画製造（1割）となっている。従業員数は20人[注13]で，比較的小規模な形態である。

同社は2000年までは一貫して製版のみを行っていたが，先述したようにデジタル化の影響により事業転換に迫られた。2003年には無人稼働が可能なCTP機械を導入し，翌年2004年には大型のCTP機械を入れ，新たにオペレーターを採用した。2006年にはフィルム製版機を導入しているが，2008年を最後にフィルム製版機の導入をストップしている。この背景として，2018年6月現在，同社の会長となっている2代目の有薗克明氏は，近隣の同業者が相次いで同様の機械を導入することを知り，製版の競争が激化することが見込まれたことを挙げている。また克明氏は，近隣の同業者の動向について，家族経営，特に夫婦のみで単一の印刷物のみを受注しているような企業[注14]が存続できなくなったことを指摘している。

ところで本稿の冒頭で触れたが，サンコーは2009年のスカイツリー完成以降，スカイツリー関連商品の企画・開発・販売を行っており，これに伴い，同社では

発注元を交えた企画会議にて，同社の営業担当が商品の企画営業にかかるOJTを通じたノウハウ構築が可能となっている。この関連商品の製造にかかる印刷工程は主に同社が行っており，また在庫管理も同社が行っている。売上に占める割合はさほど高くはないものの，印刷工程のみの受注にとどまらない事業への取り組みであることや，企画段階から発注元と協業関係にあることが，従来の事業とは異なっている点である。

3.3　地縁をベースとした異業種との協業関係の形成

サンコーは現在の取締役社長である有薗悦克氏で3代続いている。有薗氏は大学卒業後カルチュア・コンビニエンス・クラブに入社し，関連企業の買収，再生に携わっていたが，2013年にサンコーへ入社した。同社がある墨田区で開かれている後継者塾，フロンティアすみだ塾に入塾し，同塾の講師として登壇していたのが表1の浜野氏である。

有薗氏と浜野氏が提携したのは，2016年7月に行われたワークショップ「デジタル版画で北斎を刷ろう」である。浜野製作所の第三工業である「Garage Sumida」にてレーザーカッターにより彫刻された葛飾北斎の「富嶽三十六景　神奈川沖浪裏」の版木を使い，サンコーの子会社ステージアップが運営するクリエイターシェアオフィス「co-lab墨田亀沢:re-printing」[注15]にて5版6色刷りを体験するイベントである。同イベントはすみだ北斎美術館の開館に先駆け企画されたもので，2016年以降年に数回開催されている。

サンコーは商業印刷にてカラー印刷のノウハウを有しており，浮世絵の色ごとのデータ分解が可能であり，浜野製作所は金属の精密加工を得意としている。また有薗氏が墨田区を中心とした東東京[注16]の製造業振興の意思が強いことと，現在の代表である浜野氏が，墨田区を中心とした都内製造業の振興に長年熱心に取り組んでいることも，同イベントが立ち上がるきっかけのひとつとなっている。

さらに有薗氏はデザインに携わる人物らと交流し，協業を行っている。そのひとつが表1のイッサイガッサイ　東東京モノづくりHUB（以下イッサイガッサイ）である。台東区にあるデザイン系のインキュベーション施設，台東区デザイナーズヴィレッジの鈴木村長とのつながりが強く，2016年よりイッサイガッサイを立ち上げ，東東京における製造業と，試作ニーズのある他地域のデザイナー等を引き合わせる事業や，同地域における空き物件の紹介を通じた新規企業の誘致

などを行っている。
　また有薗氏は自社が運営するシェアオフィス「co-lab 墨田亀沢:re-printing」の入居者であるデザイナーをはじめとするクリエイターと協業している。印刷会社として受注した，デザインを含む案件について，シェアオフィスのクリエイターと案件ごとにチームを作り，協働して制作を行っており，たとえば墨田区内の案内リーフレットを受注，納品している例がある。
　特に同オフィス入居者であり，篠原紙工の代表である篠原氏[注17]とは，2017年，2社が共同し，インターネット上で行うセミオーダーの手帳作成サービス「ネットde手帳工房」の事業を大手企業とタイアップし，印刷，製本工程を分業する体制づくりを実現している。

4．事例分析による結論

　2．3で挙げたリサーチ・クエスチョンに対する直接的な答えとしては，前節で都内中小印刷業が異業種との協業によって取り組んでいる事業内容について示したとおりであるが，本節では，そもそもなぜ異業種との協業が実現できたのか。それは都内中小印刷業をはじめとする，これからの都市型中小企業が存立する要因となりうるのかについて検討していく。
　2．1ならびに2．2においてみたように，清成（1972）の説では都市においては高付加価値を実現できる中小企業しか存立できないとされた。これに対し巽（1974），中山（1976，1981）は高付加価値をあげていない中小企業の存在や非合理的な条件による存立を示し，三井は都内小零細印刷業が存立できる要因として，端物需要の存在と需要先の近接性等を挙げた。特に三井が挙げた要因は同業他社との分業を前提としたものであるが，前節の事例企業においては，異業種との協業である点が異なっている。この協業の成果については表1にあるとおりである。
　異業種との協業は，まず異業種とのネットワーク形成が行われたことからはじまる。協業相手とのネットワーク形成に至るきっかけは表1，ならびに前節において示したとおりである。形成に至った要因として2点挙げられるのは，墨田区内において現存している製造業が多様であることと，地縁の存在と継続である。
　墨田区は製造業の存続，振興策への取り組みが全国的に最も早かった地域であ

る。第二次大戦後，東京都をはじめとする都市部において，製造業を中心として創業が相次いだ。時代が進み，彼ら創業者の引退時期が迫り，担い手不足が懸念されるなか，全国でもいち早く後継者対策に乗り出したのが墨田区である。

同区で特徴的なのは，行政機関よりも区内事業者らが率先して後継者対策をはじめとする産業振興に取り組んできたことと，業種を超えた後継者対策，産業振興が行われてきたことである。3．3で触れた後継者塾における講師や運営主体となるのは区内事業者らが中心であり，この事業者らは多様な製造業に従事している事業者だけではなく，サービス業，小売業といった製造業以外の事業者も参加している。異業種の事業者同士が協力して取り組む後継者育成は1970年代から行われてきており，今日もなお続いている。たとえばサンコーの経営者は現在三世代目であるが，取り組みはその一世代前からはじまっており，産業振興そのものについても世代を超えて続けられている。有薗悦克氏より一世代上にあたるのが，先代経営者である克明氏や，協業相手である浜野氏である。後継者塾をはじめとする仕組みが，区内において業種を超えた産業振興の必要性について，次世代の経営者らに継承されるよう機能しているのである。

都内中小印刷業の存続のためにも異業種との協業は意味が大きい。2．3でみたように印刷業の工程は従来よりも短くなっており，印刷機械をはじめとするハード面での差別化をはかることは難しい。ソフト面での付加価値を高めるためにも，印刷物の企画，デザインの段階から関わることをはじめとして受注中心の経営にとどまらないことが必要である。都内印刷業にはこれが実現できる可能性が高い。彼らにはこれまで対応してきた，多様なニーズへの対応能力があり，さらに区内をはじめとする近隣の異業種との協業を通じて発揮することができる。

以上，都市型中小企業のうち，都市における中小印刷業の存立にかかる要因について述べたが，事例の中心となったサンコーが立地する地域をはじめ，事例の特殊性があることが否めない。墨田区や隣の台東区は，事業所数が減少し続けているとはいえまだに都内有数の製造業の集積地である。さらに台東区がデザイナー育成を進めていることなどの条件が重なり，異業種との交流，協業がスムーズに実現できる環境である。また本稿ではひとつの都内印刷業にのみ焦点を当て，多様な異業種との交流，協業関係と，それが実現した背景として地縁性の存在を挙げたが，現存する他の都内中小印刷業について同様の事例と，ならびに他の都市型産業について事例を蓄積させることで，先述した都内中小印刷業の存続

にかかる新たな方策の確実性を高め，さらに都市型中小企業研究に対して現代的な意義を強めることができると考えられる。

〈注〉
1　総務省・経済産業省（2014）より。
2　総務省・経済産業省（2015），東京都（2015）より。
3　総務省・経済産業省（2016）より。
4　総務省・経済産業省（2016）より。従業者数を事業所数で割った値である。なお従業員数4人以上の事業所数が母数であるため，同センサスに計上されていない4人以下の事業所数，従業者数を加味すると，さらに1事業所あたりの従業者数は減ると考えられる。
5　ほか3つの視点は，①現存する小零細工業（集団）の立地・存立条件のなかからその特質をみるべきであるということ，②都市を固定したイメージや単純な類型でとらえるべきではないということ，③都市における巨大な市場の存在や中枢管理機能，情報の集中により新分野・新市場が生まれ，成長企業も生まれる。そして市場や生産技術，販売方法・製品差別化方法などが主に大資本に主導され変化していくのに応じて，問屋制や下請制の形態も変容していくが，これらを支える小零細企業群の地位が大きく変化するものではない，ということである。
6　そこではいかに将来的に大企業となる中小企業を開業，創業させるかが研究課題であり，そのための方策としてインキュベータ，ベンチャーキャピタル，ベンチャー支援政策などが取り沙汰されており，中小企業が持つ問題性を規模拡大で解決しようとする傾向で，清成の説とはミスマッチであった。
7　このほか，和田は大企業での設計開発工程のリストラ・合理化により，部品の共通化，製品サイクルの長期化が進展し，大都市零細工業が最も得意としたところの試作品製造の受注減を引き起こすことと，こうした企業環境の悪化から事業承継が控えられてしまうこと（＝担い手の不在，縮小），さらに地価高騰と再開発によって大都市工業集積は縮小してしまっていることを指摘している。
8　ただし従業者数100人以上の事業所を対象とした数字である。
9　後述するサンコー有薗氏のヒアリングによる。なおデジタル化が東京に集積する印刷業における社会的分業構造へ与えた影響については渡辺（2011）に詳しい。
10　厳密には企画・デザインによる提案を含めた提案型志向，迅速化対応，高品質化志向，（精度の高い）原価計算，環境対策と「水なし印刷」の5つである。
11　全日本印刷工業組合連合会（2013）では，今後の印刷業における戦略のひとつとしてメディアプロダクトメーカーを目指すことを挙げている。これはどのような製品・商品を販売するかの方針を立てることから，実際の企画・開発・流通過程に至るまで取り組むことを示している。具体的事例としてメモパッドなどのオリジナル文具の製品化などが挙げられている。

12　デザインのうち，本稿では印刷業が多く関わることが想定される工業デザインを前提とする（廣告社　逆引き大学辞典編集部）。
13　内訳は営業担当5人，製作4人（出来上がったデザインデータのチェック，色調整，面付け，色校正出力，刷版を担当），デザイン担当1人，印刷担当3人（出来上がった版をオフセット印刷機へセットし，印刷する作業を担当），経理3人，取締役4人となっている。
14　たとえばかつては伝票の印刷のみを受注するような単一的な事業のみで成り立っている印刷業が数多く存在したが，徐々に淘汰されていったという。
15　墨田区の「新ものづくり創出拠点整備事業」を活用し設立された。詳しい事業内容については，墨田区ウェブサイトを参照。
16　かつて城東地域といわれたエリアで，墨田，台東，荒川，北，足立，葛飾，江戸川，江東，中央，千代田，文京までを含む。
17　篠原氏は自社に工場見学，ワークショップを行う「Factory 4F」を設けており，同時期に「co-lab 墨田亀沢:re-printing」を立ち上げた有薗氏とは，印刷業の刷新に取り組む方向性が近いことから交流が続いている。なお篠原紙工とサンコーはかつて近隣に立地していたことがあり，それぞれの先代が代表であるころからの知り合いでもある。

〈参考文献〉
1　中小企業研究センター編（2004年）『巨大都市印刷業の新展開―デジタル化の衝撃―』同友館
2　清成忠男（1972年）『現代中小企業の新展開―動態的中小企業論の試み』日本経済新聞社
3　経済産業省（2016年）「平成28年経済産業省生産動態統計年報　紙・印刷・プラスチック製品・ゴム製品統計編」
4　廣告社　逆引き大学辞典編集部「大学・短期大学の進路情報ポータルサイト「逆引き人学辞典」工芸学・工業デザインの分野」https://www.gyakubiki.net/gnr/gbn0409.html　（2018年8月19日閲覧）
5　三井逸友（1981年a）「印刷・印刷関連業―都心立地集中の意味するもの」佐藤芳雄編『巨大都市の零細工業―都市型末端産業の構造変化』日本経済評論社，第7章，pp.188～257
6　三井逸友（1981年b）「「都市型産業」論と大都市小零細工業―大都市の産業立地政策をめぐる議論の展開」前掲，第9章，pp.314～339
7　中山金治（1976年）「中小企業問題」加藤誠一・水野武・小林靖雄編『経済構造と中小企業―現代・中小企業基礎講座1』第8章，pp217～246
8　中山金治（1981年5月）「中小・零細企業問題」政治経済研究所『政経研究』第27巻，pp.20～22
9　日本印刷技術協会（2017年10月）『印刷白書2017』

10 　総務省・経済産業省「経済センサス―活動調査　製造業（産業編）」各年版
11 　巽信晴（1974年3月）「大都市小零細企業の基本問題」大阪経済大学中小企業・経営研究所編『中小企業季報』3月号11巻，pp.2〜11
12 　東京都（2015年）「東京の工業（工業統計調査報告）」
13 　東京都産業労働局総務部企画計理課編（2017年8月）『東京の産業と雇用就業2017』
14 　東京都産業労働局総務部企画計理課編（2018年3月）『グラフィック　東京の産業と雇用就業2018』
15 　和田耕治（2008年12月）「都市型中小企業の創成と変容に関する考察」『企業環境研究年報』第13号，pp.81〜91
16 　渡辺幸男（2011年）「デジタル化技術と社会的分業構造の変化―巨大都市東京の印刷業中小企業の構造変化」『現代日本の産業集積研究―実態調査研究と論理的含意』第8章，pp.227〜238
17 　山本篤民（2008年12月）「大都市印刷産業の存立基盤の変化と新たな展開」『企業環境研究年報』第13号，pp.93〜105
18 　全日本印刷工業組合連合会（2013年11月）『「印刷道」〜ソリューション・プロバイダーへの深化〜』

（査読受理）

報 告 要 旨

中小企業の適応プロセスにみる
両毛地域の産業集積の変化
〈報告要旨〉

岐阜大学　宇山　翠

1. 課題と方法

　本報告の課題は，2000年以降における両毛地域の産業集積の変化を中小企業の適応プロセスの視点から明らかにすることにある。これまで両毛地域の産業集積はスバル，日産，ホンダ，三洋電機，三菱電機など，複数の完成品メーカーの下請企業が集積する「企業城下町型」として把握されてきた（松橋，1982a；松橋，1982b；伊藤，2003）。スバルはスバル系列，三洋は三洋系列というようにそれぞれ専属的な下請関係の下で縦のネットワークによる生産が行われており，部品の加工から組立まで両毛地域内で一貫生産されていたのである（宇山，2014）。

　しかし，2000年以降，国内から海外に生産をシフトする動きが一層加速し，両毛地域の産業集積に大きな変化が生じている。例えば，1959年に両毛地域に進出した三洋電機は長年地域経済を支えてきたが，2009年にはパナソニックの傘下に入り，生産が大きく減少した。また，両毛地域の周辺に立地する日産の栃木工場やホンダの埼玉製作所の生産も縮小傾向にある。産業集積に需要を持ち込む役割を果たしていた完成品メーカーが生産を縮小することによって集積も減少したのである。しかし，産業集積研究において集積の量的な減少によって中小企業にとっての産業集積の意味がどのように変化したのかという点については議論が分かれており，経営環境の変化とそのもとでの集積の質的変化の内容を問い直す必要がある（植田，2004；渡辺，2011）。

　そこで本報告では上述の完成品メーカーおよびその一次サプライヤーから仕事を受注する中小企業3社（A社，B社，C社）が2000年以降の経営環境の変化にいかに適応したかに着目し，2000年以降における両毛地域の産業集積の質的変化

を明らかにすることを課題とする。3社を取り上げるのは、3社が両毛地域内に多数の協力企業（外注先）を抱える相対的に規模の大きい中小企業であり、集積全体への影響の考察に適した事例だからである。例えば、3社が既存の受注先からの受注減に対して新たな受注先を開拓できない場合、3社の事業が縮小し、集積内の企業への発注も減少するが、新たな受注先を開拓できた場合、集積内の企業への発注が継続している可能性もある。後者の場合、どのように新たな受注先を開拓したのか、また従来と同様に両毛地域の企業に発注しているのか否かといった点を詳細に検証することによって集積の質的変化の内容に迫ることができると考える。

2．結論

本報告では、2000年以降における両毛地域の機械金属産業の変化と完成品メーカーの動向を踏まえた上で、完成品メーカーおよびその一次サプライヤーから仕事を受注する中小企業3社の適応プロセスを詳細に検討した。2000年以降における経営環境の変化の中で、3社は既存の受注先からの受注量の減少に直面したものの、新規受注先を開拓することによって受注量を確保し、事業を拡大していた。

それでは、3社の外注先にはどのような変化が見られたのか。まず確認したいのは、3社とも両毛地域の企業に加工工程の一部を外注していたことである。A社は、成形や組立、塗装工程を両毛地域の企業約20社、B社は歯車の製造過程で旋盤加工を約20社、C社はプレス、板金、溶接、組立、表面処理、試作工程を約30社に外注していた。また、C社では新規受注先の受注条件の一つとしてメッキ工場の確保があり、両毛地域のメッキ工場に外注することによって条件をクリアするなど両毛地域の集積が受注先を獲得する上で重要だったと考えられる。このように両毛地域の集積は現在でも分業システムの一部を担っているのである。

その一方で、後継者不足を理由に廃業する外注先も増えており、外注先が広域化している、あるいは新規受注先との関係で内製化が進展しているのも事実である。B社の航空機のエンジン部品は内製であり、生産工程上で両毛地域の企業とのつながりはない。また歯車の旋盤加工も地域外の企業に約半数発注している。A社、C社も外注先の急速な減少に直面しており、近い将来より広域から調達せざるを得なくなる可能性が高いといえる。これは、集積の量的な減少によって、

部品の加工から組立まで一貫生産できるという両毛地域の産業集積のメリットが消失しつつあること，すなわち産業集積が質的に変化したことを意味する。

　しかし，それは両毛地域内の中小企業にとって集積の意義が失われたことを必ずしも意味しない。A社やC社は両毛地域の外注先や知り合いの企業の紹介によって新規受注先を獲得しており，B社が航空機部品メーカーとの取引が始まるきっかけとなったのは栃木県から声をかけられ，「国際航空宇宙展」に写真を一枚展示したことにあった。すなわち，3社は企業の長い歴史の中で培ってきた外注先との信頼関係や支援機関も含めたゆるやかなネットワークがあったからこそ，新たな受注先を開拓できたのである。両毛地域の企業がこうしたネットワークを保有していること自体が集積のメリットであり，中小企業にとって重要な意味があると考えられる。

　近年，地域経済の牽引役として「地域未来牽引企業」への注目と期待が集まっている（帝国データバンク，2018）。本報告で取り上げた3社の内，2社は「地域未来牽引企業」に選定された企業でもある。「地域未来牽引企業」が地域経済の取引の結節点として重要な役割を担っていることが強調されているが，本報告が明らかにしたように地域内の外注先は急速に減少し，地域外への発注が増加しているのが現状であり，「地域未来牽引企業」を重点的に支援しても地域経済の全体の底上げにはつながりにくいのである。むしろ，こうした企業から仕事を請け負う中小零細企業の廃業に対する抜本的な政策こそ求められていると考える。

日本の独立型自動車2次下請企業への発注取引関係にある企業と，独立型自動車2次下請企業との，部品の設計開発作業の役割分担に関する実証研究
〈報告要旨〉

愛知大学中部地方産業研究所　佐藤政行

1．研究背景と研究目的

　日本の自動車産業の内でも，金属加工部品（金属部品）をとりまく現状は厳しさを増していくと考えられる。自動車における金属加工部品の代表例はボディーやエンジンが挙げられる。2030年頃にかけて3割程，電気自動車を含む次世代自動車が普及した場合，エンジンと補機類の部品の使用割合は2～3割程減少することが見込まれる［経済産業省，2014年，PP.4-6］。従って金属加工部品を作る自動車部品メーカーは，自動車産業以外に販路を構築する必要があると推察される。しかしながら一般的に新販路を構築するには，自社製品の製品企画・設計開発能力と，新販路の構築能力が必要とされる（赤羽　淳・土屋勉男・井上隆一郎，2018年，PP.14-95）。自動車ティア2企業は大きく分けると，資本受入型と独立型に分けられる。資本受入型（資本受入型T2企業）は自動車企業や自動車ティア1企業の資本や役員を受け入れ，経営の独立性を有さない企業のことをいう。独立型（独立型自動車ティア2企業）はその企業の経営者が自前資本で経営を行う企業のことをいう。資本受入型自動車ティア2企業はグループ経営に組み込まれているので，販路や不足技術は親企業に依存すれば良い。しかし，独立型自動車ティア2企業は，自社で販路を新たに構築し，設計開発能力も自前で磨かねばならない。また，港（2009）では，自動車産業や電機産業の受注者である下請企業が（中小企業，当然ながら独立型自動車ティア2企業も含まれていると考えられる），発注者のパワーによる統御に着目した研究を行っている。港（2009）によると，（独立型自動車ティア2企業を含む）下請企業は，主要取引先への発注

者への売上依存や，1970年代まではその発注者用の専用設備，金融面の依存があるなどを背景として，発注者の統御を受け入れざるをえない環境があるとしている。このため下請企業は，主要取引先からの統御を受容しているとしている［港(2009)］。このことから日本の独立型自動車ティア2企業の多くは，主要取引先の意向を鑑みながら，自社の販路の構築や自社製品の企画や開発を行っていることが実情と考えられる。従って，自動車ティア2企業の中で，新販路を構築したり自社製品を設計開発する際に最も不利な環境におかれる部品メーカーは独立型自動車ティア2企業であると考えられる。従って筆者は自動車部品メーカーでも独立型自動車ティア2企業に着目し，その発注者である自動車ティア1企業と，自動車ティア1企業以外の企業の異業種企業との設計開発の開発分担に着目する。また，日本の自動車産業は自動車部品メーカー（下請企業）に対する統御が強いことも推察される。そのため筆者は，独立型自動車ティア2企業は自動車ティア1企業以外の部品の発注者（異業種企業）との設計開発の開発分担は，自動車産業よりかは任される余地があるのではないかと考えた。**そこで本稿では発注者（自動車ティア1企業，異業種企業）と独立型自動車ティア2企業間（金属加工部品）の設計開発の開発分担を明らかにすることを目的とする。**

2．製品開発の開発分担の先行研究

浅沼（1990）は，日本の自動車産業と電機産業の企業間関係や産業構造の相違を分析した（浅沼萬里，1990年，PP.4-16）。その上で，自動車の外注部品を貸与図と承認図に仕分けを行ったのは浅沼（1990）である。浅沼は下請企業の概念が広がりすぎているため，下請企業を区別する別の方法として，貸与図と承認図の概念を提唱した。日本のT1-独立型T2間の製品開発の開発分担の先行研究は，植田（2000），目代・金原（1999）や赤羽・土屋・井上（2018）など行われているが，あまり多くは行われていない。以上の製品開発の開発分担（貸与図，承認図）の先行研究からわかることは次の通りである。この30年間で自動車ティア2企業のかなりの企業がVA/VE提案を実施したり，承認図を作成する能力を身に着けている可能性が高いことが推察される。次に研究の視点であるが，総じていうならば，独立型自動車ティア2企業は普通自動車における電気自動車が台頭してくる前に，承認図メーカーとなり自社製品の製品企画・設計開発のできる企業になる

必要があるのではないかと考える。しかし、日本全体で自動車ティア2企業と発注者（自動車ティア1企業，異業種企業）との製品開発の開発分担がどうなっているかの調査が行われておらず実態がつかめないため，本調査をすることとした。

3．実証研究の方法と概要

　実証研究はアンケート調査を実施した。その理由は、アンケート調査は社会事象を明らかにすることを適した記述的調査だからである［岩永ら（2001）PP.24-37］。調査票の送付時期は2016年4月30日で、この日に一斉発送した。実施期間は2016年5月1日〜2016年6月30日である。この期間内の返信分をアンケート集計した。アンケート調査票の回収数は36社（36.0%）、有効回答数は32社（32.0%）であった。なお、アンケート調査票への回答項目の記載のないものや対象企業の属性を満たしていないアンケート調査結果は集計対象外とした。なお、今回調査対象企業の100社を抽出する際、ランダムサンプリングの多段抽出法を応用して抽出した。なお独立型自動車ティア2企業の属性は、「企業の創業が1930年〜2000年、資本金が1億1,000万円以下、従業員数が30〜160名、事業内容は金属加工、ISO9001の保有」である。それから今回、アンケート調査を行う際、独立型自動車ティア2企業に対して、発注者の開発分担（仕様書に基づく承認図、仕様図に基づく承認図、市販部品、貸与図）と、左記の開発分担を細分化した作業項目の担当の2つの調査を実施した。次にアンケート調査の集計分析方法は、有効回答数の60%以上の回答が得られた場合、可（一般的）とし、60%以下は不可（一般的ではない）とした。その理由は、アンケート調査では60%以上で可とすることが一般的だからである［園　直樹、1957年、PP.103-129］。

4．アンケート調査の調査結果

　今回のアンケート調査の結果ではT1-独立型T2間の調査結果より、独立型自動車ティア2企業は貸与図の部品が32社中30社（93.4%）を占めており、集計分析では可（一般的）であることがわかった。同様に異業種－独立型T2間の調査結果でも、独立型自動車ティア2企業は貸与図の部品が32社中20社（62.5%）を占

めており，集計分析では可（一般的）であることがわかった。

次に製品開発を細分化した作業の調査結果であるが，T1-独立型T2間の調査結果より，部品の詳細設計の担当は自動車ティア1企業の担当が30社（93.8％）であり，集計分析は可（一般的）であるとわかる。また部品のレイアウト図作成（ポンチ絵）についても自動車ティア1企業の担当が27社（84.4％）と，集計分析は可（一般的）であるとわかる。それから異業種−独立型T2間では，部品の詳細設計の担当は異業種企業の担当が20社（62.5％）であり，集計分析も可（一般的）であることがわかる。しかしながら，異業種−独立型T2間での部品のレイアウト図作成（ポンチ絵）の調査結果では異業種企業の担当は19社（59.4％）であり，集計分析では不可（一般的ではない）という結果となった。

5．結論と主張

なお，今回のアンケート調査結果よりわかったことは，T1-独立型T2間では承認図の部品を担当する企業が0社（0.0％）で集計分析が不可（一般的ではない）であった。また，異業種−独立型T2間でも承認図の部品を担当する独立型自動車ティア2企業が5社（15.6％）も集計分析が不可（一般的ではない）であった。しかし筆者は異業種−独立型T2間では承認図の部品を担当する独立型自動車ティア2企業が存在したことに着目する必要があると考えた。少ないデータではあるが，独立型自動車ティア2企業で異業種に進出した際は承認図の部品を担当する企業が存在するということである。勿論，今回のアンケート調査の調査結果を基に，独立型自動車ティア2企業は，自動車ティア1企業より異業種企業との製品開発を共同で実施した方が，承認図の部品を任されやすいとは言い難い。しかし，独立型自動車ティア2企業の中で異業種企業との取引で承認図部品メーカーとなっている企業が存在することを確認することができた。従って筆者の今後の課題は，今回のアンケート調査結果にて，異業種企業との開発分担で承認図部品メーカーとなっている独立型自動車ティア2企業に着目した研究を行いたい。

中小農業機械メーカとの
BOPビジネスアクション・リサーチ
―ビジネス実現に必要な組織能力に関する考察―

〈報告要旨〉

筑波大学（院）　大橋勇一

1．はじめに

　我が国の農業は，少子高齢化により就労者数200万人を割り込み，耕作放棄地は年々増加している。主要な農作物である米も，一人あたりの年間消費量は1962年の118kgをピークに，2013年には半分の57kgまで減少している。他方世界の米の生産量は年間約5億トン（精米ベース）で，その9割以上がアジアで生産・消費されている。このため米の収穫後処理農機である籾摺り精米機や乾燥機，製粉機等の開発・生産している中小農業機械メーカ（以下農機メーカ）は，国内市場の縮小を見据えアジア各国への海外進出を模索してきているが，実際に現地に進出した事例は数少ない。本稿では，中小企業のBOPビジネス実行性の向上を目的に，農機メーカ2社の実行事例を，途上国進出の企業行動の変遷を両利き経営の視座から可視化させ，ビジネス成立に必要な組織能力に関する考察を深めた。

2．先行研究の整理

　BOPビジネスに関する研究は最近多数発表されているが，水，生活必需品，医療等の大企業を中心とした成功事例から要因を抽出し考察したものや，現地調査を通じ日本企業のBOPビジネス参入可能性を考察したものが多い。
　筆者の先行研究（2018）では，中小企業のBOPビジネス実効性向上に向けた端緒の研究として，小型籾摺り精米機を開発・生産する農機メーカをケーススタディとして，まずは企業理念や戦略に焦点を当て，BOPビジネスの実行には，

ソーシャル・ビジネス的戦略と,「知の探求」の企業行動が有効である点を報告した。加えてクボタ（株）のタイ進出事例から，ソーシャル・ビジネス的戦略にもとづく従業員一人一人の行動が，現地の農業機械化に大きく貢献し，中小農機メーカのBOPビジネス実行の教訓になると報告した。

3．研究方法

筆者ら研究グループは，我が国小型籾摺り精米機の途上国普及を目的として，籾摺り精米装置の開発の研究を開始し，2012年から複数の農機メーカと，途上国の零細農民向けの農機開発や途上国進出に関するアクション・リサーチ（以下AR）を実施してきた。本稿では，筆者の先行研究（2016/2017）で報告した農機メーカA社の途上国進出の事例を再整理し,「知の探索ツリー」手法を適用し①2社のBOPビジネス実行の企業行動を可視化させ，両利き経営の視座からその有効性と組織能力を検討した。

4．事例分析

4－1　A社の「知の探索ツリー」と結果の考察

A社の途上国進出にかかる企業行動を，3.研究方法にてツリー化した。A社の最初のアプローチは，長年からの知り合いである研究員への接近から開始された。この企業行動は「知の深化」に分類されたが，その後A社が選択した行動は,「知の探求」の度合いが高い行動に分類された。自社製品の現地適応化試験実施後は，既存取引先との取引継続や，国内向け製品の開発等の「知の深化」度が高い企業行動が選択された。つまり予測不能で不確実性が高い「知の探求」の行動は，A社では選択され難く，ある程度予測可能な従来からの取引先である確実性の比較的高い「知の深化」の行動が選択されていたと言える。

4－2　カンリウ社の「知の探索ツリー」と結果の考察

カンリウ工業（以下カ社）の途上国進出にかかる企業行動を，先行研究（2018）で発表した行動を簡略化し，その後のBOPビジネスに関する企業行動を類型化・ツリー化したものが図1となる。筆者らとの学術指導契約を通じ，従来の取引外

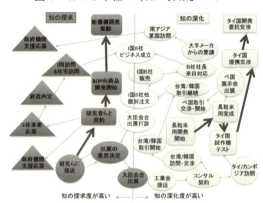

図1　カンリウ社の「知の探索」ツリー

とのネットワークを広げる「知の探求」の活動と並行して，既存取引から持ち込まれた商談も，積極的に対応していく「知の深化」も実行していた事が確認出来る．カ社の企業行動は，当初は「知の深化」を中心に実行していたが，「知の探求」の成功体験を通じ徐々に対象を拡大させ，「知の深化」への好影響を及ぼし，いくつもの「偶然」の成果が集合体となりインドネシア国（I国）で取引成立という「セレンディピティ」を発現させた．これは両利き経営の有効性を従業員達が学習・実践し，「知の探索」を組織能力として習得した事例でもある．

4−3　両利き経営の視角からの両社の比較検討

同じ小型籾摺り精米機を製造・販売し，途上国進出に挑戦していた両社ではあったが，5年の月日が経過しA社は途中で断念し，カ社は継続しているか？経営理念，方針，戦略，人材の違い，途上国進出のアプローチや対象国も相違している為，両手利き経営の視角からの企業行動を比較した．

カ社の企業行動は，自社である程度努力，つまり「知の深化」が行き詰まった結果，縁も所縁もない筆者らに接近し開始された．他方A社が最初に接近した研究員はA社と長年友好的な関係が存在し，研究員の途上国のネットワークを利用しようとし，自社による取引先開拓という「知の深化」の行動を選択していない点が異なる．BOPビジネスという「知の探求」の行動，つまり見ず知らずのしかも言葉も肌の色も習慣も異なった取引候補者が現れた場合，当然A社側の求めを

理解してもらえず，担当者のみならず企業として心理的圧迫感の解放が断念した要因とも考えられる。

次にA社からの紹介でカ社が取引を開始し，その後ビジネスが継続されていることや，大手メーカから新しい途上国での小型精米機販売取引が持ち込まれたケース等からも，カ社従来のネットワークを通じた「知の深化」の地道な努力が，後の取引につながる可能性が存在することも疎かに出来ない。

つまりBOPビジネスには「知の探求」のみならず，「知の深化」とバランスを保ちつつ実行することが肝要である。特に中小企業という小集団では，従業員一人当たりの裁量権も責任範囲も大きい為，従業員一人一人が，「両利き経営」のセンスがセレンディピティを発現させる為，この2つの組織能力を高める事が，BOPビジネス実行には不可欠である。

5．結論

本稿は，中小企業の途上国進出の研究の一環として，筆者ら研究グループと農機メーカとのARを通じた共同研究の成果の一部を紹介しつつ，中小企業がBOPビジネスの実行上，必要な組織能力に関する考察を行った。その結果，ビジネス成功には「知の探求」のみならず，「知の深化」のバランスを保ちつつ実行する事が必要である事と，「知の探求」の心理的緊張感を享受する能力が必要と報告した。特に中小企業等の小集団では，一人の裁量権も責任範囲も大きく，従業員一人一人の「両利き経営」のセンスと「セレンディピティ」発現能力を高め，組織能力として表出する事が，BOPビジネス実行には不可欠であると結論付けた。

〈参考文献〉
1．March J.G.（1991）"Exploitation and exploration in organizational learning", *Organization Science*, pp71-87
2．大橋勇一（2016年）「開発途上国の農業機械化を目的としたJICA農業機械研修事業の検証と将来への提言」，筑波大学博士論文，pp70-74
3．大橋勇一，佐竹孝顕（2017年）「農業機械基盤技術の海外移転に関する考察」，農業施設，第48巻，第4号，pp26-33
4．大橋勇一（2018年）「我が国中小企業のBOPビジネス実行性向上に関する予備的考察：農業機械メーカを事例として」，日本中小企業学会論集，第37巻，pp110-123

日本企業の中国進出:地域別の投資動向と企業集積
〈報告要旨〉

横浜市立大学　山藤竜太郎

第1節　序論

　本研究は，①日本企業の中国進出について地域別の投資動向を明らかにすることと，②日本企業の中国進出について企業集積の内容を明らかにすることを目的としている。①はマクロにより近い視点であり，マクロ・データからは一般的に国別の投資動向しか把握できないのに対し，本研究では地域別の投資動向を明らかにすることが一つの貢献になると考えている。②はミクロにより近い視点であり，特定の地域に集積する企業群について各企業や各企業間の特徴を可能は範囲で明らかにすることであり，一般的なミクロ調査が1地域または少数の地域に限定されるのに対し，本研究では中国全土を視野に入れることが可能になる。

　日本企業の海外進出，特にアジア進出に関する研究も1990年代から活発になった。これらの既存研究に対し，関智宏氏は「残された課題がある。その1つは，研究方法が統計情報を用いた計量分析が中心となっている点である」(関，2015，p.93) と指摘している。既存研究がマクロ・データを中心に展開されているため，個別企業の詳細な分析が十分ではないという問題意識である。そのため，関 (2015) は数社のインタビュー調査を中心に研究をおこなった。

　一方で兼村智也氏は「直接投資が企業の業績向上につながるメカニズムも解明されている (浜松 (2013);山藤 (2014))。しかし，これらは少数の企業事例から導かれたものである」(兼村，2017，p.83)) と指摘している。浜松 (2013) や山藤 (2014) が数社から10数社の限られた事例に基づいて分析しているため，推論の結果が必ずしも一般化できないという問題意識である。そのため兼村 (2017) は39社のデータ分析をおこなった。

　本研究は重化学工業通信社 (2017) に基づいてセミマクロ・データの分析をお

こなう。第2節では日本企業のアジア進出について検討し、第3節では日本企業の中国進出について検討する。第4節では結論と今後の課題についてまとめる。

第2節　日本企業によるアジア進出

　第2節では日本企業のアジア進出について検討した。日本企業によるアジアへの海外直接投資を見ると、アジアの中で日本企業から最も多額の海外直接投資を集めているのは中国であり、毎年1兆円を超えているものの、2015年をピークに減少傾向にある。『日本企業のアジア進出総覧』から4,971件を業種別に分類すると、最も多いのは化学の478件であり、自動車・自動車部品・輸送機械の475件、サービス業の448件、一般機械の400件と続く。本研究では自動車・自動車部品・輸送機械に注目した。自動車・自動車部品・輸送機械への進出動向を国・地域別に集計すると中国が126件と最大であり、それ以外ではタイ96件、インドネシア72件、インド63件とASEANやインド向けの海外直接投資も活発に行われていることがわかる。

第3節　日本企業による中国進出

　第3節では日本企業の中国進出について検討した。省や特別市の大分類で見ると、広東省の26件と江蘇省の26件が双璧であり、湖北省の11件と上海市の10件がそれに続き、天津市6件、重慶市5件、遼寧省5件までが5件以上となっている。これにより本研究の第1の目的である、①日本企業の中国進出について地域別の投資動向を明らかにすることができた。

　広東省26件、江蘇省26件、湖北省11件、上海市10件について、『日本企業のアジア進出総覧』を用いて個別企業まで検討した。広東省26件の中でも特に多い広州市15件について『日本企業のアジア進出総覧』を詳細に見ると、いわゆる日系ビッグ3が完成車生産の拠点を置いて、積極的な投資活動を行っている。さらに、日産と関係の深いカルソニックカンセイ、ホンダと関係の深いTSテック、ショーワ、日信工業、各社と取引のあるエイムス、東京コスモス電機など様々な企業が＜新工場＞や＜増強＞など積極的な投資活動を行っている。

　江蘇省26件のうち、常熟市7件、南通市5件以外は1-2件ずつ分散している。

上海市10件ともに，華東地区に日本の自動車関連企業が積極的に投資している。江蘇省や上海市を含む華東地区はトヨタ自動車，日産自動車，本田技研工業のいわゆる日系ビッグ３の乗用車工場が存在しない。そのため広東省に比べると情報量は少ないものの，研究対象として非常に興味深い。

湖北省では，武漢市に６件が集中している。武漢市には東風日産と東風ホンダが拠点を置いている。武漢市や北西に隣接する孝感市には，独立系の日本特殊塗料や本来はトヨタと関係が深い中央発條など，必ずしも日産またはホンダと特定の結びつきが強くない企業も積極的に進出している。これらにより本研究の第２の目的である，②日本企業の中国進出について企業集積の内容を明らかにすることができた。

第４節　理論的貢献と課題

４−１．理論的貢献

本研究の理論的貢献は，①日本企業の中国進出について地域別の投資動向を明らかにすることができたことにより，セミマクロ・データを活用することで地域別の分析の可能性が拓けたことである。マクロ・データでは捨象されてしまっていた地域ごとの特性を明らかにすることができる可能性がある。本研究では中国の各地域の分析に限定されてしまったけれども，今後は特にASEAN地域の場合，国を超えた取引関係が形成されている可能性があり，データの分析についても国別にとどまらない分析が必要である。②日本企業の中国進出について企業集積の内容を明らかにすることができた。一般的なミクロ調査が１地域または少数の地域に限定されるのに対し，本研究では中国全土を視野に入れることが可能になった。さらにASEAN地域全体を見渡して企業集積を発見し，個別企業のレベルまで分析することも可能である。こうしてセミマクロなデータで有望な対象地域を絞り込むことができるため，より有益なミクロ調査を行うための基礎的なデータを提供することができる。

４−２．課題

本研究は自動車・自動車部品・輸送機械のうち中国向けの進出動向の分析に限定された。今後はセミマクロ・データについて，各産業や各国・地域についての

分析を進展する必要がある。

　本研究は＜新工場＞や＜増強＞と＜解散＞＜売却＞が混在するデータをそのまま集計したので，今後は基準を設定して＜新工場＞や＜増強＞など前向きな投資だけを集計するなど，集計の精緻化をはかる必要もある。

〈参考文献〉
1　天野倫文（1998年）『東アジアの国際分業と日本企業』有斐閣
2　浜松翔平（2013年8月）「海外展開が国内拠点に与える触媒的効果―諏訪地域海外展開中小企業の国内競争力強化の一要因―」『日本中小企業学会論集』同友館，第32巻，pp.84-96
3　洞口治夫（1992年）『日本企業の海外直接投資―アジアへの進出と撤退』東京大学出版会
4　重化学工業通信社（2017年）『2017　日本企業のアジア進出総覧』重化学工業通信社
5　兼村智也（2017年7月）「地域中小企業の海外事業が国内事業の拡大・縮小を決める要因分析」『日本中小企業学会論集』同友館，第36巻，pp.83-95
6　経済産業省知的財産政策室（2007年3月）「知的資産経営報告の視点と開示実証分析調査　報告書」経済産業省
7　経済産業省大臣官房調査統計グループ企業統計室（2018年）『第47回海外事業活動基本調査（2016年度実績／2017年7月1日調査）』経済産業統計協会
8　粂野博行（2016年7月）「海外生産化の進展と中小企業―長野県上伊那地域における地域外需要獲得中小企業のメカニズム―」『日本中小企業学会論集』同友館，第35巻，pp.84-96
9　日本自動車工業会（2015年6月）「日系自動車メーカー中国事業概況」日本自動車工業会
10　野村裕（2017年12月）「公共政策のセミマクロ分析の可能性」『経済セミナー』日本評論社，第693巻，pp.56-61
11　関智宏（2015年7月）「中小企業の海外事業展開は産業集積にいかにして影響をもたらすか―大阪府八尾地域における集積内中小企業のタイ事業展開プロセス―」『日本中小企業学会論集』同友館，第34巻，pp.92-104
12　丹下英明，金子昌弘（2016年7月）「中小企業における海外からの撤退要因―海外直接投資を中心に―」『日本中小企業学会論集』同友館，第35巻，pp.109-121
13　東洋経済新報社（2017年）『海外進出企業総覧』（会社別編），東洋経済新報社
14　渡辺幸男（1997年）『日本機械工業の社会的分業構造：階層構造・産業集積からの下請制把握』有斐閣
15　山藤竜太郎（2014年8月）「海外事業と国内事業の両立可能性：ブーメラン効果に注目して」『日本中小企業学会論集』同友館，第33巻，pp.199-211

両利き経営を実践するマネジャーの特性
―農業経営法人における実証分析―

〈報告要旨〉

同志社大学　塩谷　剛

　本研究の目的は，マネジャーによる探索と活用に関する活動を促進する要因を明らかにし，これらの活動を両立させる両利きのマネジャーの存在が企業パフォーマンスに与える影響について検討することにある。そこで本研究では，マネジャーの外部における知識源の多様性（以下：知識源の多様性）と異業種経験年数が探索成果と活用成果に及ぼす影響，並びに，企業パフォーマンスに対する探索成果と活用成果の相乗効果について農業経営法人の経営者231名を対象にした実証分析を行う。

　これまでに，両利きの経営が企業パフォーマンスに与える影響や探索・活用に関する活動を促進，阻害する要因についての研究が蓄積されている（Gibson and Birkinshaw, 2004; Beckman, 2006; Cao, Gedajlovic and Zhang, 2009）。従来，両利きの経営という概念は戦略・組織レベルにおいて応用されてきたが，近年では個人レベルの両利きについても注目されている。O'Reilly and Tushman（2004）は両利きの組織には，異なる戦略，組織構造等を並行稼働できる両利きのリーダーシップが必要であると指摘している。また，実証分析も蓄積され始めており，意思決定権の移譲，クロスファンクショナルな組織経験，組織内の人的な繋がり（以上 Mom, Van Den Bosch and Volberda, 2009），在職年数（Mom, Fourne and Jansen, 2015）がマネジャーの両利き度を高めることが明らかにされている。

　先行研究では，組織内におけるマネジャーの特性について議論され，外部環境要因が組織や個人の両利き度に与える影響に関しても一定の研究が蓄積されているが，組織外におけるマネジャーの特性に焦点を置いた研究は限定的である。それゆえ，本研究では農業経営法人の経営者を対象として知識源の多様性や異業種経験年数などマネジャーの組織外における特性がその探索と活用に与える影響について重回帰分析を用いて検証した。分析の結果，知識源の多様性は探索成果に

は影響を及ぼさなかったが，活用成果を向上させることが示された。一方，異業種経験年数は探索成果，活用成果ともに負の影響を与えることが示された。企業パフォーマンスに対する探索成果と活用成果の影響については，活用成果は正の影響を与えるものの，探索成果による影響は確認されなかった。しかしながら，探索成果と活用成果の相乗効果は確認され，両利きのマネジャーの存在は企業パフォーマンスを高めることが示された。

今後は異業種経験が探索成果，活用成果に与える影響について，その期間のみならず，経験した業種・役職など経験の質についても着目した分析を実施していく。

〈参考文献〉
1　Beckman, C. M. (2006), The Influence of Founding Team Company Affiliations on Firm Behavior. *Academy of Management Journal*, 49(4), pp.741-758
2　Cao, Q., Gedajlovic, E. R. and Zhang, H. (2009), Unpacking Organizational Ambidexterity: Dimensions, Contingencies, and Synergistic Effects. *Organization Science*, 20(4), pp.781-796
3　Gibson, C. B., and Julian, B. (2004), The Antecedents, Consequences, and Mediating Role of Organizational Ambidexterity. *Academy of Management Journal*, 47(2), pp.209-226
4　Mom, T. J. M., Van Den Bosch, F. A. J., and Volberda, H. W. (2009), Understanding Variation in Managers' Ambidexterity: Investigating Direct and Interaction Effects of Formal Structural and Personal Coordination Mechanisms. *Organization Science*, 20(4), pp.812-828
5　Mom, T. J. M., Fourne, S. P. L., and Jansen, J. J. P. (2015), Manager's Work Experience, Ambidexterity, and Performance: The Contingency Role of The Work Context. *Human Resource Management*, 54(1), pp.133-153
6　O'Reilly, C. A. and Tushman, M. L. (2004), The Ambidextrous Organization. *Harvard Business Review*, 82(4), pp.74-81

中小企業における経営者の健康リスクについて
〈報告要旨〉

信金中央金庫　地域・中小企業研究所　品田　雄志

1．研究の狙いと問題意識

　本稿では，経営者が健康を害して離脱した際に，業務が制限されたり，最悪の場合は業務継続が不可能になることを，中小企業における「経営者の健康リスク」と定義する。

　中小企業経営者は，1人で経営，管理，業務など何役も兼ねているケースが多いため，大企業の経営者と比較して企業における存在感が大きい。このため，中小企業経営者の健康が損なわれた場合，事業継続の危機を招きかねない。しかしながら，これまで，経営者に対して健康リスクを引き下げるための体系的な取組みはなされておらず，また，経営者の健康リスクについての全国を対象とした大規模な調査・研究も行われてこなかった。

　現在，中小企業においては，景気拡大を背景に倒産こそ減少しているものの，休廃業・解散は増加傾向にある。実際に廃業した企業の元経営者に対するアンケート結果からは，廃業の可能性を感じたきっかけ，廃業を決断した理由とも，「経営者の高齢化，健康（体力・気力）の問題」が最大の回答を占めている。このことからは，廃業は，経営者の高齢化に加えて，健康問題も大きく影響していることが示唆される。仮に経営者の健康問題によって企業が休廃業に陥ってしまった場合，雇用機会が失われ，地域全体の活力が損なわれることにもなりかねない。

　こうした現状と問題意識を踏まえ，本稿では，小規模事業者を主な対象としたアンケート調査を用いて中小企業経営者の健康リスクの状況について考察する。

2．先行研究

　経営者の健康リスクにかかる学術研究は，これまで大きくは行われてこなかった。健康問題のうち，メンタルヘルスに限定した研究には，柳川，黒木（2007），石埜，松岡等（2009），石埜（2010）など，心身両面からの健康問題に着目した研究には，亀井（2017），品田（2018）などが挙げられる。
　ただし，これらの研究はいずれもサンプルが少数か，地域を限定したものに限られており，全国を対象とした大規模な調査は行われていないのが実情である。
　中小企業経営者を対象とした健康リスクについての研究が多くない理由は，2つ考えられる。
　1つは，行政面での問題である。経営者の健康リスクは，これまで行政面からの対応が十分になされていたとは言いがたい。たとえば，厚生労働省が対策している過重労働問題やメンタルヘルスの問題は，従業員が対象となっているものである。また，経済産業省が取り組んでおり，昨今，高まりを見せている「健康経営」も，基本的には従業員が対象となっている[注1]。
　もう1つは，経営者側の意識の問題である。亀井，尾久等（2011）では，中小企業経営者の特にメンタル面での特徴として，悩み・不安を見せてはいけないと考え，一人ですべてを抱え込んでしまう傾向があると指摘している。また，石埜（2010）は，経営者にヒアリングを試みた当初，「他人に話すことではない」などと反発され，会うことすら困難であったとしている。
　「中小企業における最大の経営資産は，経営者の健康といっても過言ではない（亀井（2017））」にもかかわらず，行政面からの取組みがなされておらず，また，民間でデータを取得することが困難であることが，これまで経営者の健康リスクについての研究があまり行われてこなかった一因と考えられる。

3．調査の概要

　そこで，上述の問題意識や先行研究の現状を踏まえて，本稿では，信金中央金庫が全国の信用金庫の協力の下で実施している「全国中小企業景気動向調査」の結果を分析する。同調査は，四半期ごとに実施しており，業況や資金繰りなどを聴き取る定例調査と，毎回，異なるテーマを聴き取る特別調査から成り立ってい

る。今回は，特別調査で「経営者の健康管理と事業の継続について」と題した調査を実施した。調査時点は2018年3月1日～7日，調査対象は信用金庫取引先15,650社（個人事業主を含む。）である。うち，有効回答数は14,204社，回答率90.8％であった。調査方法は，全国各地の信用金庫営業店の調査員による共通の調査表に基づく「聴取り」調査である。なお，回答企業の71.0％は，従業員20人未満の比較的小規模な企業である。業種別では，製造業の割合が32.7％と最も高い。また，経営者の年齢は，60歳代の32.0％，50歳代の26.4％が中心となっている。

同調査の特徴として，調査対象企業の約7割が信用金庫をメインバンクとして10年以上の長期にわたって取引を行っていることが挙げられる（品田（2015））。このことから，信用金庫と調査対象企業との間ですでに一定の関係を構築しており，「経営者の健康リスク」という聞きづらいテーマでも，ヒアリング結果が出やすいものと考えられる。

4．調査結果と結論

特別調査では，経営者に対して2つの観点から質問した。まず，健康への取組みを図るため，「1週間あたりの労働時間」「健康診断を受ける頻度」を尋ねた。次に，業務の持続性を図るため，経営者が仮に1か月間，怪我や病気等で離脱せざるを得なくなった場合を想定してもらった上で，「業務継続がどの程度まで可能か」「離脱中に特に心配される機能の低下や悪化はあるか」について尋ねた。

調査結果については，従業員数，業種，経営者の年齢，業況，人手過不足，資金繰り，設備過不足でそれぞれクロス集計するとともに，順序ロジットモデルもしくは多項ロジットモデルを用いて，有意性を確認した。

結果，経営者全体の約3割，高齢でも2～3割が週60時間以上の長時間労働[注2]に従事していることや，経営者が離脱した場合に業務縮小や休廃業に追い込まれる可能性があるなど，健康リスクの現状が明らかになった。とりわけ，人手が不足している，資金繰りが厳しい，設備が不足しているなど，経営資源が不足している企業において，健康リスクが高くなりがちな傾向がみられた。

また，今回の調査では，アンケートをきっかけに，信用金庫調査員から経営者に対して，健康診断の受診を促したり，経営者の不意の離脱に備えて人材を育成しておくことを助言するなど，経営者の健康リスクの削減をアドバイスする例が

みられた。仮に経営者の健康問題によって中小企業が休廃業に至ってしまった場合，雇用機会が失われて地域全体の活力が損なわれることにもなり，ひいては地域金融機関の存立基盤も損なわれることになろう。本アンケートを実施した当初の目的の1つに，健康リスクへの意識が十分でない企業に対して警鐘を鳴らすことがあった。これらの企業で健康リスクへの意識が少しでも高まったならば，目的の1つは達成されたといえよう。

　今後は，経営者の健康リスクを引き下げるための取組みに注目し，引き続き掘り下げていきたい。

〈注〉
1　経済産業省が実施している「健康経営優良法人認定制度」における「健康経営優良法人（中小規模法人部門）2019認定基準」では，評価項目の1つに「経営者自身の健診受診」が挙げられているが，それ以外の評価項目は，すべて従業員に関する項目である。
2　単純に比較はできないものの，労働者の場合，一般的に週平均60時間以上労働すると，脳・心臓疾患や心の不調などの健康障害リスクが高まるとされており，「長時間労働」の1つの目安となっている（労働安全衛生総合研究所（2012）「長時間労働者の健康ガイド」など）。

〈参考文献〉
1　石埜茂（2010）「中小企業のメンタルヘルスケアの現状―経営者の立場から」『心と社会』41(1)，pp.13-19
2　石埜茂・松岡治子・山田淳子・小笠原映子・竹内一夫・李範爽・椎原康史（2009）「中小企業・経営者を対象としたメンタルヘルスケアの意識調査（I）：聴き取り調査による検討」『日本職業・災害医学会会誌』57(5)，pp.251-257
3　亀井克之・尾久裕紀・トレスオリビエ・金子信也（2011）「中小企業経営者のメンタルヘルスとリスクマネジメント：トレスの「経営者の苦悩」論とフランスAMAROKの活動」『危険と管理』(42)，pp.7-23
4　品田雄志（2018）「中小企業における経営者の健康管理と事業の継続―経営者の健康問題を事業継続の危機につなげないために―」『信金中金月報』17(7)，pp.20-31
5　信金中央金庫　地域・中小企業研究所（2018）「第171回全国中小企業景気動向調査（2018年1～3月期実績・2018年4～6月期見通し）1～3月期状況は改善一服：特別調査　経営者の健康管理と事業の継続について」『信金中金月報』17(5)，pp.4-17
6　柳川哲朗・黒木宣夫（2007）「症例　中小企業経営者のメンタルヘルス」『精神科』11(1)，pp.78-82

フリーランスの働き方と満足度
＜報告要旨＞

日本政策金融公庫総合研究所　藤井　辰紀

1　問題意識

　雇われない働き方，フリーランスが近年注目を集めている。背景にあるのは，働き方改革の文脈だ。副業やクラウドソーシングなどが広がるなかで，その経済規模は拡大傾向にある。一方で，立場の弱さや収入の不安定さゆえに，フリーランスを保護すべき対象とみなす動きも目立つ。
　いわば光と影の両面が交錯するなかにあって，その評価が定まっていないのが現状である。そこで筆者らは，独自に実施したアンケートの結果を用いて，フリーランスの働き方や満足度について分析を行った（藤井・村上，2018）。そのなかで，フリーランスの満足度は正社員雇用企業と比べて遜色のない水準にあること，とりわけ開業当初に重視していた要素（収入，仕事，生活のいずれか）の満足度が高くなる傾向にあることなどを導き出した。
　フリーランスには，自ら働き方を選ぶことのできる自律性(autonomy)がある。ただし，すべてが思いどおりにいくわけではない。立場の弱さや不安定性があるからだ。では，どのような要素が満足度を引き下げるのか。本稿では，フリーランスに関する職務満足度を左右する要因を考察し，今後さらに増加が見込まれるフリーランスに対する支援のあり方についての政策的示唆を得る。

2　研究の視点と分析方法

　用いるのは，日本政策金融公庫総合研究所が2017年に実施した「フリーランスの実態に関する調査」の結果である。インターネット調査会社を通じて行ったもので，回収数は1,477件であった。本研究では，当該データのうちフリーランス

(「消費者向け店舗を構えておらず，正社員を雇用していない企業」と定義）に該当する988件を抽出し，定量分析を行った。

同調査では，満足度について「収入」「仕事の内容ややりがい」「私生活との両立」に関する満足度を5段階で尋ねている（以下，それぞれを収入満足度，仕事満足度，生活満足度という）。ここでは「かなり満足」を5,「かなり不満」を1として被説明変数に用い，順序プロビットモデルによる推計を行った。

説明変数には，労働条件として，事業から得られる年間の収入と1週間当たりの労働時間を用いた。ここに，モデル1として「事業を行ううえでの問題点」（全17項目の複数回答）を，モデル2として六つの裁量に関する変数（①仕事を断れる権限の有無，②仕事の進め方に関する裁量権の有無，③報酬の決定権の有無，④契約条件の決定権の有無，⑤仕事の場所の決定権の有無，⑥仕事の時間帯の決定権の有無）を，それぞれダミー変数として加えた。

さらに追加的な試みとして，開業動機によってフリーランスを「収入重視型」「仕事重視型」「生活重視型」の3類型に分けた推計も行った。フリーランスの立場を選んだ人の多くは思いどおりに働くことを望んでいるとはいえ，その「思い」とは人それぞれであろう。だとすれば，何を求めて事業を始めたのかが，その後の働き方や満足度などに少なからず影響を与えていると考えられるからだ。

つまり，モデル1，モデル2でそれぞれ12通り（「フリーランス全体」「収入重視型」「仕事重視型」「生活重視型」）×3種類の満足度の推計を行っている。

本分析における最大の注目点は，自律性に対する制約要因である。自律性がフリーランスの満足度の大きな源泉となっていると考えられるため，それが阻害された場合には，満足度が低下する可能性がある。モデル1では「事業を行ううえでの問題点」，モデル2では裁量に関する各項目における係数から，自律性の低い状況が満足度に対して与える影響の度合いを確認する。

なお，モデル1で用いた「事業を行ううえでの問題点」には幅広い選択肢が盛り込まれているため，自律性以外の要因も探索的に確認することが可能である。Hackman and Oldham（1976）による職務特性理論に照らせば，「仕事の質や成果に対する評価が低いこと」などは仕事の成果に対するフィードバックを十分に得られていない状況とみなすことができる。Herzberg（1964）の二要因理論を踏まえると，「社会保障制度が手薄であること」「売り上げを安定的に確保しづらいこと」などは衛生要因を損なうことから，満足度を引き下げると考えられる。

また，フリーランスの類型によって，満足度を引き下げる要素が異なる可能性もある。仕事のやりがいを重視する人ならば，むしろ長い時間働くほうが仕事満足度は高まる可能性もある。反対に，生活を重視する人は，たとえ収入が増えたとしても，それが仕事に追われる生活の代償だとしたら，収入満足度はさほど高まらないかもしれない。

3　推計結果

労働条件については，モデル1，モデル2ともに，収入は多いほど，また労働時間は短いほど，各種満足度が高まるとの結果が得られた。ただし，仕事重視型では，労働時間が短いほど仕事満足度が低くなるなど，一部に例外がみられた。

自律性については，モデル1，モデル2のいずれにおいても，満足度に対して有意に影響を与えていることが確認された。モデル1の「事業を行ううえでの問題点」であれば，「仕事の質や成果に対して過大な要求を受けること」「仕事の打ち切りや一方的な縮小」「納期が短いこと」などが有意にマイナスとなった。モデル2の裁量権に関する項目であれば，仕事の進め方について自分で決められないと仕事満足度が，そして仕事の場所について自分で決められないと生活満足度が，それぞれ低下する。

このほか，モデル1では，「業務に対する対価が低いこと」「仕事の質や成果に対する評価が低いこと」などが，一部の類型でマイナスに効いている。すなわち，職務特性理論における「仕事の成果に対するフィードバック」が得られなければ，満足度が低下することを示している。また，「売り上げを安定的に確保しづらいこと」「仕事の打ち切りや一方的な縮小」「社会保障制度が手薄であること」などが，類型によっては有意にマイナスとなった。これらはフリーランスゆえの不安定性に起因するものであり，衛生要因を損なう要素であると考えられる。

4　結論と政策的含意

本稿では，独自のアンケート結果をもとに，フリーランスに関する職務満足度を左右する要因について考察を行った。主な結果は，以下の2点である。

第1に，自律性が阻害された状況や衛生要因が満たされない不安定な状況は，

フリーランスの満足度を引き下げる。本来，高い自律性をもち，働き方を自分で決めやすいのがフリーランスの強みではあるが，すべてが思いどおりになるわけではない。第2に，同じような働き方をしたとしても，得られる満足度は，その人の価値観によって異なる。例えば，労働時間を短くすることは，生活を重視する人にとっては生活満足度を引き上げるが，仕事を重視する人にとっては仕事満足度を引き下げる。

人に雇われない働き方として脚光を浴びるフリーランスも万能ではない。立場が弱く，仕事の打ち切りに遭ったり，無理な納期を強いられたりすることもある。こうした事態への抑止力として，一定の保護をかける必要はあるかもしれない。とはいえ，満足度を決める要素は一様ではない。同じ時間働いても，同じ額の収入を得ても，ある人は満足し，ある人は不満を抱く。フリーランスに関していえば，労働時間や収入などの「結果」に対して制限をかけても，あまり意味はない。

保護の対象となる働き方として要件を幅広くすることで，そこから外れる働き方を選びにくくなれば，むしろ満足度は下がることにもなりかねない。保護するにしても，限度を超えて不当な扱いを受けた場合や，けがや病気といった不測の事態によって働くことができなくなった場合などに救済を受けられるセーフティネットの範囲のものが望ましいだろう。

副業やクラウドソーシングなどが広がるなかで，フリーランスとして働く人は今後も増えていくと予想される。雇われない働き方が一般的になる社会の到来に合わせ，自律性と安定性のバランスに配慮した新たな枠組みが求められている。

〈参考文献〉
1　藤井辰紀・村上義昭（2018年7月）「なぜ今，フリーランスなのか」日本政策金融公庫総合研究所『調査月報』No.118，pp.4-15
2　Hackman, J. Richard and Greg R. Oldham（1976年）"Motivation through the Design of Work: Test of a Theory," *Organizational Behavior and Human Performance*, 16, pp.250-279.
3　Herzberg, Frederick（1964年）"The Motivation-Hygiene Concept and Problems of Manpower". *Personnel Administrator*, 27, pp.3-7.

中小企業支援における高度な支援とは？
―補助金採択者インタビューによる考察を踏まえて―

<報告要旨>

嘉悦大学（院）　新井稲二

1．はじめに

　最近の中小企業支援は，地域が主体的に実施するようになってきたとされているが，昨今再び国の主導で政策を進めようとしている。
　これは，従来の中小企業支援体制では不十分であり，より高度な支援が求められているからとしている。しかし，国が主導して新たに開始された制度が，どのように高度な支援を実施して，どこまで結果を残しているかを分析した研究は存在しない。このため新たに開始されたいくつの支援制度のなかより経営革新等支援機関制度（以下，認定支援機関）に焦点を当て，その有効性を明らかにする。

2．調査・分析方法

　認定支援機関が開始された経緯については，従来の公的な支援機関のみならず，士業者や金融機関も認定支援機関の対象となり，公的支援に民間組織が参加することで多様化を達成している。一方で，活性化につながったかどうかは支援事業を分析することで，複雑化・高度化・専門化したとすることが必要であり，従来からの支援機関と比較分析することで判断するべきである。
　具体的には，認定支援機関が関与する支援事業から，「ものづくり補助金」と「創業補助金」（以下，2つの補助金）に焦点を絞り，採択企業等に対しインタビューを実施した。さらに，2つの補助金の場合は，金融機関の支援を受けている割合が高い。このため，今回は認定支援機関側を代表して金融機関を対象とし，既存の支援機関の代表として商工会議所の支援先とを比較分析する。

3．中小企業政策と助成制度の関係

　寺岡（2003）は中小企業に対する助成制度を中小企業政策と関連させて，特徴と課題について述べている。また，河藤（2015）は，地域産業政策という視点から国と地方自治体の関係について述べている。
　どちらも共通して主張している点が，近年の中小企業政策の実行主体となるのが国から自治体に移ってきていた点である。しかしながら，自治体を主体としても独自の政策立案能力を獲得するには至っておらず，意義や方法に関する認識が十分ではない。このため，自治体のみならず，民間の力を活用する重要性が指摘されている。ただし，民間に求める能力についてはかなり高いといえるだろう。

4．補助金の現状

　2つの補助金について，ものづくり補助金は毎年度1,000億円を超える補助事業であり，創業補助金は近年予算額が少なくなっている。
　補助金自体の意見について"ちいさな企業"未来会議における議論において，補助金を国が実施して欲しいという参加者からの意見が発端の一つになっており，認定支援機関制度が開始された経緯とは異なる。しかし，2つの補助金は認定支援機関から確認書を発行してもらわなければ申請できないこととなっており，認定支援機関から補助事業が完了するまで支援を受け続けることが求められている。このため，補助金と認定支援機関による支援がセットとなっているのが2つの補助金の特徴であろう。
　もちろん，従来からの補助金の仕組みである申請書を提出して採択されるというスキームに対し，2つの補助金は認定支援機関の支援を受けることとなっているために専門性の高い支援を受けられるという前提が存在している。問題は，専門性の高い支援がどこまで有効であるかどうかという点である。2つの補助金の場合，地域金融機関が中心となっていることから，地方銀行と信用金庫から支援を受けた先と，既存の支援機関で認定支援機関でもある商工会議所との比較を通じて分析を行う。

5. 支援対象者に対するインタビュー

　金融機関が認定支援機関であった場合の多くで，資金面での支援を実施しているということが分かる。これは，補助金が清算払いのため事業が終了するまでは補助金を得ることができず，それまでの間に融資を受けて補助事業を実施していることがわかる。一方で，金融機関が果たして企業の技術力等をどこまで理解して支援しているのかという点について，疑問が残る発言があった。つまり，認定支援機関たる金融機関からの支援に対し期待していることは資金調達であって，創業や製品・技術開発そのものに対する支援ではないことがわかる。

　商工会議所の支援の方が認定支援機関たる地銀や信用金庫と比べて中小企業者が求めている期待に応えているとみることができる。窓口相談や巡回指導の際に補助金の案内を行い，活用できそうな他の助成制度についても案内をし，申請支援を行っている。

　また，専門家の紹介を通して間接的な支援を行いつつ，単純に補助金に採択されるための支援に限らず，相談段階から採択後も継続した支援を実施することで信頼関係が生まれていることがわかる。この信頼によって，さらなる相談が生まれ経営に不安を覚えた際には気軽に相談できる関係を構築しているものと考えられる。このため，高度な支援よりも信頼関係を基本として支援の方が，中小企業者等からの満足度は高まり，支援の実効性も高まるものと推察される。

6. "ちいさな企業"未来会議取りまとめから見る認定支援機関の課題

　"ちいさな企業"未来会議によれば，「中小・小規模企業を巡る内外環境がより一層厳しさを増す中で，各企業が日々直面する経営課題は，多岐にわたるとともに，ますます複雑化・高度化している」（中小企業庁，2012，p7）とし，中小企業の内外環境が厳しくなったことによる経営課題の複雑化・高度化であるとしている。さらに，経営課題として，①経営支援体制，②人材，③販路開拓・取引関係，④技術力，⑤資金調達の5つの課題を挙げている。特に，経営支援体制として「これまで経営支援を担ってきた商工会・商工会議所，中小企業団体中央会については，複雑化・高度化している中小・小規模企業の相談に対して，必ずしも十分に対応できていないのではないかという指摘がある」（中小企業庁，2012，

p14）としている。しかし，高度な支援が認定支援機関によって実施できても，中小企業者等から満足の得られる支援なのかという点においては疑問が残る。支援に必要なのは補助金を通すための支援ではなく，課題の認識と，それを解決するための策の実行であり，そのためには，継続した複合的な支援が前提となるはずで，いかにして経営者に納得・実行してもらうかだろう。結果として，経営者からの評価は重要であることは当然であるし，表面上の形式を整えただけでは難しい。今回，認定支援機関たる金融機関には補助金申請に関する相談は数多くあったわけだが，今後は相談先に継続した複合的な関係を構築して支援に取り組まなければならない。

7．結び

　認定支援機関は，今回の調査結果から認定支援機関といえども高度な支援を行なえていない可能性があるという結論であった。
　しかし，他の視点から認定支援機関制度を見ると新しい取組をしていると考えられる。それは，診断指導制度における本格的な民間組織の参加であり，士業者や金融機関を巻き込んだ形で開始された。現状としては，支援能力という面では不十分と言えるが，これは民間側の能力を活かしきれていないのではないかと考えられる。確かに国の支援制度は採択数が多く，公平性という視点からすれば各地の中小企業に対し平等に配分することができる。しかし，中小企業の特徴とする地域と密接に関係していることを考えれば国の補助金等は地域性ということは配慮されていない。
　また，"ちいさな企業"未来会議取りまとめ（2012）で指摘されているように，中小企業者等の自立・自活・努力を促す支援体制が求められている。それには補助事業期間中だけの支援に留まらない，長期的な視点からの支援を実施できる能力を持った支援機関や支援体制の横断的な構築が求められていることを考えれば，地域で支援対象となる中小企業を支援するという体制の確立が必要である。そこで，認定支援機関に地域の自治体と連携して地域の中小企業支援を行うという新たな役割を与え，地域性に配慮した支援制度を再構築するべきではないか。

中小製造業における新たな情報技術を活用した
サービス化の効果と課題
〈報告要旨〉

日本政策金融公庫総合研究所　足立　裕介

1　はじめに

　製品の機能や仕様に対する顧客ニーズは，一定水準に達すると頭打ちになるケースが多いといわれる。製造業者が高機能の製品を販売しても，必ずしも売り上げに結びつかなくなっていると考えられる。そうしたなか，他社との差別化を図ることを目的として，修理・メンテナンスや，システムの提供を自ら手がける，製造業のサービス化の動きが進んでいる。

　奥山（2015）は，中小製造業におけるサービス化の効果として，差別化の拡大や範囲の経済性の獲得，顧客の利便性の向上を挙げている。範囲の経済性とは，製造業の技術やノウハウをサービス事業でも活用できることをいう。また，利便性の向上は，顧客が製品とサービスの提供をワンストップで受けられるようになることでもたらされるとしている。一方，課題としては，製造部門とサービス部門のそれぞれで人員を配置する必要があり運営コストが増えることや，十分な取引交渉力がないため，必ずしも自社が想定した水準にサービス価格を設定できていないことなどを指摘している。

　サービス化への取り組みは，これまで大企業を中心にみられてきた。しかし，近年では，IoT（Internet of Things，モノのインターネット）やクラウド・コンピューティング（以下，クラウド）といった新たな情報技術を活用して，中小企業でもサービス化を手がける例がみられるようになっている。そこで本稿では，新たな情報技術を活用することで，先行研究で挙げられているサービス化の課題を中小製造業者は解決できるのか，また，どのような課題が新たに発生しているのかを探る[注1]。

2 研究方法

IoT，クラウドを活用してサービス化に取り組んでいる，中小製造業者へのインタビューにもとづく事例研究を行う[注2]。延岡（2017）は，製造業のサービス化を「サービス価値化」と「サービス事業化」に分類している。サービス価値化とは，顧客はモノに対して対価を支払うが，顧客が認知する付加価値は，モノに内包されるサービスである場合を指す。例として，ソリューションサービスを受けられる計測機器を挙げている。一方，サービス事業化とは，顧客が対価を支払う対象がモノからサービスへと変わるもので，例として，クラウド上でシステムを提供するサービスがある。

本稿では，延岡（2017）にもとづき，事例企業のうち，IoTを活用して製品の保守や修理を行っている企業群をサービス価値化群に，クラウドを活用して業務の効率化を図るシステムを提供している企業群をサービス事業化群に分類して，分析する（表1）。

表1 事例企業の概要

	企業名	製造品目	従業者数	創業年	サービス化の取り組み内容
サービス価値化	A社	可食プリンター，可食性インク	8人	2012年	プリンターの稼働状況を把握し，不具合の早期発見や巡回コスト削減を実現
	B社	プレス金型，プレス加工	110人	1957年	金型の異常をプレス音から検出してトラブルを未然に防ぐ「金型見守りサービス」を開発
	C社	微細加工機	170人	1903年	微細加工機を遠隔監視する機能に加え，予防保全やコンサルも可能なシステムを構築
	D社	産業機械	135人	1974年	成形機にセンサーを搭載し，遠隔でモニタリング可能に
	E社	計測器，通信機器等の修理・点検・保守サービス	300人	2002年	リモート監視ツールにより保守・修理サービスを効率化
サービス事業化	F社	自動車用金属パイプ部品	160人	1951年	一個流し生産で実績を重ねた生産管理システムをクラウド化し，サービスを提供
	G社	精密機械部品加工	15人	1981年	見積もりの作業効率を大幅に改善するSNS型クラウド見積もりネットワークシステムを開発

資料：インタビュー内容をもとに筆者作成

3 インタビュー内容の分析

インタビューの内容から，まずはサービス化を展開するうえで情報技術を活用することの利点を，分類ごとに抽出する。そのうえで，サービス化に取り組むことの効果と課題を，それぞれ整理する（表2）。

表2　新たな情報技術を活用したサービス化への取り組みの効果と課題

	通常のサービス化と比べた利点	事業の効果	課題
サービス価値化	・人手をかけない運営により運営コストの増加の抑制 ・可視化による取引交渉力の強化	・顧客の囲い込み ・安定した収益の確保	・顧客に対するセキュリティーへの理解の浸透
サービス事業化	・顧客側の導入コストの軽減	・顧客層の拡大	・顧客に対するセキュリティーへの理解の浸透

資料：インタビュー内容をもとに筆者作成

3－1　サービス価値化群の効果と課題

　事例企業のうち，例えば，食品用のプリンターを製造販売するA社は，顧客のプリンターにセンサーを取りつけ，IoTのシステムを用いてプリンターの稼働情報をリアルタイムでモニタリングしている。これにより，故障や不具合の原因をすぐに特定でき，補修に必要な部品をあらかじめ持参して駆けつけることができるようになった。また，顧客はパソコンの画面上でどのようなデータがモニタリングされているかがわかり，メンテナンスサービスがどのようなものかを実感しやすくなった。結果，保守契約を締結する企業が増えているという。

　このように，IoTを活用することで，人手をかけずにサービスが提供できるようになり，運営コストを軽減できる。また，可視化によって取引交渉力を強化でき，顧客にサービス内容の価値を認めてもらいやすくなる。

　サービス化に取り組む効果としては，利便性の向上によって顧客を囲い込むことができることに加え，保守契約の締結により安定した収益を確保できることが挙げられる。一方，課題は，顧客にセキュリティーへの理解を浸透させることである。いずれの事例企業も十分な対策を行っているが，情報漏えいの不安を感じる顧客は少なくない。事例企業では，顧客の社内LANを活用し，その企業のサーバーに直接アクセスすることで，データを分析している例がみられた。

3－2　サービス事業化群の効果と課題

　従来，システムはソフトウエアという形で販売されることが多かった。顧客がソフトウエアを購入するには一定の資金が必要であるため，知名度が低い中小製造業者から買ってもらうのは容易ではない。クラウドを活用することで顧客の導入費用は下がり，システム導入に当たっての障壁を低くすることができる。

サービス化への取り組みの効果は，顧客層の拡大である。本業とは異なる事業展開となるため，業種も異なる新たな顧客層を獲得できる。一方，課題としては，サービス価値化群同様，顧客にセキュリティーへの理解を浸透させることが挙げられる。

4　おわりに

新たな情報技術を活用することで，先行研究で示された，運営コストの増加や弱い取引交渉力といったサービス化の課題を解決できる可能性がある。また，顧客にセキュリティーへの理解を浸透させるという課題に直面する一方で，顧客の囲い込みや顧客層の拡大などの効果が期待できる。

経営環境が厳しくなるなか，IoTやクラウドを活用したサービス化は，他社との差別化を効率的に図ることができる手段の一つとなりうる。経営資源に限りのある中小企業だからこそ，着手することの効果は大きいだろう。

〈注〉
1　本報告は，日本政策金融公庫総合研究所（2018）をもとに，筆者が新たな考察を加え，全面的に加筆修正したものである。日本政策金融公庫総合研究所（2018）は，2017年度に日本政策金融公庫総合研究所が三菱UFJリサーチ＆コンサルティング㈱に委託して実施した調査をもとに，日本政策金融公庫総合研究所が監修したものである。
2　インタビューは，筆者と三菱UFJリサーチ＆コンサルティング㈱が共同で実施した。内容の詳細は，日本政策金融公庫総合研究所（2018）に記載している。

〈参考文献〉
1　日本政策金融公庫総合研究所（2018）「IoT時代にサービスで新たな付加価値創出に取り組む中小製造業」日本政策金融公庫総合研究所『日本公庫総研レポート』No. 2018-1
2　延岡健太郎（2017）「やさしい経済学―顧客価値重視のイノベーション⑨」，『日本経済新聞』2017年3月20日付朝刊，p.16
3　奥山雅之（2015）『中小製造業のサービス・イノベーション～製造業におけるサービス事業の進化と中小製造業におけるサービス事業の実態に関する考察～』埼玉大学大学院経済科学研究科・博士学位論文

少品種大量生産型製材業の
存立維持戦略としての産業集積
〈報告要旨〉

林野庁　嶋瀬拓也

1　はじめに

　国内製材業の代表的な存立形態の1つである少品種大量生産型の製材業（産地製材）を対象に，その存立維持戦略としての産業集積の有効性を検討した。

　国内製材業の産業組織については，先行研究により，以下の各点が明らかになっている。①代表的な2つの存立形態として，㋐特定の品目に特化し，木材市場・問屋などの流通業を介して製品を出荷する「産地製材（市場出し）」と，㋑近隣の小零細規模住宅建築業者（大工・工務店）などから住宅1棟分の製材を「木材一式」として一括受注し，これらの需要者に直接出荷する「小売製材（大工出し）」がある。②産地製材は大規模層の，小売製材は中小規模層の主要な存立形態として，1990年頃まで国内製材業を2分してきたが，その後，小売製材は，住宅建築業の産業組織や木材流通構造の変化などを受けて急速に縮小した。

　本研究では，産地製材が，産業組織上および空間構造上の特徴として，産地型集積（製材産地）をしばしば形成することに注目し，その存立維持上の効果について検討した。

2　研究方法

　ニュージーランド産の丸太を用いて，主に梱包材・パレットなど輸送資材向けの製材を生産する製材業（ニュージーランド材製材）を対象とした。ニュージーランド材製材は，2つの製材産地（高知県須崎市，広島県福山市）と最大手企業O社（本社は広島県福山市，本社工場のほか，1990年から2009年まで愛知県豊橋

市，2008年から2014年まで兵庫県姫路市に主力工場）で，国内生産の多くを占めてきた。本研究では，このうち，須崎産地と最大手企業O社との対比により，存立維持の面からみた産業集積の効果を比較史的に検討した。データとしては，「木材統計調査」「木材流通構造調査」などの公的統計，「日本経済新聞」「日刊木材新聞」『木材建材ウイクリー』などの業界紙・誌，有価証券報告書，林野庁業務資料などを用いた。

3　結果

　須崎産地では，1969年に地元製材業者9社を組合員として設立された協同組合須崎木材工業団地が，各社単独で行うには負担が大きい各種の付帯事業（原木購入，剥皮，丸太配送，鋸目立て，重機整備，バーク・木屑焼却，給食）を受け持ったほか，1998年には原木輸送船（積載量32～36,000㎥，年7～8往復）を導入するなどして，組合員各社の事業効率化に取り組んだ。一方，1968年にニュージーランド材製材事業を開始したO社は，1990年，月間原木消費能力13,800㎥という，1産地に匹敵する規模の工場を愛知県豊橋市に建設し，さらに，2002年には，原木輸送船（積載量36,000㎥，年9往復）を導入するなど，単独で事業効率化を進めた。

　1998年以降の不況局面において，須崎産地では，構成企業の脱落が相次いだ。その結果，原木輸送船の輸送力に余剰が生じ，減便や，他港向け原木の混載など，より不利な条件での運用を余儀なくされた。その後も，O社が，工場の移転（愛知県豊橋市→兵庫県姫路市），自社所有船の売却，国産材（スギ）への原料転換など，原料・製品市場の変化に合わせて迅速かつ積極的な対応を行ったのに対し，須崎産地の対応は，概して消極的なものにとどまった。

　しかしながら，1998年から2008年までの10年間について，製材用ニュージーランド材素材入荷量の推移を都道府県別にみると，（産地またはO社の主力工場があった）愛知県・広島県・高知県を除く44都道府県計では43％から21％に半減したのに対し，高知県では22％から26％へと，むしろ比率を高めており，産業集積とその下での事業共同化に，存立維持の面で一定の効果があったことが示唆された。

4 考察

　我が国の製材業は，典型的な中小企業性業種であり，国内業界としては大規模層に区分される企業が多くを占める産地製材であっても，特に規模が大きいごく一部の企業を除けば，単独では十分なスケールメリットを享受し得ない規模にとどまってきた。こうした中，産業集積とその下での事業共同化が，企業が存立を維持するための手段として広く取り入れられ，不十分ながら一定の効果を挙げてきた。

　事業共同化は，景気拡大時の事業効率化には特に有効であり，存立維持の助けとなるが，反面，景気後退時や，原料価格高騰時など，減産・原料転換・設備廃棄を必要とするような市場環境の変化が生じた場合には，適時適切な対応がとりにくい。こうした事情のため，1産地に匹敵する規模の単独立地工場に対し，産地が，その集積効果のみによって対抗することは難しいと思われた。

経営統合後の未上場企業の雇用成長と買い手企業の
コーポレートガバナンス
—日本企業間の買収に関する実証分析—
〈報告要旨〉

共栄大学（発表時）
文京学院大学（現在）　平田博紀

1．問題意識

本稿では，2011年以降の日本企業間の買収取引を対象に，経営統合後の売り手未上場企業の雇用の成長に寄与する買い手上場企業のコーポレートガバナンス（株式保有構造）を明らかにする。

2．分析の焦点と方法

日本の中小企業ではコーポレートガバナンスにより雇用の成長率には差異があり，強いモニタリングを受けることで雇用創出の芽が摘まれてしまうことが示唆されている（忽那,2004）。しかし，日本の上場企業を対象とした二層のエージェンシー関係（Bolton and Scharfstein, 1998）に関連する先行研究では，小さな取締役会をもつ企業や外国人株主の持ち株比率が高い親会社と子会社の経営成果に関する指標が正の関係にあるとしている（青木・宮島2011）。また，齋藤（2013）では従業員数成長率や親会社の存在が子会社の労働分配率に負の影響を与える要因となっていることが確認できる。労働分配率の低下は株主への企業利益の還元の増加を意味するため，それに関心の高い親会社（買い手）株主の存在は，子会社（売り手）の雇用の成長に寄与している可能性が高い。これらを踏まえ本稿における仮説は以下の通りとした。

仮説　モニタリングを行うことに意欲的な株式所有構造にある買い手（親会社）による買収では，経営統合後の売り手（子会社）の雇用が創出される。

分析対象とする買収案件は株式会社レコフデータ「レコフ M & Aデータベース」掲載のM＆A取引より以下の条件にマッチしたデータを筆者が抽出した。なお，最終的に分析対象となった買収案件における売り手には後継者難（事業承継目的）や民事再生・会社更生手続き中の企業は含まれていない。
・取引の発生期間：2011年1月〜2013年12月　・取引形態：買収
・当事者企業の国籍：日本　・売り手：国内未上場企業
・買い手：国内上場企業　・売り手の産業分類：日本標準産業分類大分類

表1　変数の定義とデータの出所

変数名	定義	データ出所
従業員数変化率	a：t-1期からt+3期の売り手企業（子会社）の正規従業員数成長率（従業員数の差（自然対数））ダミー（+ = 1） b：t期からt+3期の売り手企業（子会社）正規従業員数成長率（従業員数の差（自然対数））ダミー（+ = 1）	t-1期の売り手企業（子会社）の従業員数：東京商工リサーチ『東商信用録』その他のデータ：買い手企業（親会社）の年次有価証券報告書
各株主の持株比率	t期の買い手企業（親会社）における上位3位の株主それぞれの持株比率	買い手企業（親会社）の年次有価証券報告書
売り手企業の企業規模	t期の売り手企業（子会社）の従業員数（自然対数）	買い手企業（親会社）の年次有価証券報告書
株式取得割合	買収発表時の買い手企業（親会社）による売り手企業株式の取得割合	買収に関するプレスリリース資料
売り手の企業年齢	買収発表時の売り手企業の企業年齢（買収年－設立年）	買収に関するプレスリリース資料
産業ダミー	t期の買い手企業（親会社）の業種（日本標準産業分類（大分類））	日本標準産業分類（大分類）

（注）t期＝売り手の株式を買い手が取得した日が含まれる会計期間の期末。

　本稿の一番の関心は，売り手となった未上場企業の雇用の成長に寄与する買い手のコーポレートガバナンスの把握にある。そこで，売り手の売却前後の従業員数成長率（自然対数差分）の符号（+の場合に1，それ以外の場合は0）に基づき作成したダミー変数を被説明変数，買い手の株式保有構造を説明変数とするロジットモデルを用いてこの問題意識を検証する（表1）。その際，業種間にある収益性の差異などの産業特殊性や売り手の規模，買い手の売り手株式の取得割合によるモニタリングの質や程度（青木・宮島，2011），企業年齢をコントロール変数とし推計モデルに組み入れた（表1）。
　M&Aでは，買収発表から株式取得，経営統合という一連の環境変化を受け，

経営統合後の未上場企業の雇用成長と買い手企業のコーポレートガバナンス　*197*

自主退職などにより子会社の雇用が変化する可能性が考えられる。こうした状況を踏まえ，買収前（t-1期）〜買収3年後（t+3期）と経営統合中もしくは経営統合終了直後（t期）〜買収3年後（t-3期）という二つの分析期間を設定した。

3．分析結果

推計に当たり従業員数成長率（自然対数差分）ダミーに基づく各変数の差の検定（Mann-Whitney U検定）と産業ダミーに基づく従業員数成長率（自然対数差分）の差の検定（Mann-Whitney U検定）を行った。その結果を踏まえ選出した買い手のコーポレートガバナンス変数（海外投資家と国内金融機関，取引先との持ち合い），コントロール変数（産業ダミー（学術研究，専門・技術サービス，不動産・物品賃貸業とサービス業），売り手の従業員規模，株式取得割合，売り手の企業年齢）を実際の推計では使用した（表2）。

表2　ロジットモデルによる推計結果

	未上場企業										
	t-1期〜t+3期 (1)		t-1期〜t+3期 (2)		t-1期〜t+3期 (3)		t-1期〜t+3期 (4)		t期〜t+3期 (5)		t期〜t+3期 (6)	
	coef	p	coef	p	coef	p	coef	p	coef	p	coef	p
海外投資家（外国資本の投資法人，金融機関，企業）	13.090	0.076 *	13.155	0.073 *	12.481	0.076 *			2.472	0.478		
国内金融機関	-25.040	0.167	-24.875	0.168			-22.354	0.187	-10.783	0.371		
取引先との持ち合い	-0.580	0.932							26.262	0.023 **	26.696	0.021 **
売り手企業の従業員規模（自然対数）	0.321	0.236	0.321	0.237	0.317	0.25	0.228	0.369	-0.068	0.726	-0.089	0.643
株式取得割合	1.385	0.507	1.387	0.506	1.517	0.463	1.078	0.584	0.048	0.976	0.163	0.918
企業年齢（自然対数）	-0.083	0.878	-0.084	0.877	-0.138	0.797	0.082	0.876	-0.450	0.144	-0.456	0.131
不動産・物品賃貸業									1.081	0.38	0.9265	0.442
サービス業									-3.420	0.058 *	-3.421	0.062 *
学術研究，専門・技術サービス業	1.226	0.197	1.224	0.197	1.389	0.14	1.601	0.078 *				
constant	-2.872	0.261	-2.881	0.259	-2.972	0.254	-2.621	0.291	1.840	0.257	1.799	0.266
Pseudo R2	0.153		0.153		0.128		0.083		0.1339		0.160	
n	72								110			

（注）** 5%，* 10%

推計結果を表2に示した。海外投資家については，モニタリング意欲の高い買い手株主が売り手の経営統合後の発展を促す機能を有していることを示唆している。国内金融機関については，海外投資家のような子会社に対する規律付け効果を有しておらず，宮島・新田（2011）のいう持ち合い解消後の国内金融機関によるデフォルトリスクの高い事業会社の株式保有という状況が浮かぶ。取引先による持ち合いについては，時期により二つの異なる理解が必要となると考えられ

る。一つは，親会社経営者本位のガバナンスによるエントレンチメント効果が経営統合において発揮されるというものである。二つ目は，経営統合直後からは親会社経営者本位のガバナンスを支えている取引先が長期的かつ盤石な関係性の中で安定した経営状態を提供することで，売り手（子会社）の雇用の成長を強く促していくというものである。

　本稿では，日本企業間における買収後の売り手の雇用の成長に寄与する買い手のコーポレートガバナンスを明らかにするべく議論してきた。日本企業においてM&Aの戦略的位置づけが高まる中，常に一定のボリュームのある上場企業による未上場企業の買収を対象に経営統合後の売り手の雇用の成長に寄与する買い手株主の存在を明らかにしたことは，本稿の理論的かつ実践的な貢献として挙げることができるだろう。

〈参考文献〉
1　青木英孝・宮島英昭（2011）「多角化・グローバル化・グループ化の進展と事業組織のガバナンス」宮島英昭編『日本の企業統治　その再設計と競争力の回復に向けて』pp.245-288，東洋経済新報社．
2　Bolton, P. and Scharfstein, D. S.（1998）"Corporate finance, the theory of the firm and organizations," Journal of Economic Perspectives, vol.12, Issue 4, pp.95-114.
3　平田博紀（2017）「非上場企業の買収プレミアム ―経営者のオーナーシップと負債，情報の非対称性の影―」，『経営財務研究』，vol.37, No.1・2, pp.70-89．
4　忽那憲治（2004）「雇用を創出する成長中小企業の経営戦略」『調査月報』523号，pp.12-19，国民生活金融公庫．
5　Kuvandikov, A. Pendleton, A. and Higgins, D.（2014）"Employment Change after Takeovers: The Role of Executive Ownership," British Journal of Industrial Relations, vol.52, No.2, pp.191-236.
6　宮島英昭・新田敬祐（2011）「株式所有構造の多様化とその帰結：株式持ち合の解消・「復活」と海外投資家の役割」宮島英昭編『日本の企業統治：その再設計と競争力の回復に向けて』，pp.105-149, 東洋経済新報社．
7　齋藤隆志（2013）「労働分配率の決定要因に関する実証分析」，社会文化研究所紀要，vol.71, pp.31-54．

経営改善を進める小規模事業者に対する金融支援のあり方
〈報告要旨〉

中小企業診断士　村山賢誌

　中小企業金融円滑化法（以下，円滑化法）廃止以降倒産件数は減少しており，貸付条件等の変更には倒産抑止効果があった。一方で，円滑化法を利用した中小企業は30万～40万社，その内事業再生等が必要な事業者は5万～6万社とされるなかで近年，借入を一本化し返済期間を延長することで資金繰り及び経営の安定による事業継続を支援する事例が増えている。金融機関が信用保証協会（以後，保証協会）と連携して小規模事業者への資金繰りの円滑化及び経営改善支援を求められ，返済15年以内という保証メニューがリリースされたためである。中小企業の経営改善を支援する公的機関に中小企業再生支援協議会（以後，協議会）があり，平成29年度末での支援累積11,828社，その87.9％が返済期間の延長である。ところが，近年返済年数を定めない暫定リスケが実施され，その割合は4割に及ぶ。また協議会での相談で課題解決が図られたとする割合は平成29年度実績の50％とされることから，支援累積数と併せ約2.5万社は改善の道筋を得られたといえる。しかし，事業再生等が必要な事業者が5万～6万社とすると残る約3万社には支援の手が及んでいないことになる。資金繰りと同時に経営に対する支援を担う金融機関には，リレーションシップバンキング（以後，リレバン），地域密着型金融，近年では事業性評価に基づく融資，そして，事業者に寄り添いその資金需要に応えると同時に，売上増など事業運営上の課題を解決するための支援＝本業支援が求められてきた。リレバンは，金融庁が2003年に公表した「リレーションシップバンキングの機能強化に関するアクションプログラム」の中で「長期継続する関係の中から，借り手企業の経営者の資質や事業の将来性等についての情報を得て，融資を実行するビジネスモデル」と定義されており多くの先行研究で採用されている。深沼光，藤田一郎（2016年）は「企業の実態をより詳細に把握し，適切なサポートを講じることで経営を立て直すことができれば，企業格

付けのランクアップにつながる」，企業側からも「『事業再生への取組み』を除けば，総じて積極的に評価されているといえる」（日本政策金融公庫調査月報，2016年6月号，p.6）とする。もっとも，人的資源やノウハウ不足から十分に実施されていないとする先行研究は少なくない。また金融機関の融資と密接な関係を持つ信用保証制度（以後，保証制度）がある。経済的ショックが発生した時期に特別保証や緊急保証を通して倒産抑制になどに貢献した一方で，事業者による逆選択や金融機関によるモラルハザードも生じさせた。斉藤・鶴田（2017）など先行研究でもこれらの問題が指摘されている。通常，保証メニューは運転資金5年以内，設備資金7年以内だが，緊急保証では10年以内に延長された。この期間について中小企業政策審議会などでは10年を長期とする委員の認識が示されている。また，小池・井上（2007）は経営改善支援では10年でも先行き不透明な経済状況などから「延命措置」になるとする。ところで，小規模事業者支援ハンドブックは「地域に根付いた小規模企業は，そこでビジネスを持続させているだけで，地域貢献しているのです。利益だけでなく，自己実現や生きがい，社会貢献のために経営している方も数多くいらっしゃいます。それ自体が，地域の経済社会にとって重要なことは言うまでもありません。」（中小企業基盤整備機構，2016，p.10）と評価するが，法人標本調査結果における欠損企業の割合が6割程あり，廃業数に占める経常損失事業者数が平成28年度では約4割であること，中小企業政策金融公庫の調査（2018）が金融機関からの借入金残高が1年前と比べて「増加した」企業の割合は21.6％，2014年以降4年連続で増加しその使途の49.7％が「日常的な仕入・経費支払」であることから，緩やかな経済成長の好影響を享受できず，特に一度経営不振に陥った場合には，収益の回復は容易ではなく返済負担が重くのしかかる状況にある小規模事業者は多いことを示している。事業者数の減少による貸出先の縮小など金融機関を取巻く市場環境は厳しさを増しており金融機関は自ら積極的にリレバンに取組まない場合その存続は難しくなろう。一方近年，制度融資や相談，専門家派遣事業並びに補助金などが経営改善や販路開拓，事業承継などに活用されるなど公的支援制度の充実が図られており，金融機関はその活用や支援機関との連携によってコスト抑制と支援ノウハウ不足を補完できるようになった。つまり，リレバンで指摘された問題は，金融機関の市場環境の変化や支援施策の整備により，また保証制度における逆選択とモラルハザード問題も金融機関と保証協会が融資において責任共有をする責任共有制度の導入

やプロパー融資と保証付き融資を併せた融資の推進により，解決が可能となりつつある。もっとも，収益が低い，特に経営不振に陥った小規模事業者への支援のためには，金融機関に対する長期間の返済での貸倒引当金積増しへの支援や長期保証メニューの提供によって，経営改善支援における積極的姿勢を後押しする施策が必要と考える。ただし，返済の長期化において小規模事業者に対して，一定の条件を付すことにより逆選択や経営におけるモラルハザードを回避する必要もある。資金繰り円滑化とリレバン機能を発揮した取組み＝本業支援は，小規模事業者の事業持続だけでなくその成長をもたらし，金融機関には取引先確保と地域経済の維持への貢献という利益をもたらす。図1は，経営不振，特に営業損失となった小規模事業者に対する返済の長期化による資金繰りの円滑化と本業の支援（経営改善支援）などをイメージしたものである。

長期返済における資金繰り支援では，その条件を明確にして，金融機関間の調整や小規模事業者との合意を簡便に実施できる仕組みが必要である。「経営者自らが改善に向けた強い意志を持ち，金融機関と十分なコミュニケーションをとりつつ収支改善や経営力強化の取組を進め，また，場合によっては事業転換等を進めることも必要となる」（中小企業政策審議会，2016，p.11）とされることもあり，経営者には求められる取組みとその内容についての納得を前提にして，金融機関並びに保証協会など関係者との間において合意形成を行うことが必要だが，それ

図1　営業損失からの経営改善と返済延長による支援（金融支援）のイメージ

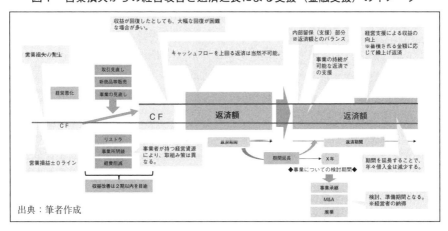

出典：筆者作成

は簡易であることが実務的に有効であるとともに効率的である。合意では営業利益の確保（黒字化），支払利息を支払った後もCFを確保すること（元金返済の余力があること），支出の抑制，特に役員報酬や交際費は必要最低限に抑えることなども条件となる。その一方で金融機関側は回収を急がず，状況変化に応じて一時的・臨時的な計画変更にも柔軟に応じるといった姿勢が求められる。簡易ではあっても経営改善計画を作成した上で設定した取組みを実施し目標達成のための努力を経営者が表明し，定期的なモニタリングや助言を受入れること，そうした要件を満たす場合には金融機関は協調して支援することも求められる。モニタリングでは，金融機関等による改善の進捗管理とともに改善への提案や助言が行われ，モラルハザードの抑制や改善を促進することが期待される。

　本稿では，資本金1億円未満の中小企業や個人事業者を小規模事業者とし，資金繰り支援と本業支援による経営改善支援を金融支援とし，そして，小規模事業者に対する金融機関などによる金融支援の実施状況，金融機関がおかれている市場環境を概観した。加えて事例やその分析を通して長期返済の有効性を示し，そのための支援施策を提言した。提言では，経営改善計画書の作成による経営者の規律付けを前提に，長期返済による資金繰り支援を金融機関に求め，保証協会には長期保証メニューの開発，行政等には信用リスクを負う金融機関に対する貸倒引当金の負担軽減を中心に貸出姿勢を維持ないし積極化させるための施策を求める。

　協議会の主な支援手法では返済が長期化しており，しかも暫定リスケが支援の4割を超えた。この点は，小規模事業者がおかれている地域の経済環境や経営実態に即して返済期間の長期化に柔軟に対応をせざるを得ない現状を示している。経営不振に陥ったものの地域経済との密接性が高い小規模事業者に対し，長期返済を許容し資金繰りの円滑化を中心とした事業継続への支援体制を整えることは有効な施策となる。もっとも，世界的不況や大規模な自然災害により引き起こされる経済環境悪化の影響を受ける可能性は否定できず，加えて経営者の高齢化や取引先の倒産や廃業，取引先の事業縮小を契機とする売上減少に至る可能性も否定できない。そのため，経営改善計画に基づいた取組みを実現でき得るのか，同時に金融機関などが長期間にわたり小規模事業者に寄り添った丁寧な支援を継続できるのかについて，その進捗状況（破たん等の事故発生率など）の分析や検証により支援策の妥当性を確認することが今後の課題と考える。

国際学会報告助成による国際学会報告要旨

国際学会研究発表報告

パリ社会科学高等研究院／一橋大学　原　泰史

当該学会の開催内容の概要

　IECER Conference (Interdisciplinary European Conference on Entrepreneurship Research; http://www.iecer-conference.org/) はヨーロッパのイノベーションおよびエントレプレヌアシップ研究を中心とする学際的な国際学会である。2003年より開始され，年ごとに開催地を変えながら継続されている。2018年度はオーストリア・インスブルグの Management Center Innsbruckにて開催された。学会にはヨーロッパの学術機関・企業を中心に100名強が参加し，採択率は30％程度であった。学会では，中小企業研究，エントレプレヌアシップ研究を中心に，ファミリービジネス，オープンイノベーション，ソーシャル・エントレプレヌアシップをはじめ約20のトラックで研究発表が行われた。特に，イノベーションおよびエントレプレヌアシップの学会であるにも関わらず，技術予測のセッションが設定され，大規模データに基づく研究成果が発表されていたことは印象的であった。参加者も，大学・学術機関のみならず，キーノートスピーチでは，現地企業であるクリスタルグラス製造会社，スワロフスキー社のイノベーション・エコシステムディレクターが登壇し，同社のオープンイノベーションにおける取り組みを紹介していた。

発表論文要約

　本発表では「Brighten the Corners: Quantitative Analysis of Science-Technology-Design Linkage in Product Innovation」と題し，製品の市場価値が形成される過程における中小規模のデザインラボの役割，研究開発およびデザインの役割を，定量的なデータに基づき解析した。具体的には，グッドデザイン賞の受賞

情報データベース，特許および論文データベースおよび，文部科学省科学技術・学術政策研究所が提供する意匠データベースについて，グッドデザイン賞の受賞歴がある主要電機産業のデザイナー名に基づき，相互に接合した。これにより，優れた製品を生み出す過程で研究開発およびデザインの果たす役割について明らかにした。固定効果に基づくプロビット回帰モデルからは，デザイナーが優れたプロダクトを生み出せたか否かについて(a)デザイナーが出願する意匠の被引用数は正に有意に寄与し，(b)デザイナーが意匠を出願する際掲載される順番が負に有意に寄与することが確認できた。

質疑概要

本発表を受け，以下のコメントを得ることが出来た。(1)被説明変数としてグッドデザイン賞の受賞有無を利用しているが，こうしたデータは，デザイン自体のクオリティではなく，賞の審査員の選好のみを示している可能性がある。そのため，審査員の情報を操作変数として含める必要があると考えられる。(2)説明変数のひとつに意匠の被引用数が含まれているが，意匠の被引用数は特許と同様，それ自体の質を示しているのかを吟味する必要がある。もし可能であれば，自己引用の有無を把握する必要があると考えられる。(3)顧客の製品に対する消費選好情報を加えることで，より優れたプロダクトか否かの情報に基づきモデルを構築できると考えられる。

国際学会研究発表報告

徳山大学　大田康博

　日本中小企業学会2018年度第2回「国際学会等での研究報告を行う会員への経費助成」を受け，2018年10月31日から11月1日にイギリス・ロンドンのCentre for Sustainable Fashion（London College of Fashion）にて開催されたThe Global Fashion Conference（GFC）2018に参加した。

1　学会の概要

　GFCは，ファッションに関する研究を行う大学とのパートナーシップにより，2年に1度開催される学会である。主なイベントは，ファッションを分析する学術研究者および実践家による研究発表，トーク・セッション，ワークショップである。そこで行われる対話は，創造性やイノベーションの基礎となり，調査研究の水準を引き上げ，生活の質の向上を実現すると考えられている（http://gfc-conference.eu）。
　この度の学会では，日毎に異なるテーマが設けられていた。初日は，「NATURE & CULTURE」がテーマであった。ここでは，自然から学ぶこと，ファッションと人間性，持続可能なファッションのためのシステムなどを取り上げ，ファッションの社会的慣行，アイデンティティ，物語などを吟味しようとした。二日目のテーマは，「POWER & SOCIETY」である。このセッションの目的は，民主主義のためのファッションデザイン，より良い購買のためのファッションビジネスの実践，平等のためのファッション教育，ファッションと政治などの議題について検討することにあった。

2　申請者の報告

　申請者の報告論題は，「Sustainable fashion and entrepreneurship in natural craft dyeing」であった．以下は，その要旨である．

　染色は，ファッション製品を生産する重要な工程の1つである．近代的な染色技術が開発されて以来，先発工業国における天然染色工房の多くは衰退した．これは，天然染色が高コストで時間のかかる技術であり，天然染料で得られる色は合成染料による色よりも堅牢度が低いからであった．一方，合成染料を用いる近代的な大規模染色工場は，水を浪費し，汚染し，さらには人間の健康に悪影響を与えた．

　しかし，近年では，自然，歴史，文化，そして人間の技能が製品に特有の外観や意味を与え，原材料，生産技術，生産規模などが環境と調和的な天然染色への関心が高まっている．とはいえ，近代的な染色に対する在来的な染色の劣位性が克服されたわけではない．したがって，近代化が進展して以降の天然染色工房が持続可能性を確保するには，自然環境に対する染色の影響に配慮するだけでなく，ニッチな事業領域を確立し，近代的な染色工場に対し自らの活動を差別化する必要がある．さらに，天然染色に関する知識の乏しい潜在的顧客に天然染色を受容させるための効果的な活動も期待されている．

　天然染色の適用範囲を拡張し，ファッションの持続可能性を向上させることは，重要な課題である．しかし，天然染色工房の持続可能性の向上に関する研究は遅れており，成功例も限られている．そこで，本研究では，福岡県の天然染色工房「宝島染工」の単一事例研究を行った．調査にあたり，文書資料，インタビュー，観察を主なデータとして使用した．主な発見事実は，以下の通りである．

　第一に，宝島染工は，多くの天然染色工房が主な対象としてきた市場領域よりも収益条件の良い領域（ファッション衣料の製品染め）で，事業を展開している．第二に，天然染色に関する知識の乏しい顧客が抱く不安や問題を解消・緩和するため，効果的なコミュニケーションを行っている．第三に，染色方法を標準化し，その情報を工房内で共有することで，染色のコストや納期の見積もりを容易にし，染色の実務経験がない従業員でもすぐに生産に参加できるようにしている．第四に，自分たちの活動を創造的なものとするために，自主企画品の事業を開始し，様々な外部専門家（アーティスト，デザイナーなど）と協働している．本事例で見出したこれらの要素を，持続可能な社会づくりにおけるクラフト起業家の貢献可能性として，今後検討する必要がある．

全員が報告を終えてから，報告者全員と参加者との間で議論が行われた。クラフトの経済的な持続可能性に関する質問があったので，申請者が取り上げた事例について更に説明を加えた。他の報告や参加者との議論から，各国の事例や様々な研究アプローチを学び，視野を広げることができた。

3 その他

多くの日本の学会とは異なり，各セッションの間には，長めのコーヒーブレイクが設定されていた。これは，参加者間の交流を深める上で，極めて有効であった。また，食事については，自然環境に配慮した食器が使用された弁当（ベジタリアン・メニューあり）が用意され，飲み物は，くり返し使用できる磁器の容器で提供され，人が使用済みの容器を回収していた。こうした運営面の仕組みからも多くを学ぶことができた。

以下は，カンファレンスのスケジュールと主な登壇者である。

10月31日（NATURE & CULTURE）

- Welcome: Dilys Williams – Director Centre for Sustainable Fashion
- Opening: Mary Creagh – Member of UK Parliament
- PRESENTATIONS (Chair – Dilys Williams)
  Kate Fletcher (Professor of Sustainability, Design, Fashion, Centre for Sustainable Fash-ion, London College of Fashion), Helen Crowley (Head of Sustainable Sourcing Innovation, Kering)
- IN CONVERSATION
  Katharine Hamnett (Fashion Designer) with Dana Thomas (Fashion and Culture journalist)
- PARALLEL SESSIONS
- PRESENTATIONS (Chair Deepa Patel)
  Stephen Sterling (Emeritus Professor University of Plymouth), Edwina Ehrman (Senior Exhibition Curator, curator of Fashioned From Nature, Victoria & Albert Hall Museum), Praveen Nahar (Senior Faculty member in Industrial Design, National Institute of Design – India)

- [ ] CLOSING REMARKS
- [ ] Gala Reception

11月1日 (POWER & SOCIETY)
- [ ] Day Two Opening: Dilys Williams – Director Centre for Sustainable Fashion
- [ ] Welcome: Isabel Cantista (Global Fashion Conference) & Damien Delille (Invitation to GFC2020 University of Lyon)
- [ ] PRESENTATIONS
    Otto Von Busch – Associate Professor of Integrated Design, Parsons New School of Design
    Lynda Grose – Professor, Chair of the Fashion Program at California College of the Arts
    Chair – Dilys Williams
- [ ] PANEL DISCUSSION
    Sophie Slater – Brand Director, Birdsong
    Claire Bergkamp – Global Director of Sustainability& Innovation, Stella McCartney
    Orsola de Castro – Founder and Creative Director, Fashion Revolution
    Heta Dobrowolski – Co-founder, Raw Power Movement
    Chair – Sandy Black
- [ ] PARALLEL SESSIONS
- [ ] REFLECTIONS
    Harold Tillman CBE – Fashion Retailer Entrepreneur
- [ ] IN CONVERSATION
    Frances Corner – Head of London College of Fashion, PVC, University of the Arts, London
    Lola Young – Baroness Young of Hornsey
    Ania Zoltkowski – Designer and London College of Fashion Alumna
    Angela McRobbie – Professor of Communications, Goldsmiths University of London

Chair – Angela Mcrobbie
□　Closing Remarks
　　　Chair – Dilys William

以上

編 集 後 記

　本論集『中小企業と人材　―人材育成に期待される中小企業の役割―』（日本中小企業学会論集第38号）は，2018年9月8日（土），9日（日）の2日間にわたって武蔵大学（東京都練馬区）で開催された第38回日本中小企業学会全国大会の報告論集である。

　今大会では，統一論題3本，自由論題20本の報告があった。本論集の「はしがき」でも触れられていたとおり，この論集には論文11本（うち査読受理された論文9本）と，報告要旨12本が掲載されている。なお，大会前には，26本の報告希望（うち査読希望21本）があったが，そのうち3本（いずれも査読希望）は報告がキャンセルされている。

　査読が希望された論文については，二次査読が終了した段階で，不採択に決まった論文が1本，二次査読後に査読辞退した論文が2本，2名の査読委員の間で「合」「否」の判断が分かれた論文が7本となった。判断が分かれた論文については，当学会「日本中小企業学会論集編集に関する内規」に基づき，論集編集委員会の議に付し，委員の過半数の議決で，採択の可否を決することとした。会長，副会長4名，編集委員長，編集担当理事の7名からなる編集委員会で慎重に審査した結果，過半数に達して採択された論文は7本中1本のみとなった。査読を途中辞退した論文については，一次査読のコメントをみて，もはや修正困難と執筆者自ら判断した結果と推察される。

　この論集をもって，現行の論集編集員会は，その任期を終える。この機会に，編集の過程で気になった点について触れておきたい。

　本学会では，全国大会で報告された論文，かつ報告者の希望がある場合に，査読が実施される。今大会でキャンセルされた報告には，身内の不幸や自然災害など，やむを得ない事情によるものが含まれるが，残念ながら，査読手続上，査読の対象とすることができなかった。また，今大会では，当初から査読を希望しない論文が5本あった。大会報告と査読の関連については，今後も注意深く見守ってゆく必要があろう。

　最後に，オンライン・ジャーナル化にあたって，強力なリーダーシップを発揮いただいた岡室博之会長，編集作業を実質的に担っていただいた長山宗広理事，査読に協力いただいた先生方，論集編集にご協力いただいたすべての皆さまに御礼申し上げます。ありがとうございました。

2019年4月

　　　　　　　　　　　　　　　　　　日本中小企業学会論集編集委員長　髙橋美樹

2019年7月30日　発行

中小企業と人材
—人材育成に期待される中小企業の役割—
〈日本中小企業学会論集㊳〉

　　　編　者 ⓒ 日本中小企業学会
　　　発行者　　脇　坂　康　弘

発行所　株式会社 同友館
〒113-0033　東京都文京区本郷3-38-1
TEL.03(3813)3966
FAX.03(3818)2774
https://www.doyukan.co.jp/

落丁・乱丁本はお取り替えいたします。　印刷：一誠堂　製本：松村製本
ISBN 978-4-496-05429-7　　　　　　Printed in Japan